DIZIONARIO ILLUSTRATO ITALIANO

A cura di Roberto Mari

GIUNTI Junior

Illustrazioni: Tony Wolf

www.giunti.it

Via Bolognese, 165 - 50139 Firenze - Italia
Piazza Virgilio, 4 - 20123 Milano - Italia
Prima edizione: maggio 2005

Ristampa	Anno
6 5 4 3 2 1 0	2018 2017 2016 2015

MISTO
Carta da fonti gestite in maniera responsabile
FSC® C023532
FSC www.fsc.org

Stampato presso Giunti Industrie Grafiche S.p.A - Stabilimento di Prato

VI PRESENTIAMO I NOSTRI AMICI

LEGGENDO E SFOGLIANDO LE PAGINE DI QUESTO DIZIONARIO UN PO' SPECIALE, TROVERETE TANTE VIGNETTE CHE HANNO PER PROTAGONISTI ORSETTI, CONIGLIETTI E ALTRI SIMPATICI ANIMALI. IN QUESTE PRIME PAGINE VI PRESENTIAMO GLI AMICI CHE CI TERRANNO COMPAGNIA NEL NOSTRO DIVERTENTE VIAGGIO ALLA SCOPERTA DELLE PAROLE.

ALANERA

ALTOLÁ

APE SPINA

ASINELLO

BABAU

BARONE VON FOX

BONGO

BRACCO

BRUCOBLÚ

BULL

BULLY, TOMMY E BARBETTA

CAMEL

CAPRONE

CHIOCCIA

CHIOCCIOLA

CINGHIA

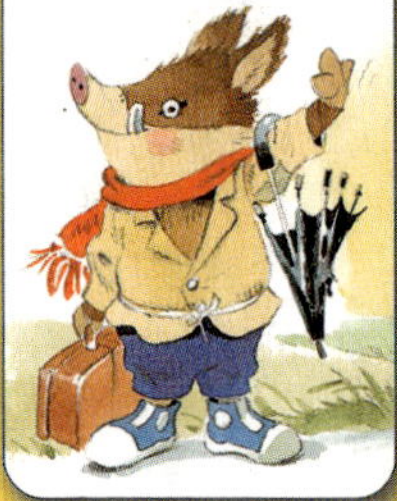

COCCODRILL

CODAFOLTA

LE COCCINELLE
E SETTEPUNTI

COMANDANTE

CONIUGI
CONIGLIETTI

CORVO
LINGUACCIA

DENTE
AGUZZO

DOTTOR
SPOTTY

FETTUCCIA

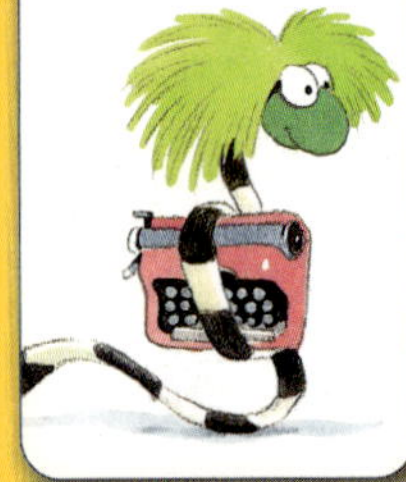

FOCA

FRANZ

GALLO
SPERONE

GAZZA
LADRA

GATTO GRAFFIA
E TOPO SNIFF

GELSOMINA

GHIRO

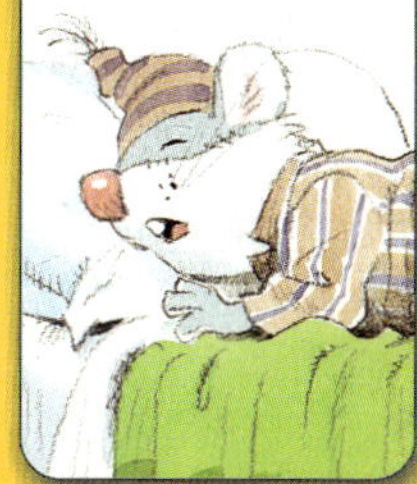

GIRAFFA

IGOR
MANGIATUTTO

IPPOPÒ

JUMBO

KANGARU

LEONSTEIN

LUPO ATTILA

MAGGIORTOPO

MAIALINO

MASCHERINA

MISTER
DOLLAR

OSCAR

PANDA

PARDY

PIM PUM PAM

PINOCCHIO

POLIPÒ

PIUMINO

PORCELLI E SIGNORA

PUF E PAF

PUZZOLA

RAGNONI

RANOCCHIO

RINOCÒ

SIGNORA RINOCÒ

ROBINSON

ROBOTTO

SAPIENZA

SCIMPA

SOLDATINO

SPINO

STRUZZO

TALPA

TARTARUGA

TASSO TINTA

TEDDY

TIGROTTO

TIP TAP

TOC TOC

TOPO BIGIO

TRICHECO

VIOLETTA

VOLPINO

ZIP

ABBANDONARE [ab-ban-do-nà-re] *verbo*

• Lasciare una persona o un luogo, in genere per sempre

*Questo cagnolino **era stato abbandonato** dai suoi padroni.*

ABBASSARE [ab-bas-sà-re] *verbo*

• Rendere piu basso o meno intenso

*Se vuoi che ti senta, **abbassa** il volume della TV!*

ABBONDANTE [ab-bon-dàn-te] *aggettivo*

• Che è in grande quantità o più del normale

*«Davvero **abbondante** questo pranzo!», dice Cinghia a Maggiortopo.*

ABBRACCIARE [ab-brac-cià-re] *verbo*
• Stringere tra le braccia
*L'orsetto **abbraccia** la sua mamma per ringraziarla di avergli regalato un palloncino.*

ABILE [à-bi-le] *aggettivo*
• Che sa fare bene una certa cosa, bravo
*Il mio amico Paolo è molto **abile** a pattinare.*

ABITANTE [a-bi-tàn-te] *nome*
• Chi abita in un luogo
*Gli **abitanti** di Firenze si chiamano fiorentini.*

ABITARE [a-bi-tà-re] *verbo*
• Vivere in un luogo
*Tip Tap è molto contento della casa in cui **abita**.*

ABITO [à-bi-to] *nome*
• Vestito
*La mamma per la festa si è messa un **abito** elegante.*

ABITUARE [a-bi-tu-à-re] *verbo*
• Far prendere a qualcuno un'abitudine
*La mamma mi **ha abituato** a lavarmi sempre i denti dopo mangiato.*

ABITUDINE [a-bi-tù-di-ne] *nome*
• Tendenza a ripetere sempre lo stesso comportamento
*Scimpa ha la brutta **abitudine** di fare le boccacce.*

ACCADERE [ac-ca-dé-re] *verbo*

• Succedere, avvenire

***È accaduto** un fatto strano.*

ACCAREZZARE [ac-ca-rez-zà-re] *verbo*

• Fare una carezza

*La mamma **accarezza** Orsetto che oggi si è comportato proprio bene.*

ACCELERARE [ac-ce-le-rà-re] *verbo*

• Aumentare la velocità

*Il treno uscì dalla stazione e cominciò ad **accelerare**.*

ACCENDERE [ac-cèn-de-re] *verbo*

• Provocare o trasmettere la fiamma

***Abbiamo acceso** un fuoco sulla spiaggia per cuocere le salsicce.*

ACCHIAPPARE [ac-chi-ap-pa-re] *verbo*

• Afferrare con sveltezza qualcuno o qualcosa che sta sfuggendo

*Dopo un lungo inseguimento Gatto Graffia è riuscito ad **acchiappare** Topo Sniff.*

ACCOGLIERE [ac-cò-glie-re] *verbo*

• Ricevere

*Siamo stati dagli zii, che ci **hanno accolto** con grandi feste.*

ACCOMPAGNARE [ac-com-pa-gnà-re] *verbo*

• Andare insieme a qualcuno da qualche parte

*La mamma tutte le mattine mi **accompagna** a scuola.*

A B C D E F G H I L M N O P Q R S T U V Z

ACCORCIARE [ac-cor-cià-re] *verbo*

• Rendere più corto

Questi calzoni sono troppo lunghi per me, bisogna ***accorciarli****.*

ACCORGERSI [ac-còr-ger-si] *verbo*

• Rendersi conto di qualcosa

Quando si era seduto sulla panchina, Coccodrill non ***si era accorto*** *che la vernice era ancora fresca.*

ACCUSARE [ac-cu-sà-re] *verbo*

• Dare a qualcuno la colpa di qualcosa

Non devi ***accusare*** *gli altri per i guai che hai combinato tu!*

ACERBO [a-cèr-bo] *aggettivo*

• Non ancora maturo

Questo pomodoro è ***acerbo****: guarda com'è verde!*

ACIDO [à-ci-do] *aggettivo*

• Che ha un sapore aspro e pungente come quello del limone e dell'aceto

Le arance sono meno ***acide*** *dei limoni.*

ACQUA [àc-qua] *nome*

• Liquido trasparente, senza sapore e colore, che occupa gran parte della superficie terrestre

*Le coccinelle versano l'****acqua*** *dalla brocca per fare un laghetto in cui nuotare.*

ACQUARIO [ac-quà-rio] *nome*

• Vasca dentro cui si tengono in vita piante e animali acquatici

*Negli **acquari** si possono allevare pesci colorati molto belli.*

ACUTO [a-cù-to] *aggettivo*

• Che termina a punta

*La scrivania del babbo ha spigoli molto **acuti**.*

• Intenso e pungente

*Mi sono punto al dito e ho sentito un dolore **acuto**.*

• Che rivela intelligenza

*La tua risposta dimostra che hai una mente **acuta**.*

ADATTO [a-dàt-to] *aggettivo*

• Che ha le qualità necessarie allo scopo

*Per fare una camminata in montagna ci vogliono le scarpe **adatte**.*

ADDIZIONE [ad-di-zió-ne] *nome*

• Operazione aritmetica per calcolare la somma di due o più numeri

*Teddy sta imparando a fare le **addizioni**.*

ADDORMENTARE [ad-dor-men-tà-re] *verbo*

• Far dormire

*La mamma canta una ninnananna per **addormentare** il suo bimbo.*

ADOPERARE [a-do-pe-rà-re] *verbo*

• Usare, impiegare qualcosa

*Domenica il babbo **ha adoperato** il trapano per fare alcuni buchi nel muro.*

A
B
C
D
E
F
G
H
I
L
M
N
O
P
Q
R
S
T
U
V
Z

AEROPLANO [a-e-ro-plà-no] *nome*

• Macchina volante dotata di ali

*Quando viaggio in **aeroplano** mi piace stare vicino al finestrino per guardare in giù.*

AEROPORTO [a-e-ro-pòr-to] *nome*

• Luogo attrezzato per il decollo e l'atterraggio di aeroplani

*Per costruire un **aeroporto** ci vuole un luogo piano e spazioso.*

AFFACCIARSI [af-fac-ciàr-si] *verbo*

• Mostrarsi, sporgersi da una finestra o da una porta

*La topina Lea **si affaccia** alla finestra per vedere chi l'ha chiamata.*

AFFATICARSI [af-fa-ti-càr-si] *verbo*

• Stancarsi

*La mamma si lamenta che deve **affaticarsi** tutto il giorno a pulire la casa e poi noi la risporchiamo subito.*

AFFERRARE [af-fer-rà-re] *verbo*

• Prendere e tenere con forza

*Il padre **afferrò** per un braccio il figlio che stava per cadere.*

AFFETTARE [af-fet-tà-re] *verbo*

• Tagliare a fette

*Per **affettare** il pane è utile un coltello a sega.*

AFFETTO [af-fèt-to] *nome*

• Sentimento di tenero amore o di amicizia per qualcuno

*Gli amici e le amiche di Teddy provano molto **affetto** per lui.*

AFFIDARE [af-fi-dà-re] *verbo*

• Consegnare qualcosa o qualcuno a una persona perché lo custodisca e ne abbia cura

*La mamma mi **ha affidato** a una vicina mentre era fuori di casa.*

AGGIUNGERE [ag-giùn-ge-re] *verbo*

• Mettere, dare o dire qualcosa in più

*Bisogna **aggiungere** dei posti a tavola perché questa sera abbiamo degli ospiti.*

AGGIUSTARE [ag-giu-stà-re] *verbo*

• Riparare qualcosa

*Tutti i porcellini sono al lavoro per **aggiustare** il tetto della stalla.*

AGILE [à-gi-le] *aggettivo*

• Che si muove con facilità e scioltezza

*Tip Tap è davvero molto **agile**: riesce a ballare stando in equilibrio sul suo cappello.*

A B C D E F G H I L M N O P Q R S T U V Z

AGITARE [a-gi-tà-re] *verbo*

• Muovere in qua e in là, scuotere su e giù

*Codafolta non **ha agitato** lo sciroppo prima di berlo e ora Jumbo **agita** lui.*

AGO [à-go] *nome*

• Piccola e sottile asta d'acciaio, appuntita da una parte e con un foro dall'altra per farci passare il filo

*La mamma cucendo si è punta a un dito con l'**ago**.*

AGRICOLTORE [a-gri-col-tó-re] *nome*

• Chi per mestiere coltiva la terra

*Porcelli è un bravo **agricoltore** e si occupa personalmente della semina.*

AIUOLA [a-iuò-la] *nome*

• Piccolo pezzo di terreno coltivato a fiori o ortaggi

*Al parco c'è un cartello che dice: «Vietato calpestare le **aiuole**».*

AIUTARE [a-iu-tà-re] *verbo*

• Dare aiuto, soccorrere

*Ieri una mia compagna mi **ha aiutato** a fare i compiti.*

AIUTO [a-iù-to] *nome*

• Sostegno, soccorso dato a chi è in difficoltà o ha una necessità

*Per spostare questo armadio ho bisogno del tuo **aiuto**.*

ALA [à-la] *nome*

• Organo del volo degli uccelli, dei pipistrelli e di alcuni insetti

*Il barbagianni spalanca le **ali** prima di gettarsi sulla preda.*

ALBA [àl-ba] *nome*

• Momento della giornata che precede il sorgere del sole, quando in cielo compare il primo chiarore

*Codafolta si è alzato all'**alba** per veder sorgere il sole.*

ALBERGO [al-bèr-go] *nome*

• Edificio in cui si può dormire e spesso anche mangiare a pagamento

*Nelle località turistiche ci sono molti **alberghi**.*

ALBERO [àl-be-ro] *nome*

• Pianta dal tronco legnoso provvisto di rami

*Nel cortile della mia scuola hanno piantato un nuovo **albero** al posto di quello che era morto.*

ALFABETO [al-fa-bè-to] *nome*

• Serie di lettere che rappresentano i diversi suoni di una lingua

*L'**alfabeto** italiano è composto da 21 lettere.*

A B C D E F G H I L M N O P Q R S T U V Z

ALLAGARE [al-la-gà-re] *verbo*
• Coprire d'acqua
L'idraulico Tigrotto deve lavorare sott'acqua perché i Coniglietti ***hanno allagato*** *la casa.*

ALLEGRO [al-lé-gro] *aggettivo*
• Contento, lieto
Quando gioco sono sempre ***allegro****.*

ALLENAMENTO [al-le-na-mén-to] *nome*
• Insieme di esercizi per mantenere efficienti il corpo o la mente
Per fare qualsiasi sport ci vuole ***allenamento****.*

ALLEVAMENTO [al-le-va-mén-to] *nome*
• Attività che cura la crescita e la riproduzione degli animali utili all'uomo
*Nella fattoria c'è chi si occupa dell'****allevamento*** *dei conigli e delle galline e chi dell'****allevamento*** *delle api.*

ALLONTANARE [al-lon-ta-nà-re] *verbo*

• Mandare, mettere o tenere lontano

*Che cosa usate voi d'estate per **allontanare** gli insetti?*

ALLUNGARE [al-lun-gà-re] *verbo*

• Rendere più lungo qualcosa (o aumentarne la durata)

*L'ultima bugia **ha allungato** ancor di più il naso di Pinocchio.*

ALTALENA [al-ta-le-na] *nome*

• Gioco che si fa oscillando avanti e indietro seduti su un sedile appeso a due funi

*Quando Tigrotto va sull'**altalena** è davvero scatenato!*

ALTO [àl-to] *aggettivo*

• Che ha un'altezza o una statura notevole

*Io sono ancora piccolo, ma mio fratello maggiore è molto **alto**.*

ALVEARE [al-ve-à-re] *nome*

• Nido naturale delle api o cassetta in cui sono allevate per la produzione del miele

*Teddy avrebbe voglia di un po' di miele, ma ha paura di avvicinarsi all'**alveare**.*

ALZARE [al-zà-re] *verbo*

• Portare in alto o più in alto, sollevare

*La maestra ci chiama per l'appello e noi dobbiamo **alzare** la mano.*

A B C D E F G H I L M N O P Q R S T U V Z

AMARE [a-mà-re] *verbo*

• Voler bene a qualcuno, sentire affetto per qualcosa

__Amo__ i miei genitori, __amo__ i miei fratelli e __amo__ anche il paese in cui sono nato.

AMARO [a-mà-ro] *aggettivo*

• Che ha sapore contrario al dolce

Non metto lo zucchero nel caffè: mi piace __amaro__.

AMBIENTE [am-bièn-te] *nome*

• Il luogo e la condizione in cui si svolge la vita degli animali e delle piante

Dobbiamo imparare tutti a non danneggiare l'__ambiente__.

AMBULANZA [am-bu-lan-za] *nome*

• Veicolo per il trasporto urgente di feriti e ammalati

Volpino si è spaventato quando ha sentito la sirena dell'__ambulanza__.

AMICO [a-mì-co] *nome*

• Persona a cui si è uniti da reciproco affetto e simpatia

Il mio __amico__ più caro si chiama Dario.

AMMALATO [am-ma-là-to] *aggettivo*
• Colpito da una malattia
*Teddy è triste perché è **ammalato** e deve restare a letto.*

AMO [à-mo] *nome*
• Piccolo uncino d'acciaio su cui si infila l'esca per la pesca con la lenza
*Ranocchio aspetta tranquillo che un pesce abbocchi all'**amo**.*

AMORE [a-mó-re] *nome*
• Sentimento di affetto profondo (o di forte attrazione) per una persona
*Papà e mamma mi hanno raccontato quando è nato il loro **amore**.*

AMPIO [àm-pio] *aggettivo*
• Piuttosto largo ed esteso; vasto, spazioso
*Nella nostra scuola c'è un **ampio** cortile in cui si può giocare.*

ANDARE [an-dà-re] *verbo*
• Muoversi per recarsi in un luogo o a fare quacosa
*Domenica **andrò** allo stadio a vedere la partita.*

ANELLO [a-nèl-lo] *nome*
• Cerchietto di metallo che si infila al dito per ornamento
*La principessa portava al dito un **anello** d'oro con una pietra preziosa.*

A B C D E F G H I L M N O P Q R S T U V Z

ANFIBIO [an-fì-bio] *nome*
- Animale che vive sia in terra che in acqua

*Ranocchio e i suoi compagni sono **anfibi** un po' speciali: infatti leggono il giornale e costruiscono capanne!*

ANGOLO [àn-go-lo] *nome*
- Punto in cui si incontrano due muri o due spigoli

*In un **angolo** della mia stanza c'è l'armadio dei giocattoli.*

ANIMALE [a-ni-mà-le] *nome*
- Bestia

*Gli **animali** della fattoria sono venuti ad ascoltare il discorso dell'oca.*

ANNEGARE [an-ne-gà-re] *verbo*

- Morire soffocato in acqua

*Franz crede che Teddy lo stia salutando e invece sta chiedendo aiuto perché rischia di **annegare**.*

ANNO [àn-no] *nome*
- Periodo di tempo che la Terra impiega a compiere un intero giro intorno al Sole: dura 365 giorni e 6 ore circa

*Nell'ultimo **anno** sono cresciuto di 6 centimetri.*

ANNOIARE [an-no-ià-re] *verbo*

• Provocare noia

*Toc Toc **annoia** Sapienza leggendogli i suoi discorsi.*

ANTICO [an-tì-co] *aggettivo*

• Che è di un'epoca molto lontana

*Nel centro della città ci sono molti palazzi **antichi**.*

ANZIANO [an-zià-no] *nome*

• Persona che ha molti anni d'età, che è vecchia

*Al parco c'erano molti **anziani** seduti sulle panchine.*

APERTO [a-pèr-to] *aggettivo*

• Non chiuso

*Dalla finestra **aperta** si vedeva il cielo azzurro con poche nuvole.*

APPARECCHIARE [ap-pa-rec-chià-re] *verbo*

• Preparare la tavola per mangiare

*Mi piace aiutare la mamma ad **apparecchiare** la tavola.*

APPARECCHIO [ap-pa-réc-chio] *nome*

• Macchina o congegno che serve per una certa funzione

*Mia sorella più grande porta l'**apparecchio** per i denti.*

APPARIRE [ap-pa-rì-re] *verbo*

• Presentarsi alla vista

*Quando finalmente arrivammo in cima alla montagna, ci **apparve** un magnifico panorama.*

APPARTAMENTO [ap-par-ta-mén-to] *nome*

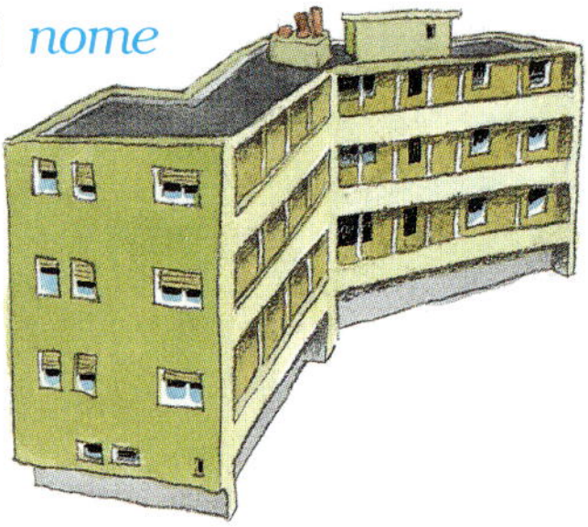

• Insieme di locali che formano un'abitazione autonoma

*In questo grande palazzo ci sono quasi venti **appartamenti**.*

APPASSIRE [ap-pas-sì-re] *verbo*

• Perdere la freschezza, diventare secco

*I fiori **appassiscono** in fretta se non li si mette nell'acqua.*

APPETITO [ap-pe-tì-to] *nome*

• Voglia di mangiare

*Oggi il babbo di Teddy si è seduto a tavola con molto **appetito**.*

APPLAUDIRE [ap-plau-dì-re] *verbo*

• Battere le mani per manifestare la propria approvazione

*Alla fine della canzone il pubblico **applaudì** il cantante.*

APPUNTAMENTO [ap-pun-ta-mén to] *nome*

• Incontro deciso tra due o piu persone in un dato luogo, giorno e ora

*Il pinguino Oscar è arrivato all'**appuntamento** con la sua fidanzata con in mano un mazzo di fiori.*

ARCO [àr-co] *nome*

• Arma che serve a scagliare le frecce

*Robin Hood era molto abile a tirare con l'**arco**.*

ARCOBALENO [ar-co-ba-lé-no] *nome*

• Grande arco luminoso di vari colori, che appare talvolta in cielo dopo la pioggia

*Tasso Tinta ha dipinto un **arcobaleno** sul muro per renderlo più allegro.*

ARIA [à-ria] *nome*

• Miscuglio di gas che forma l'atmosfera terrestre ed è indispensabile alla vita

*L'**aria** delle città è spesso inquinata, mentre in alta montagna si respira **aria** più pura.*

ARIDO [à-ri-do] *aggettivo*

• Povero d'acqua, secco

*I campi sono **aridi** perché non piove da due mesi.*

ARMA [àr-ma] *nome*

• Qualunque oggetto usato dagli uomini per attaccare o per difendersi

*Franz è andato a caccia, ma il cartello dice che lì è vietato portare **armi** da fuoco.*

ARMADIO [ar-mà-dio] *nome*

• Grosso mobile chiuso sul davanti da ante e sportelli, in genere dotato di ripiani e cassetti interni

*Nella mia stanza c'è un **armadio** che contiene i miei vestiti e in cui tengo anche i giocattoli.*

AROMA [a-rò-ma] *nome*

• Profumo

*Dal piatto che porta il cuoco esce un **aroma** davvero squisito: cosa sarà?*

ARRABBIATO [ar-rab-bià-to] *aggettivo*

• Molto irritato, infuriato

*Chissà perché Bongo oggi è così **arrabbiato**?*

ARRAMPICARSI [ar-ram-pi-càr-si] *verbo*

• Salire su qualcosa aggrappandosi con le mani e con i piedi

*Mi piace molto **arrampicarmi** sugli alberi.*

ARRIVARE [ar-ri-và-re] *verbo*

• Giungere in un luogo

*Robinson, stanco e infreddolito, è **arrivato** finalmente a casa.*

ARROSSIRE [ar-ros-sì-re] *verbo*

• Diventare rosso in faccia

*Lo gnomo che ha vinto il torneo a cavallo delle tartarughe viene baciato in fronte dalla fata Fiordaliso e **arrossisce** per l'emozione.*

ARTIFICIALE [ar-ti-fi-cià-le] *aggettivo*

• Che è fatto dall'uomo e non dalla natura

*Oggi fanno fiori **artificiali** belli quasi come quelli veri.*

ARTIGIANO [ar-ti-già-no] *nome*

• Chi lavora in proprio fabbricando oggetti senza usare grossi macchinari

*Il falegname e il fabbro sono **artigiani**.*

ARTIGLIO [ar-tì-glio] *nome*

• L'unghia ricurva e appuntita degli animali predatori

*Alanera si è vestita elegante e si sta pure dipingendo gli **artigli**.*

ARTO [àr-to] *nome*

• Ognuna delle braccia o delle gambe del corpo umano

*Le braccia sono gli **arti** superiori, le gambe quelli inferiori.*

ASCIUGARE [a-sciu-gà-re] *verbo*

• Rendere asciutto o diventare asciutto

*I panni erano stesi al sole ad **asciugare**.*

A B C D E F G H I L M N O P Q R S T U V Z

ASCIUTTO [a-sciùt-to] *aggettivo*

• Privo d'acqua, non bagnato

Ha smesso di piovere, ma le strade non sono ancora ***asciutte****.*

ASCOLTARE [a-scol-tà-re] *verbo*

• Stare a sentire con attenzione

Ascoltami *quando ti parlo!*

ASPETTARE [a-spet-tà-re] *verbo*

• Essere in attesa dell'arrivo di qualcuno o di qualcosa

Tip Tap ***aspetta*** *da più di un'ora gli amici che dovevano passare a prenderlo.*

ASPRO [à-spro] *aggettivo*

• Di sapore agro, acidulo

Il limone è il più ***aspro*** *di tutti i frutti.*

ASSAGGIARE [as-sag-già-re] *verbo*

• Ingerire una piccola quantità di un cibo o di una bevanda per sentirne il sapore

Maggiortopo voleva ***assaggiare*** *un po' di torta per sentire se era ben cotta, ma ora ha paura di aver tagliato una fetta troppo grossa.*

ASSENTE [as-sèn-te] *aggettivo*

• Chi non è nel posto dove dovrebbe essere

*Nella classe di Teddy oggi c'è un **assente**.*

ASSETATO [as-se-tà-to] *aggettivo*

• Che ha sete

*Scimpa è molto **assetato**, ma finalmente ha trovato un'oasi.*

ASSISTERE [as-sì-ste-re] *verbo*

• Essere presente a un avvenimento

*Oggi, tornando da scuola, **ho assistito** a un incidente stradale.*

ASSOMIGLIARE [as-so-mi-glià-re] *verbo*

• Essere simile

*Puf e Paf si **assomigliano** molto perché sono gemelli.*

ASTA [à-sta] *nome*

• Bastone lungo, diritto e sottile

*Ranocchio è un campione di salto in alto, ma Pardy lo supera nel salto con l'**asta**.*

A
B
C
D
E
F
G
H
I
L
M
N
O
P
Q
R
S
T
U
V
Z

ASTRONAUTA [a-stro-nàu-ta] *nome*

• Pilota di un'astronave

*Da grande mi piacerebbe diventare un **astronauta**.*

ASTRONAVE [a-stro-nà-ve] *nome*

• Veicolo capace di viaggiare nello spazio oltre l'atmosfera terrestre

*Forse un giorno le **astronavi** potranno viaggiare fino a Marte.*

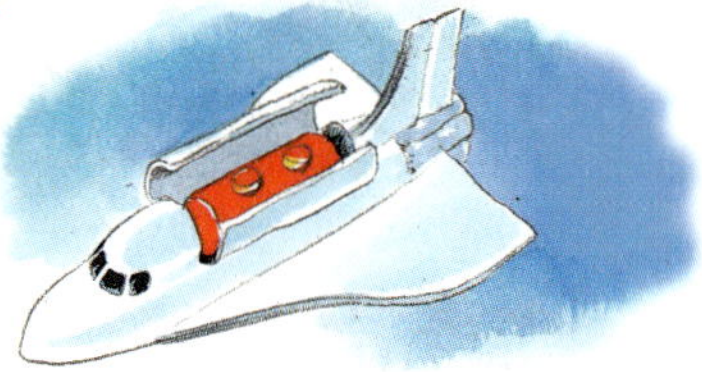

ASTUTO [a-stù-to] *aggettivo*

• Furbo, scaltro

*Dicono che la volpe sia il più **astuto** degli animali.*

ATLETA [a-tlè-ta] *nome*

• Chi pratica uno sport

*Riconò vuol diventare un vero **atleta** e si sta allenando nella corsa.*

ATTACCARE [at-tac-cà-re] *verbo*

• Unire una cosa a un'altra per mezzo di cuciture, colla, nodi o altro

*Per **attaccare** un bottone ci vogliono ago e filo.*

ATTACCO [at-tàc-co] *nome*

• Azione offensiva

*Mascherina era andato a rubare il miele delle api e ora deve scappare sotto il loro **attacco**.*

ATTENTO [at-tèn-to] *aggettivo*

• Che fa attenzione

Quando Sapienza parla, tutti stanno ***attenti*** *a quel che dice.*

ATTIMO [àt-ti-mo] *nome*

• Brevissimo spazio di tempo; istante, momento

Aspettami, sarò pronto in un ***attimo****!*

ATTIRARE [at-ti-rà-re] *verbo*

• Tirare verso di sé, attrarre

La luce ***attira*** *le farfalle notturne.*

ATTORE [at-tó-re] *nome*

• Chi recita in uno spettacolo teatrale o in un film

Chi si aspettava che Ippopò fosse un ***attore*** *così bravo?*

ATTRAVERSARE [at-tra-ver-sà-re] *verbo*

• Passare attraverso qualcosa

Ricordati di ***attraversare*** *sempre la strada sulle strisce pedonali.*

ATTREZZO [at-trézo-zo] *nome*

• Strumento che serve per un dato lavoro

Qui di fianco si possono vedere alcuni ***attrezzi*** *agricoli.*

AULA [àu-la] *nome*

• Locale in cui si tengono le lezioni scolastiche

*L'**aula** è ancora vuota: gli alunni arriveranno tra poco.*

AUMENTARE [au-men-tà-re] *verbo*

• Rendere o diventare più grande

Man mano che la salita diventava più ripida, ***aumentava*** *anche la nostra fatica.*

AUTOMATICO [au-to-mà-ti-co] *aggettivo*

• Si dice di una macchina o di un meccanismo che funzionano senza l'intervento diretto dell'uomo

Oggi le lavatrici sono tutte ***automatiche****.*

AUTOMOBILE [au-to-mò-bi-le] *nome*

• Veicolo a motore per il trasporto di persone

Domenica siamo andati in ***automobile*** *a fare una gita al lago.*

AUTUNNO [au-tùn-no] *nome*

• Stagione dell'anno compresa tra l'estate e l'inverno

*Le castagne sono un frutto tipico dell'**autunno**.*

AVVENTURA [av-ven-tù-ra] *nome*

• Vicenda fuori dell'ordinario e piena di emozioni

*A Robinson piace l'**avventura**, ma forse un viaggio con i pirati è un po' troppo rischioso.*

AVVERTIRE [av-ver-tì-re] *verbo*

• Informare, avvisare

*La mamma mi ha detto di **avvertirla** se esco fuori a giocare.*

AVVICINARSI [av-vi-ci-nàr-si] *verbo*

• Andare vicino o piu vicino

*Non **avvicinarti** troppo a quel cane, potrebbe morderti.*

AVVISARE [av-vi-sà-re] *verbo*

• Avvertire, informare

*La televisione **ha avvisato** che sta per arrivare un'ondata di freddo.*

AZIONE [a-zió-ne] *nome*

• Atto, comportamento

*Piumino ha commesso una brutta **azione**, gettando per terra la carta della caramella.*

A B C D E F G H I L M N O P Q R S T U V Z

BACCANO [bac-cà-no] *nome*

• Rumore confuso e assordante

Appena la maestra è uscita di classe, è scoppiato un gran ***baccano****.*

BACIARE [ba-cià-re] *verbo*

• Dare uno o più baci

Ieri una bambina mi ***ha baciato*** *sulla guancia.*

BADARE [ba-dà-re] *verbo*

• Prendersi cura di qualcuno o di qualcosa

Mamma Coniglietti ha incaricato il papà di ***badare*** *ai gemelli durante la sua assenza.*

BAFFI [bàf-fi] *nome*

• I peli che crescono sopra il labbro superiore degli uomini e di alcuni animali

*Il mio papà si è fatto crescere i **baffi**.*

BAGAGLI [ba-gà-glio] *nome*

• Le borse e le valigie che si portano con sé in viaggio

*Domani partiamo e bisogna preparare i **bagagli**.*

BAGNO [bà-gno] *nome*

• Immersione del corpo nell'acqua

*Al Comandante piace giocare con le barchette mentre fa il **bagno**.*

BALENA [ba-lé-na] *nome*

• Enorme mammifero marino dal corpo a forma di pesce

*Von Fox non sapeva dove atterrare: per fortuna c'era una **balena** gentile che gli ha fatto da pista.*

BALLARE [bal-là-re] *verbo*

• Muoversi a ritmo di musica

*A Tip Tap piace molto **ballare**.*

BALZO [bàl-zo] *nome*

• Salto, scatto

*Per topo Sniff è facile superare con un **balzo** anche ostacoli alti.*

BAMBINO [bam-bì-no] *nome*

• Essere umano nei primi anni di vita

*A tutti i **bambini** piace giocare.*

BAMBOLA [bàm-bo-la] *nome*

• Giocattolo a forma di donna o di bambina

*La **bambola** di Violetta ha un nastro sul cappello.*

BANCARELLA [ban-ca-rèl-la] *nome*

• Banco o carretto su cui si espongono le merci in vendita

*Quando vado al mercato con la mamma, mi piace girare tra le **bancarelle**.*

BANCO [bàn-co] *nome*

• Tavolino usato generalmente a scuola per scrivere

*La maestra ci sgrida se facciamo segni sul nostro **banco.***

BANDA [bàn-da] *nome*

• Gruppo di malviventi

*La banca è stata svaligiata da una **banda** di rapinatori.*

• Gruppo di suonatori di strumenti a fiato e a percussione

*Pim, Pum e Pam sono ottimi suonatori e hanno formato una **banda** musicale.*

BARATTOLO [bà-ràt-to-lo] *nome*

• Piccolo recipiente munito di coperchio

*La mamma conserva le marmellate in **barattoli** di vetro.*

BARBA [bàr-ba] *nome*

• I peli che crescono sulle guance e sul mento dell'uomo

*Il mio papà si fa la **barba** con il rasoio elettrico.*

BARCA [bàr-ca] *nome*

• Piccola imbarcazione a remi, a vela o a motore

*Tip tap va a pescare con la sua **barca** a remi.*

BASSO [bàs-so] *aggettivo*

• Di altezza o statura non grande

*Spino è troppo **basso** per guardare oltre il muro e allora si fa raccontare la partita da Giraffa.*

BASTARE [ba-stà-re] *verbo*

• Essere sufficiente

*Porcelli pensa che la sua carota gigante **basterà** per tutti.*

BASTONE [ba-stó-ne] *nome*

• Ramo d'albero diritto, usato come appoggio o come arma

*Porcelli insegue quel ladro di Mascherina con in mano un **bastone**.*

BATTERE [bàt-te-re] *verbo*

• Colpire, picchiare

*Qualcuno sta **battendo** alla porta: chi sarà venuto a trovarci?*

• Vincere, superare

*Il mio amico Giovanni è molto veloce e **batte** tutti nella corsa.*

BAVAGLIO [ba-và-glio] *nome*

• Pezzo di stoffa con cui si chiude la bocca di una persona per impedirle di parlare e di gridare

*Coccodrill parlava troppo e per farlo tacere gli hanno messo il **bavaglio**.*

BELLO [bèl-lo] *aggettivo*

• Che attrae per il suo aspetto piacevole

*La signora Rinocò pensa di essere molto **bella** ed è andata alla festa vestita con il suo abito più elegante.*

BENDA [bèn-da] *nome*

• Striscia di tela

Mi sono ferito a un braccio e mi hanno fasciato con una ***benda****.*

BERE [bé-re] *verbo*

• Ingerire un liquido

Oggi fa molto caldo e Tigrotto ***beve*** *una bibita per dissetarsi.*

BERSAGLIO [ber-sà-glio] *nome*

• Oggetto o punto che si deve colpire con un tiro

Dumbo pensa che non è stata una buona idea quella di portarsi dietro il ***bersaglio****.*

BICCHIERE [bic-chiè-re] *nome*

• Piccolo recipiente per bere

Quando ero più piccolo bevevo in un ***bicchiere*** *di plastica rossa.*

BICICLETTA [bi-ci-clét-ta] *nome*

• Veicolo a due ruote mosso da pedali

Hai visto,Teddy, quel che succede a correre troppo in ***bicicletta****?*

A B C D E F G H I L M N O P Q R S T U V Z

BILANCIA [bi-làn-cia] *nome*
• Strumento per misurare i pesi
Bracco pesa il ferro e la paglia sulla ***bilancia*** *per scoprire qual è più pesante.*

BIONDO [bión-do] *aggettivo*
• Di colore tra il giallo e il castano chiaro
Corvo Linguaccia si è messo una parrucca ***bionda*** *pensando di non farsi riconoscere.*

BIRILLO [bi-rìl-lo] *nome*
• Oggetto a forma di bottiglietta che bisogna colpire e abbattere con una palla o con una boccia
Con mia sorella giochiamo spesso ai ***birilli****.*

BISCIA [bì-scia] *nome*
• Qualsiasi serpente non velenoso
Le ***bisce*** *non sono pericolose, ma fanno lo stesso un po' paura.*

BISCOTTO [bi-scòt-to] *nome*
• Piccola pasta dolce secca e croccante
Mia nonna fa dei ***biscotti*** *buonissimi.*

BISOGNO [bi-só-gno] *nome*

• Necessità di procurarsi qualcosa che manca o di soddisfare un'esigenza
Polipò avrebbe ***bisogno*** *di un maglione con otto maniche.*

BISTICCIARE [bi-stic-cià-re] *verbo*

• Litigare

*La mamma ci sgrida quando io e mia sorella **bisticciamo**.*

BIVIO [bì-vio] *nome*

• Punto in cui una strada si divide in due

*Arrivato al **bivio**, Zip era indeciso su quale strada prendere.*

BLOCCARE [bloc-cà-re] *verbo*

• Arrestare un meccanismo in movimento

*Schiacciando i freni si **bloccano** le ruote.*

• Immobilizzare qualcuno, impedirgli di spostarsi

*Il poliziotto **bloccò** il ladro che cercava di fuggire.*

BOCCA [bóc-ca] *nome*

• Apertura nella parte inferiore della faccia, attraverso cui si respira, ci si nutre e si parla

*Coccodrill spalanca la **bocca** per mangiare i fiocchi di neve.*

BOCCONE [boc-có-ne] *nome*

• La quantità di cibo che si può mettere in bocca in una volta sola

*Giraffa, Coccodrill e Ippopò stanno cercando mangiare il sandwich in un solo **boccone**.*

BORDO [bór-do] *nome*

• Parte esterna, orlo di qualcosa

*Igor è così affamato che sta mangiando il **bordo** della pagina.*

BORSA [bór-sa] *nome*

• Contenitore di varia forma e grandezza, usato per trasportare oggetti personali

*La mamma, quando esce a far compere, porta con sé la **borsa**.*

BOSCO [bò-sco] *nome*

• Terreno ricoperto di alberi o di arbusti

*Nei **boschi** vivono molti animali selvatici.*

BOTTA [bòt-ta] *nome*

• Colpo, percossa

*Ho urtato contro la porta e ho preso una **botta** al ginocchio.*

BOTTEGA [bot-té-ga] *nome*

• Locale in cui si vendono merci di vario genere, negozio

*Qui all'angolo della via c'è la **bottega** del salumiere.*

BOTTIGLIA [bot-tì-glia] *nome*

• Recipiente di vetro o plastica per contenere liquidi

*Topo Bigio e Cinghia chiacchierano tra loro davanti a una **bottiglia** di vino.*

BOTTONE [bot-tó-ne] *nome*

• Dischetto di materiale vario che serve ad allacciare le due parti di un indumento

*Ho perso un **bottone** della camicia.*

BRACCIO [bràc-cio] *nome*

• Ognuno dei due arti superiori del corpo, dalla spalla alla mano

*Il prigioniero aveva le **braccia** legate dietro la schiena.*

BRAVO [brà-vo] *aggettivo*

• Capace di fare bene qualcosa, abile nel proprio mestiere

*Rinocò si sta dimostrando davvero un **bravo** attaccante.*

BREVE [brè-ve] *aggettivo*

• Che dura poco tempo

*Le vacanze sembrano sempre troppo **brevi**.*

BRICIOLA [brì-cio-la] *nome*

• Piccolo frammento di pane, di biscotto, di torta

*A fine pasto sulla tovaglia restano molte **briciole**.*

BRILLARE [bril-là-re] *verbo*

• Risplendere di luce viva

*Prima di addormentarsi Cinghia e Oscar guardano le stelle che **brillano** nel cielo.*

A B C D E F G H I L M N O P Q R S T U V Z

BRONTOLARE [bron-to-là-re] *verbo*

- Lamentarsi con voce bassa e monotona

Quando mamma Coniglietti ***brontola****, papà Coniglietti si mette i tappi nelle orecchie.*

BRUCIARE [bru-cià-re] *verbo*

- Distruggere, consumare o rovinare con l'azione del fuoco o del calore

Bull non si è ancora accorto che il fuoco sta ***bruciando*** *la sua uniforme.*

BRUTTO [brùt-to] *aggettivo*

- Sgradevole da vedere o da ascoltare

Guardate bene Igor: secondo voi è ***brutto****?*

BUCARE [bu-cà-re] *verbo*

- Fare un buco in qualcosa

Zip ha ***bucato*** *una gomma della sua automobile.*

BUCCIA [bùc-cia] *nome*

- Parte esterna dei frutti e di alcune verdure

Bongo ha mangiato così tante banane, che è rimasto sepolto sotto una montagna di ***bucce****.*

BUCO [bù-co] *nome*

• Apertura, foro

Il gatto aspetta che il topo esca dal ***buco****.*

BUFFO [bùf-fo] *aggettivo*

• Che fa ridere

A volte il mio fratellino fa delle facce proprio ***buffe****!*

BUGIA [bu-gì-a] *nome*

• Cosa falsa

Pinocchio si misura il naso dopo aver detto un'altra ***bugia****.*

BUIO [bù-io] *nome*

• Assenza di luce, oscurità

Spesso i bambini e a volte anche gli adulti hanno paura del ***buio****.*

BUONO [buò-no] *aggettivo*

• Che si comporta bene, che sta quieto e silenzioso

Prima di allontanarsi, la maestra disse ai suoi allievi: state ***buoni****!*

• Che ha un odore o un sapore gradevole

Il gelato di Ranocchio deve essere proprio ***buono:*** *guarda come lo lecca con gusto!*

BUTTARE [but-tà-re] *verbo*

• Gettare, lanciare

È vietato ***buttare*** *oggetti dal finestrino del treno.*

CACCIATORE [cac-cia-tó-re] *nome*

• Chi pratica la caccia, cioè cattura e uccide animali

*Il **cacciatore** Franz ora capisce cosa si prova a trovarsi dall'altra parte.*

CADERE [ca-dé-re] *verbo*

• Venire giù, cascare

*Rinocò è inciampato mentre scendeva le scale ed **è caduto** facendo un gran fracasso.*

CALAMITA [ca-la-mì-ta] *nome*

• Oggetto metallico che attira il ferro

*Sul mio tavolo tengo una **calamita** a forma di ferro di cavallo.*

CALARE [ca-là-re] *verbo*

• Scendere

*D'inverno i lupi **calano** dai monti in cerca di cibo.*

• Tramontare

*Quando arrivammo a casa, il sole stava **calando** all'orizzonte.*

• Diminuire

*La mamma fa la dieta per **calare** di peso.*

CALCIO [càl-cio] *nome*

• Colpo dato col piede, pedata

*Porcelli ha caricato troppo il carretto e Asinello lo punisce dandogli un gran **calcio**.*

CALDO [càl-do] *aggettivo*

• Che dà una sensazione di calore, che ha una temperatura elevata

*Quando fa freddo non c'è niente di meglio che un bel bagno **caldo**.*

nome

• Temperatura elevata

*La signora Chioccia, per resistere al **caldo**, cerca di rinfrescarsi facendosi aria con un ventaglio, ma perché si è messa due golf?*

CALMO [càl-mo] *aggettivo*

• Non agitato, tranquillo

*Cerca di stare **calmo** e vedrai che l'esame andrà bene.*

CALORE [ca-ló-re] *nome*

• Temperatura elevata

*Oggi il **calore** del sole è veramente tremendo e Tartaruga continua a sudare.*

A B C D E F G H I L M N O P Q R S T U V Z

A B C D E F G H I L M N O P Q R S T U V Z

CALPESTARE [cal-pe-stà-re] *verbo*

• Schiacciare qualcosa con i piedi, camminarci sopra

*Ai giardini c'è un cartello che dice:«Vietato **calpestare** le aiuole».*

CALVO [càl-vo] *aggettivo*

• Privo di capelli, pelato

*Corvo Linguaccia vende medicine per far crescere i capelli, ma sembra che non funzionino, visto che lui è **calvo**!*

CALZA [càl-za] *nome*

• Indumento di cotone o di lana che ricopre il piede e parte della gamba

*Quel buffone di Scimpa si è messo una **calza** al piede e una alla mano.*

CAMBIARE [cam-bià-re] *verbo*

• Sostituire una persona o una cosa con un'altra dello stesso genere

*I miei genitori hanno deciso di **cambiare** automobile.*

• Diventare diverso, mutare

*Sta **cambiando** il tempo: oggi pioverà.*

CAMERA [cà-me-ra] *nome*

• Locale, stanza di una casa

*Nella **camera** di Teddy ci sono molti giocattoli.*

CAMICIA [ca-mì-cia] *nome*

• Indumento di tessuto leggero che copre il corpo dal collo alla vita

*Il mio papà mette la **camicia** bianca solo quando va a lavorare.*

CAMION [cà-mion] *nome*

• Autocarro per trasportare merci

*Sull'autostrada abbiamo superato una lunga fila di **camion**.*

CAMMELLO [cam-mèl-lo] *nome*

• Grosso mammifero con due gobbe sul dorso, usato nei paesi caldi come animale da trasporto

*I **cammelli** possono restare per giorni e giorni senza bere.*

CAMMINARE [cam-mi-nà-re] *verbo*

• Spostarsi, muoversi a piedi

*Quando non salta e non balla, Tip Tap **cammina** a passo di marcia.*

CAMPAGNA [cam-pà-gna] *nome*

• Territorio al di fuori delle città, coltivato o incolto, in cui ci sono solo piccoli paesi e case sparse

*I miei genitori dicono spesso che vorrebbero vivere in **campagna**.*

CAMPANELLO [cam-pa-nèl-lo] *nome*

- Piccola campana che si fa suonare agitandola per il manico o tirando la cordicella cui sta appesa

*Sul tronco dell'albero, accanto alla porta d'ingresso della casa del folletto, era appeso un **campanello**.*

CAMPEGGIO [cam-pég-gio] *nome*

- Luogo attrezzato per ospitare chi passa le vacanze in tenda, camper o roulotte

*Un gruppo di scout si è accampato in un **campeggio** qui vicino.*

CAMPIONE [cam-pió-ne] *nome*

- Atleta o squadra che ha vinto un campionato o è molto forte in uno sport

*Ranocchio è un **campione** di salto in alto.*

CAMPO [càm-po] *nome*

- Terreno coltivato o coltivabile

*Porcelli e Maialino stanno piantando i picchetti che delimitano il loro **campo**.*

- Spazio di terreno attrezzato per attività sportive o d'altro genere

*Vicino a casa mia c'è un **campo** di calcio e uno di pallavolo.*

CANALE [ca-nà-le] *nome*

• Corso d'acqua artificiale

*I **canali** sono usati soprattutto per irrigare i campi.*

• Stazione (emittente) televisiva

*Su quale **canale** danno la partita di stasera?*

CANCELLO [can-cèl-lo] *nome*

• Chiusura di un ingresso formata in genere da sbarre verticali di ferro o di legno unite tra loro da traverse

*Per sfuggire ad Altolà, Mascherina ha scavalcato questo **cancello**.*

CANDELA [can-dé-la] *nome*

• Cilindro di cera con all'interno un cordoncino che si accende per illuminare

*Ogni tanto è bello cenare a lume di **candela**.*

CANE [cà-ne] *nome*

• Mammifero domestico di cui esistono molte razze, diverse per aspetto e dimensioni

*Barbetta è un **cane** molto ingordo: non vuol dare neanche un osso a Bully.*

CANOA [ca-nò-a] *nome*

• Imbarcazione lunga e stretta che si manovra con particolari remi

*Dente aguzzo, Codafolta e Topo Bigio esplorano il fiume su una **canoa**.*

CANOTTO [ca-nòt-to] *nome*

• Piccola imbarcazione in tela impermeabile o in plastica

*Puf e Paf, dopo aver gonfiato il loro **canotto**, lo mettono in acqua.*

CANTO [càn-to] *nome*

• Serie di suoni musicali emessi dalla voce umana

*Il **canto** melodioso di Violetta si diffondeva sull'acqua illuminata dalla luna piena.*

CANZONE [can-zó-ne] *nome*

• Breve poesia da cantare seguendo una melodia musicale

*Al mio papà piacciono le vecchie **canzoni**.*

CAOS [cà-os] *nome*

• Grande disordine, enorme confusione

*Altolà, disturbato dalle vespe, non riesce più a dirigere il traffico, che ormai è finito nel più completo **caos**.*

CAPACE [ca-pà-ce] *aggettivo*

• Che può contenere molte persone o cose

*Per andare a far la spesa ci vuole una borsa **capace**.*

• Che sa fare qualcosa

*La mia sorellina non è ancora **capace** di leggere.*

CAPANNA [ca-pàn-na] *nome*

• Piccola e semplice costruzione, fatta di tronchi, canne e paglia

*Nel villaggio degli gnomi ci sono molte **capanne**.*

CAPELLO [ca-pél-lo] *nome*

• Ciascuno dei peli che crescono sulla testa

*I **capelli** di Fettuccia sono verdi.*

CAPIRE [ca-pì-re] *verbo*

• Comprendere con la mente

*L'addizione è più facile da **capire** della divisione.*

CAPITALE [ca-pi-tà-le] *nome*

• La città principale di uno stato, in cui ha sede il governo

*La **capitale** d'Italia è Roma.*

CAPITOMBOLO [ca-pi-tóm-bo-lo] *nome*

• Caduta con la testa all'ingiù, ruzzolone

*Rinocò ha urtato Camel e gli ha fatto fare un **capitombolo**.*

A B C D E F G H I L M N O P Q R S T U V Z

CAPO [cà-po] *nome*

• Testa

*Oggi la mia maestra aveva un forte mal di **capo**.*

• Chi comanda o dirige altre persone

*È stato arrestato il **capo** della banda di rapinatori.*

CAPOSTAZIONE [ca-po-sta-zió-ne] *nome*

• Chi dirige una stazione ferroviaria

*Il treno aspettava dal **capostazione** il permesso di partire.*

CAPPELLO [cap-pèl-lo] *nome*

• Copricapo di varia forma e materiale

*Lea è molto fiera del suo nuovo **cappello** con la piuma.*

CARAMELLA [ca-ra-mèl-la] *nome*

• Pasticca zuccherata con sapori vari

*La mamma dice che mangiare troppe **caramelle** fa male ai denti.*

CARATTERE [ca-ràt-te-re] *nome*

• Lettera dell'alfabeto

*Robotto si sta esercitando a scrivere i diversi tipi di **caratteri**.*

• Le qualità e il modo di comportarsi che distinguono una persona da un'altra

*Il mio amico Mauro ha un **carattere** generoso e lo dimostra aiutando sempre tutti gli altri bambini.*

CARCERE [càr-ce-re] *nome*

• Luogo in cui viene rinchiuso chi ha commesso un delitto

Mascherina è finito in ***carcere****.*

CAREZZA [ca-réz-za] *nome*

• Gesto affettuoso che si fa passando leggermente con la mano sulla testa, sulla guancia o sul corpo di una persona

La mamma sorrise alla bimba e le fece una ***carezza****.*

CARICO [cà-ri-co] *aggettivo*

• Che porta un peso

La formica torna a casa ***carica****.*

• Che è stato caricato e quindi è pronto a funzionare

È ***carica*** *la batteria del tuo cellulare?*

CARNE [càr-ne] *nome*

• La parte molle e muscolosa del corpo umano e di quello degli animali

Quest'estate in giardino mi è entrata una spina di rosa nella ***carne****.*

CARNEVALE [car-ne-và-le] *nome*

• Il periodo dell'anno, prima della Pasqua, in cui si organizzano feste, cortei mascherati e altri divertimenti

Tutti i nostri amici si sono mascherati per il ballo di ***carnevale****.*

A B C D E F G H I L M N O P Q R S T U V Z

CARO [cà-ro] *aggettivo*

• Che si ama, a cui si è affezionati

*Oggi è venuto a trovarci un **caro** amico dei miei genitori.*

• Che costa molti soldi

*La mamma dice che fare la spesa costa sempre più **caro**.*

CAROTA [ca-rò-ta] *nome*

• Radice di colore rosso-arancio che si mangia come verdura

*A me le **carote** piacciono crude.*

CARRELLO [car-rèl-lo] *nome*

• Mezzo di trasporto a mano, montato su piccole ruote

*I cibi da portare a tavola erano stati messi su un **carrello**.*

CARRO [càr-ro] *nome*

• Veicolo da trasporto a due o a quattro ruote, trainato da animali

*A Robin piace viagggiare seduto su un **carro**.*

CARTA [càr-ta] *nome*

• Materiale che si ottiene riducendo in fogli sottili sostanze di origine vegetale e che si usa come superficie su cui scrivere o disegnare

*A scuola facciamo la raccolta della **carta** da riciclare.*

CARTELLA [car-tèl-la] *nome*
• Borsa in cui mettere documenti, libri, quaderni ecc.
Teddy e i suoi genitori escono di casa ognuno con la sua ***cartella****.*

CARTELLO [car-tèl-lo] *nome*
• Avviso, segnale o disegno stampato su un foglio, un cartone o una lastra metallica, e messo in un luogo ben visibile al pubblico
Il ***cartello*** *dice che è vietato accendere fuochi.*

CARTOLINA [car-to-lì-na] *nome*
• Cartoncino rettangolare, per lo più illustrato, che si spedisce per posta
Talpa ha tappezzato di ***cartoline*** *le pareti della sua tana.*

CASA [cà-sa] *nome*
• Edificio (a uno o più piani) in cui abitano una o più famiglie
Nella via in cui abito c'è ancora un gruppo di vecchie ***case****.*

CASCATA [ca-scà-ta] *nome*
• Salto che fa un corso d'acqua quando incontra un improvviso dislivello del terreno
Il rumore della ***cascata*** *era così forte che copriva le nostre voci.*

CASCO [cà-sco] *nome*

• Copricapo protettivo di materiale resistente

*Oscar non dimentica mai di mettere il **casco** quando va in motocicletta.*

CASO [cà-so] *nome*

• Avvenimento imprevisto (e fortuito)

*Il babbo e la mamma si sono conosciuti per **caso**.*

CASSA [càs-sa] *nome*

• Contenitore di cartone o di legno, usato per tenere o trasportare merci o oggetti

*Quando abbiamo fatto il trasloco, abbiamo riempito molte **casse**.*

CASSETTO [cas-sét-to] *nome*

• Cassetta con maniglia inserita su guide scorrevoli all'interno di un mobile

*Nella mia scrivania ci sono tre **cassetti**.*

CASTAGNA [ca-stà-gna] *nome*

• Il frutto del castagno, con buccia dura di color marrone e polpa bianca e dolce

*Mi piace molto la marmellata di **castagne**.*

CASTANO [ca-stà-no] *aggettivo*

• Di colore marrone scuro come quello della buccia della castagna

*Il mio babbo ha i capelli **castani**, la mia mamma li ha neri.*

CASTELLO [ca-stèl-lo] *nome*

• Grande edificio fortificato, con mura e torri, in cui un tempo vivevano i nobili

*In molte fiabe si racconta di un **castello** incantanto.*

CASTIGO [ca-stì-go] *nome*

• Punizione data a chi ha commesso un errore o una colpa

*Volpino aveva riempito il muro di scritte e per **castigo** Sapienza gliele ha fatte cancellare tutte.*

CATENA [ca-té-na] *nome*

• Serie di anelli di metallo infilati gli uni negli altri

*Il cane era stato legato alla **catena**.*

CATINO [ca-tì-no] *nome*

• Recipiente rotondo, largo e poco profondo, usato per lavare e lavarsi

*In casa della nonna c'è un vecchio **catino** di ferro smaltato.*

CATTEDRA [càt-te-dra] *nome*

• La scrivania o il tavolo dell'insegnante nelle aule scolastiche

*Sulla **cattedra** della mia maestra c'è un mazzo di fiori.*

CATTIVO [cat-tì-vo] *aggettivo*

• Non buono

*Spesso sono gli adulti a dare il **cattivo** esempio ai bambini.*

• Che fa del male o si comporta male

*La maestra ha detto che oggi siamo stati **cattivi**.*

• Di qualità scadente, di sapore o di odore sgradevole

*Al ristorante ci han dato da mangiare della carne **cattiva**.*

• Negativo, sfavorevole, spiacevole

*Sui giornali ci sono soprattutto le **cattive** notizie.*

CATTURARE [cat-tu-rà-re] *verbo*

• Prendere, far prigioniero

*Il poliziotto **ha catturato** Mascherina dopo averlo sorpreso a rubare.*

CAVALCARE [ca-val-cà-re] *verbo*

• Montare un cavallo o un altro animale

*Teddy vorrebbe essere un cowboy che **cavalca** per la prateria.*

CAVALLO [ca-vàl-lo] *nome*

• Grosso mammifero domestico, usato come animale da cavalcatura, da tiro e da trasporto

*Il **cavallo** è il più antico mezzo di trasporto dell'uomo.*

CAVERNA [ca-vèr-na] *nome*

• Ampia grotta sotterranea o aperta nei fianchi di un monte

*Gli uomini preistorici vivevano nelle **caverne**.*

CAVIGLIA [ca-vì-glia] *nome*

• Parte inferiore della gamba appena sopra il piede

*Gli scarponi coprono anche la **caviglia**.*

CAVO[1] [cà-vo] *nome*

• Grossa fune di materiale vario

*Si è rotto un **cavo** dell'ascensore.*

• Filo di rame che trasporta l'energia elettrica

*Oscar ha avvicinato due **cavi** elettrici e ha preso la scossa.*

CAVO[2] [cà-vo] *aggettivo*

• Che è vuoto al proprio interno

*Nel tronco **cavo** dell'albero uno scoiattolo aveva fatto la sua tana.*

CENA [cé-na] *nome*

• Il pasto della sera

*Questa sera Topo Bigio ha deciso di invitare a **cena** Cocci e Nella, due coccinelle sue amiche.*

CENERE [cé-ne-re] *nome*

• La polvere grigia che resta come residuo della legna e del carbone bruciati

*La legna sul fuoco si ridusse presto in **cenere**.*

CENTRO [cèn-tro] *nome*

• Il punto, la parte che sta nel mezzo di qualcosa

*I negozi più belli sono nel **centro** della città.*

CERCARE [cer-cà-re] *verbo*

• Darsi da fare per trovare qualcosa o qualcuno

*Spino sta **cercando** Brucoblu, che però non è in casa.*

CERCHIO [cér-chio] *nome*

• Oggetto di forma rotonda

*Fettuccia si è trasformato in un compasso per fare un **cerchio**.*

CEREALE [ce-re-à-le] *nome*

• Nome comune delle più importanti piante coltivate per l'alimentazione, come il frumento, il granoturco, il riso, l'orzo ecc.

*Vicino alla casetta c'è il silo verde in cui vengono conservati i **cereali**.*

CEROTTO [ce-ròt-to] *nome*

• Striscia adesiva con al centro una piccola garza, che si applica su piccole ferite

Ti sei fatto solo un graffio: disinfetta e metti un ***cerotto****.*

CERTO [cèr-to] *aggettivo*

• Sicuro, convinto

Mister Dollar è ***certo*** *che Mascherina sta preparando una delle sue malefatte.*

CESSARE [ces-sà-re] *verbo*

• Finire, smettere

La pioggia finalmente ***è cessata*** *e Ranocchio può chiudere l'ombrello.*

CHIACCHIERARE [chiac-chie-rà-re] *verbo*

• Parlare, conversare di argomenti non importanti

Alla signora Chioccia e alle sue amiche piace passare il tempo a ***chiacchierare****.*

CHIARO [chià-ro] *aggettivo*

• Luminoso, limpido

Oggi è una ***chiara*** *giornata di primavera.*

• Facile da comprendere

La nostra maestra ci spiega sempre le cose in modo molto ***chiaro****.*

CHIASSO [chiàs-so] *nome*

• Forte rumore, baccano, frastuono

Leonstein non ne può più del ***chiasso*** *che fanno Pim, Pum e Pam.*

CHIAVE [chià-ve] *nome*

• Strumento di metallo per aprire e chiudere le serrature

Ieri la mamma non trovava più le ***chiavi*** *di casa.*

CHICCO [chìc-co] *nome*

• Seme dei cerali e di altre piante

La farina si ottiene macinando i ***chicchi*** *di grano.*

• Acino d'uva

I ***chicchi*** *dell'uva maturavano al sole.*

CHIEDERE [chiè-de-re] *verbo*

• Domandare per sapere o per ottenere qualcosa

Topo Bigio ***ha chiesto*** *al vigile qual è la strada per andare alla stazione.*

CHIOCCIOLA [chiòc-cio-la] *nome*

• Mollusco terrestre con la conchiglia a forma di spirale

Nei prati dopo la pioggia si incontrano molte ***chiocciole****.*

CHIODO [chiò-do] *nome*

- Asticciola di metallo appuntita da una parte e con una testa dall'altra

*Il **chiodo** si è rotto mentre cercavo di piantarlo nel muro.*

CHITARRA [chi-tàr-ra] *nome*

- Strumento musicale a sei corde

*La **chitarra** è lo strumento più suonato dai giovani di oggi.*

CIAMBELLA [ciam-bèl-la] *nome*

- Dolce di forma rotonda simile a un grosso anello

*La mia nonna prepara una **ciambella** molto buona.*

CIBO [cì-bo] *nome*

- Tutto ciò che si può mangiare; alimento

*I **cibi** grassi sono più pesanti da digerire.*

CICOGNA [ci-có-gna] *nome*

- Grosso uccello migratorio con zampe e becco molto lunghi

*Le **cicogne** fanno spesso il loro nido sui tetti delle case.*

CIELO [ciè-lo] *nome*

- Lo spazio in cui si muovono i corpi celesti; in particolare, lo spazio atmosferico che circonda la Terra

*A volte mi piacerebbe essere una rondine che vola libera nel **cielo**.*

A B C D E F G H I L M N O P Q R S T U V Z

CIFRA [cì-fra] *nome*

- Ognuno dei segni che rappresentano i numeri da zero a nove

Per fare i suoi calcoli Leonstein ha riempito il muro di ***cifre****.*

CILIEGIA [ci-liè-gia] *nome*

- Il frutto rosso e dolce del ciliegio

Le ***ciliegie*** *sono il frutto preferito del grillo.*

CIMA [cì-ma] *nome*

- La parte più alta di qualcosa

Il pompiere è salito in ***cima*** *alla scala per portare soccorso alle persone in pericolo.*

CINEMA [cì-ne-ma] *nome*

- L'arte e la tecnica di riprendere e proiettare i film

Il ***cinema*** *è stato inventato più di cento anni fa.*

- Sala in cui si proiettano film

Il ***cinema*** *in cui vado più spesso è quello vicino a casa.*

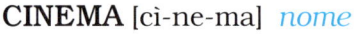

CINTURA [cin-tù-ra] *nome*

• Striscia di cuoio, tessuto o altro materiale, che si usa per stringere alla vita pantaloni e gonne

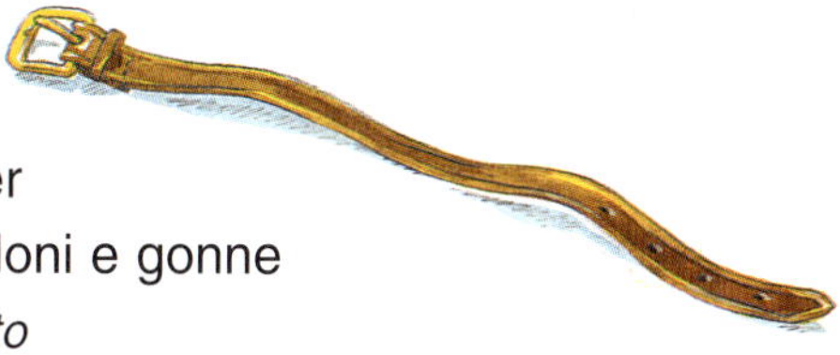

Il mio babbo è così dimagrito che ha dovuto stringere la ***cintura****.*

CIOCCOLATO [cioc-co-là-to] *nome*

• Prodotto alimentare a base di cacao, zucchero e altri ingredienti

Io sono ghiotto di ***cioccolato****, ma non posso mangiarne troppo.*

CIOTOLA [ciò-to-la] *nome*

• Tazza bassa senza manico

Al mattino bevo sempre una ***ciotola*** *di latte caldo.*

CIOTTOLO [ciòt-to-lo] *nome*

• Sasso reso liscio e arrotondato dall'azione delle acque correnti

Sulle rive del mare e dei fiumi si possono trovare ***ciottoli*** *molto belli.*

CIPOLLA [ci-pól-la] *nome*

• Pianta da orto di cui si mangia il bulbo rotondo

Le topine non stanno piangendo perché sono tristi, ma perché stanno tagliando le ***cipolle****!*

A B C D E F G H I L M N O P Q R S T U V Z

A B C D E F G H I L M N O P Q R S T U V Z

CIRCO [cìr-co] *nome*

• Arena con gradinate, coperta da un tendone, in cui si svolgono spettacoli con acrobati, pagliacci e animali addestrati

*Quando il **circo** viene nella nostra città, mi faccio sempre portare a vederlo.*

CIRCONDARE [cir-con-dà-re] *verbo*

• Stare tutt'intorno

*Teddy ha portato una torta e tutti i suoi amici lo **circondano** con occhi golosi.*

CITTÀ [cit-tà] *nome*

• Centro abitato piuttosto grande e importante

*Oggi sempre più gente vive nelle **città**.*

CLASSE [clàs-se] *nome*

• Insieme di persone con le stesse condizioni economico-sociali o che fanno lo stesso lavoro

*Le **classi** più povere lottano per migliorare la loro situazione.*

• L'aula dove si svolgono le lezioni e l'insieme degli alunni che le seguono

*La nostra **classe** è composta da tredici bambine e da quattordici bambini.*

CLIENTE [cli-èn-te] *nome*

• Chi fa acquisti in un negozio o frequenta un albergo, un ristorante, un bar

*Rinocò dice al **cliente** che il cappello gli sta molto bene.*

CLIMA [clì-ma] *nome*

• L'insieme delle condizioni atmosferiche di una certa zona

*Gli scienziati dicono che il **clima** sulla Terra sta cambiando.*

CLOWN *nome*

• Pagliaccio del circo

*I **clown** sono molto bravi a far ridere i bambini.*

CODA [có-da] *nome*

• Parte terminale posteriore del corpo degli animali vertebrati

*Volpino tiene molto alla sua **coda** e la pettina tutti i giorni.*

COLAZIONE [co-la-zió-ne] *nome*

• Il pasto leggero del mattino

*A Polipò piace fare una **colazione** molto abbondante.*

COLLA [còl-la] *nome*

• Sostanza adesiva che si usa per attaccare o tenere uniti oggetti e materiali vari

*A scuola abbiamo usato la **colla** per attaccare dei cartelloni.*

COLLABORARE [col-la-bo-rà-re] *verbo*

- Partecipare con altri a un'attività, dare il proprio contributo e aiuto

*Tutti **hanno collaborato** all'organizzazione della festa.*

COLLANA [col-là-na] *nome*

- Ornamento che si porta intorno al collo

*Una **collana** di perle adornava il collo della regina.*

COLLETTO [col-lét-to] *nome*

- La parte della camicia o del vestito che sta intorno al collo

*Gallo Sperone porta sempre la camicia con il **colletto** inamidato.*

COLLEZIONE [col-le-zió-ne] *nome*

- Raccolta ordinata di oggetti della stessa specie

*La gazza sostiene di far **collezione** di oggetti d'oro, ma tutti sanno che li ruba.*

COLLINA [col-lì-na] *nome*

- Montagnola che non supera i 600 metri di altezza

*Firenze sorge in riva all'Arno ed è circondata da **colline**.*

COLLO [còl-lo] *nome*

- Parte del corpo che unisce la testa al tronco

*Giraffa ha un **collo** così lungo che si deve far fare delle camicie speciali.*

COLLOQUIO [col-lò-quio] *nome*

• Conversazione, scambio di idee tra due o più persone

*La maestra ha avuto ieri un **colloquio** con i miei genitori.*

COLONNA [co-lón-na] *nome*

• Sostegno verticale a forma di cilindro che sorregge una parte di un edificio

*Il portico d'ingresso del museo era sostenuto da **colonne**.*

COLORE [co-ló-re] *nome*

• Ciascuna delle tinte con cui ci appaiono le cose

*I **colori** cambiano a seconda della luce.*

• Sostanza per colorare

*A scuola abbiamo dei barattoli di **colori** che usiamo per dipingere.*

COLPA [cól-pa] *nome*

• Responsabilità di un effetto dannoso o spiacevole

*L'incidente è avvenuto per **colpa** del guidatore distratto.*

COLPIRE [col-pì-re] *verbo*

• Raggiungere con uno o più colpi

*Giraffa **ha colpito** Ippopò al mento e lo ha atterrato.*

• Impressionare

*Le fiabe **colpiscono** la fantasia dei bambini.*

A B C D E F G H I L M N O P Q R S T U V Z

COLPO [cól-po] *nome*

• Percossa, urto

*È caduto dalle scale e ha battuto un **colpo** con la testa.*

• Rumore prodotto da uno sparo, da un'esplosione

*Al'improvviso si sentì un **colpo** di pistola.*

• Azione rapida, violenta, di sorpresa

*I rapinatori hanno fatto un **colpo** in banca.*

COLTELLO [col-tèl-lo] *nome*

• Strumento per tagliare formato da una lama con manico

*Quando ero più piccolo non ero capace di tagliare da solo la carne con il **coltello**.*

COMANDANTE [co-man-dàn-te] *nome*

• Chi ha il comando di qualcosa

*Il **comandante** dell'aereo è pronto a decollare e ha chiesto ai passeggeri di allacciare le cinture.*

COMETA [co-mé-ta] *nome*

• Corpo celeste che ruota intorno al Sole, circondato da un alone luminoso che può allungarsi fino a formare una coda

*Qualche anno fa una **cometa** è passata vicino alla Terra.*

COMIGNOLO [co-mì-gno-lo] *nome*

• Parte della canna del camino che sporge dal tetto

*Dal **comignolo** non usciva fumo, per cui pensammo che la casa fosse disabitata.*

COMINCIARE [co-min-cià-re] *verbo*

• Iniziare

Stavamo tornando a casa quando ***cominciò*** *a piovere.*

COMMESSO [com-més-so] *nome*

• Impiegato addetto alla vendita in un negozio

In questo negozio i ***commessi*** *sono molto gentili.*

COMMETTERE [com-mét-te-re] *verbo*

• Compiere un'azione negativa

Hai commesso *un errore a non ascoltare i mei consigli.*

COMMISSIONE [com-mis-sió-ne] *nome*

• Incarico, lavoro da svolgere per conto d'altri

Il falegname sta fabbricando un armadio su ***commissione****.*

• Acquisti personali

La signora Ippopò era uscita per delle ***commissioni*** *e ora torna a casa carica di borse.*

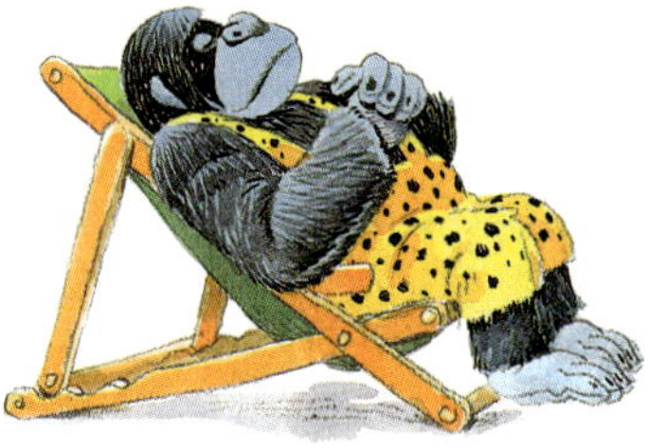

COMODO [cò-mo-do] *aggettivo*

• Che fa stare piacevolmente; che non causa sforzo, fatica, disturbo

A Bongo piace stare ***comodo****, e per questo, quando vuole riposare, si mette sempre su una* ***comoda*** *sdraio.*

COMPAGNIA [com-pa-gnì-a] *nome*

• Lo stare insieme con gli altri

*Agli animali del bosco magico piace molto cenare in **compagnia**.*

• Gruppo di persone che si riuniscono per il piacere di stare assieme

*Ai giardini pubblici si ritrovano diverse **compagnie** di ragazzi.*

COMPAGNO [com-pà-gno] *nome*

• Chi svolge con altri una stessa attività, o fa parte dello stesso gruppo, o condivide una stessa esperienza

*Io vado molto d'accordo con i miei **compagni** di classe.*

COMPIERE [cóm-pie-re] *verbo*

• Finire, completare

*Tra un mese **compierò** gli anni.*

• Fare, realizzare

*Per **compiere** il suo dovere Soldatino deve stare fermo per ore sull'attenti.*

COMPITO [cóm-pi-to] *nome*

• Incarico

*Il facchino ha il **compito** di trasportare i bagagli.*

• Dovere

*È **compito** dei genitori educare i figli.*

• Esercizio scolastico

*La maestra ci ha dato un **compito** da fare a casa.*

COMPLEANNO [com-ple-àn-no] *nome*

• Il giorno in cui si compiono gli anni

*Oggi Teddy festeggia il suo **compleanno**.*

COMPLETO [com-plè-to] *aggettivo*

• Che non manca di nessuna delle parti di cui dovrebbe essere composto

*Ecco qui l'elenco **completo** dei partecipanti alla gita.*

COMPLICATO [com-pli-cà-to] *aggettivo*

• Difficile, complesso

*Scimpa ha mangiato così tante banane che adesso per lui è un po' **complicato** calcolare quante.*

COMPLIMENTO [com-pli-mén-to] *nome*

• Parola o frase di ammirazione, di apprezzamento

*La signora Porcelli fa i **complimenti** alla signora Rinocò per il suo cappellino.*

COMPORRE [com-pór-re] *verbo*

• Mettere insieme, formare, costituire

*La mia famiglia **è composta** da quattro persone.*

• Creare

*Sai per caso chi **ha composto** la musica di questa canzone?*

COMPORTARSI [com-por-tàr-si] *verbo*

• Agire in un certo modo

*I miei genitori mi dicono sempre di **comportarmi** onestamente.*

COMPRARE [com-prà-re] *verbo*

• Acquistare

*La mamma mi ha dato i soldi per andare a **comprare** un gelato e io sono corsa subito a **comprarlo**.*

COMPRENDERE [com-prèn-de-re] *verbo*

• Contenere, includere

*Nel conto non **è compreso** il servizio.*

• Capire

*Quando Panda parla in cinese nessuno qui lo **comprende**.*

COMPUTER [parola inglese] *nome*

• Macchina elettronica capace di compiere calcoli rapidissimi e di riprodurre ed elaborare testi e immagini

*Il babbo mi sta insegnando a usare il suo **computer**.*

COMUNE[1] [co-mù-ne] *aggettivo*
- Che è di tutti o riguarda tutti

*Diminuire l'inquinamento è interesse **comune** della popolazione.*

COMUNE[2] [co-mù-ne] *nome*
- Territorio di una città o di un paese, governato da un sindaco eletto dalla popolazione di quel territorio

*Io abito nel **comune** di Pisa.*

CONCERTO [con-cèr-to] *nome*
- Esecuzione pubblica di brani musicali

*Il **concerto** nel bosco ha avuto molto successo.*

CONCLUDERE [con-clù-de-re] *verbo*
- Portare a termine, realizzare, finire

*Lo gnomo falegname sta lavorando sodo, perché vuole **concludere** in giornata la verniciatura del mobile.*

CONDIRE [con-dì-re] *verbo*
- Rendere più saporito un cibo aggiungendo qualche condimento

*Le pannocchie sono più gustose se le si **condisce** con il burro fuso.*

CONDOTTA [con-dót-ta] *nome*
- Modo di comportarsi

*La maestra ha rimproverato un mio compagno per la sua **condotta**.*

A B C D E F G H I L M N O P Q R S T U V Z

CONDURRE [con-dùr-re] *verbo*

• Portare sotto la propria guida

*Il pastore **conduce** le pecore al pascolo.*

• Guidare un veicolo

*I piloti da corsa devono essere molto abili a **condurre** le vetture.*

• Dirigere qualcosa

*Il presentatore **conduceva** il dibattito in televisione.*

CONFESSARE [con-fes-sà-re] *verbo*

• Riconoscere e dichiarare apertamente una colpa, una mancanza, un difetto

*Mister Dollar **confessa** al giudice di aver imbrogliato molta gente.*

CONFINE [con-fì-ne] *nome*

• Linea che separa tra loro due stati, regioni, comuni o terreni

*Una siepe fa da **confine** tra il nostro giardino e quello del vicino.*

CONFONDERE [con-fón-de-re] *verbo*

• Mescolare, unire cose che devono restare separate

*Rimetti a posto le carte, senza **confondere** i due mazzi.*

• Scambiare una persona o una cosa per un'altra

*In un primo momento ti **avevo confuso** con tuo fratello.*

CONFRONTARE [con-fron-tà-re] *verbo*

• Esaminare due o più cose per vederne le somiglianze e le differenze; paragonare

*La mamma **confronta** i prezzi dei negozi prima di fare acquisti.*

CONFUSIONE [con-fu-sió-ne] *nome*

• Disordine, caos

*Mentre Sapienza spiega gli aeroplani alla lavagna, nell'aula volano aeroplanini di carta e la **confusione** è totale.*

CONO [cò-no] *nome*

• Oggetto circolare a un'estremità e appuntito dall'altra

*Il **cono** che mi piace di più è quello del gelato.*

CONSEGNARE [con-se-gnà-re] *verbo*

• Dare, affidare qualcosa a qualcuno

*Tartaruga deve **consegnare** un pacco postale a Tricheco e chiede all'orso se per caso lui sa dove è andato.*

CONSERVARE [con-ser-và-re] *verbo*

- Tenere qualcosa in modo che non si guasti o non si sciupi

I porcospini del bosco magico ***conservano*** *i piselli dentro barili.*

- Mantenere

Mia mamma ha 40 anni, ma ***conserva*** *ancora un aspetto giovanile.*

CONSIGLIO [con-sì-glio] *nome*

- Suggerimento, parere che si dà a qualcuno sul modo migliore di comportarsi

La signora Chioccia sta dando dei ***consigli*** *di cucina all'amica.*

CONSOLARE [con-so-là-re] *verbo*

- Confortare, incoraggiare qualcuno

La mamma cerca di ***consolare*** *Piumino, che non ha potuto andare alla festa, perché è a letto ammalato.*

CONSUMARE [con-su-mà-re] *verbo*

- Esaurire o logorare qualcosa con l'uso

Cinghia ***ha consumato*** *così tanto la giacca e i pantaloni, che ormai sono tutti pieni di toppe.*

- Impiegare, usare

Le lavastoviglie ***consumano*** *molta acqua.*

CONTADINO [con-ta-dì-no] *nome*

• Chi lavora la terra, agricoltore

A Teddy piacerebbe fare il ***contadino*** *per poter guidare il trattore.*

CONTARE [con-tà-re] *verbo*

• Calcolare il numero totale di una serie di cose o persone

I bambini imparano a ***contare*** *aiutandosi con le dita.*

CONTATTO [con-tàt-to] *nome*

• L'atto di toccare o il fatto di toccarsi

Quando si hanno malattie infettive, è meglio evitare ogni ***contatto****.*

• Rapporto, relazione, comunicazione

Le squadre di soccorso si sono messe in ***contatto*** *con i dispersi.*

CONTENITORE [con-te-ni-tó-re] *nome*

• Qualsiasi tipo di recipiente per contenere o trasportare qualcosa

Quasi tutte le merci sono messe in vendita dentro dei ***contenitori****.*

A B C D E F G H I L M N O P Q R S T U V Z

CONTENTO [con-tèn-to] *aggettivo*

• Soddisfatto, felice, lieto

*Polipò è **contento** quando può giocare a tennis, perché nessuno lo batte.*

CONTINUARE [con-ti-nu-à-re] *verbo*

• Proseguire, seguitare, andare avanti

*Nonostante il caldo tremendo, Dumbo e Scimpa hanno deciso di **continuare** la loro traversata del deserto.*

CONTINUO [con-tì-nuo] *aggettivo*

• Che non si interrompe mai

*È piovuto in modo **continuo** per due giorni.*

CONTO [cón-to] *nome*

• Calcolo aritmetico

*Leonstein è così preso dai suoi **conti** che non vede neanche dove scrive.*

• Somma da pagare e foglio su cui è scritta

*Cameriere! Mi può portare il **conto**, per favore?*

CONTRARIO [con-trà-rio] *aggettivo*

• Che è in contrasto

*Su questo argomento abbiamo opinioni **contrarie**.*

• Opposto, inverso

*Chiocciola e Brucoblù fanno lo stesso percorso, ma in senso **contrario**.*

• Sfavorevole

*Ho dato un voto **contrario** alla vostra proposta.*

CONTRIBUTO [con-tri-bù-to] *nome*

• Collaborazione, aiuto che si dà per ottenere un certo risultato

*Tutti gli animali del bosco hanno voluto dare il loro **contributo** per far sì che il monumento allo gnomo riuscisse il più bello possibile.*

CONTROLLARE [con-trol-là-re] *verbo*

- Esaminare qualcosa per verificare che sia esatto, valido, regolare

*All'aeroporto **hanno controllato** i bagagli di tutti i viaggiatori.*

- Sorvegliare

*Il professor Sapienza **controlla** che gli allievi non copino l'uno dall'altro durante il compito in classe.*

CONVENIENTE [con-ve-nièn-te] *aggettivo*

- Vantaggioso

*Mamma Coniglietti ringrazia il commesso, perché le ha suggerito un acquisto molto **conveniente**.*

CONVINCERE [con-vìn-ce-re] *verbo*

- Indurre qualcuno a fare o non fare qualcosa; persuadere

***Ho convinto** la nonna a restare a cena da noi.*

COPERCHIO [co-pèr-chio] *nome*

- Ciò che serve per coprire o chiudere un recipiente

*Metti il **coperchio** sulla pentola, se vuoi che l'acqua bollisca in fretta.*

COPERTA [co-pèr-ta] *nome*

- Panno che si stende sulle lenzuola per ricoprirsi e riscaldarsi

*I nostri amici si sono portati una **coperta** che basta per tutti.*

COPIARE [co-pià-re] *verbo*

• Riscrivere fedelmente il testo di uno scritto

***Ho copiato** la lettera prima di spedirla.*

• Imitare qualcosa prendendolo da altri

*Pinocchio come al solito non ha studiato e ora cerca di **copiare** il compito di Piumino.*

COPPIA [còp-pia o cóp-pia] *nome*

• Insieme di due persone, animali o cose dello stesso tipo o unite da una stessa condizione

*Mamma e papà Coniglietti sono proprio una bella **coppia**.*

CORAGGIOSO [co-rag-gió-so] *aggettivo*

• Che ha coraggio

*Il **coraggioso** comandante ha deciso di affondare insieme alla sua nave.*

CORAZZA [co-ràz-za] *nome*

• Armatura di cuoio o di metallo che proteggeva il busto dei soldati di un tempo

*Le **corazze** scomparirono con l'invenzione delle armi da fuoco.*

CORDA [còr-da] *nome*

• Treccia di fili intrecciati, usata per legare, tirare, sostenere

*Il grosso pacco era stato legato con una **corda**.*

A B C D E F G H I L M N O P Q R S T U V Z

CORNICE [cor-nì-ce] *nome*

- Contorno di legno o altro materiale usato per racchiudere quadri, fotografie, specchi ecc.

*Il ritratto di Mister Dollar è incorniciato da una **cornice** dorata.*

CORO [cò-ro] *nome*

- Canto eseguito da più persone

*A scuola abbiamo cantato in **coro** l'inno nazionale.*

- Gruppo di persone che cantano insieme

*Il **coro** delle coccinelle si sta preparando per il prossimo concerto.*

CORONA [co-ró-na] *nome*

- Cerchio di metallo prezioso con gemme, che portano sulla testa re e imperatori

*Anche la regina portava sul capo una **corona** d'oro.*

CORPO [còr-po] *nome*

- La struttura fisica dell'uomo e degli animali

*Gli atleti hanno in genere un **corpo** agile e robusto.*

- Oggetto, parte di materia con certe caratteristiche

*La pietra è un **corpo** solido, l'acqua un **corpo** liquido, l'aria un **corpo** gassoso.*

CORRENTE [cor-rèn-te] *nome*

- Massa d'acqua, di aria o d'altro che si muove in una certa direzione

*La **corrente** del fiume trascinava con sé tronchi e rami d'albero.*

- Energia elettrica

*C'è stato un guasto ed è venuta a mancare la **corrente**.*

CORRERE [cór-re-re] *verbo*

- Andare, spostarsi velocemente

*Dopo aver guardato la TV, Tip, Tap e Piumino **corrono** fuori a giocare.*

- Partecipare a una gara di corsa

*Topo Sniff si sta allenando per **correre** al Giro d'Italia.*

- Affrontare

***Hai corso** un grosso rischio a fare il bagno con il mare grosso.*

CORRIDOIO [cor-ri-dó-io] *nome*

- Spazio di passaggio, stretto e lungo, tra i diversi locali di un'abitazione o tra le file di sedili di un treno, di un autobus, di un aereo

*Il treno era così pieno che abbiamo dovuto viaggiare in **corridoio**.*

CORRIDORE [cor-ri-dó-re] *nome*

- Chi partecipa a gare di corsa (specialmente a piedi e in bicicletta)

*Struzzo è un **corridore** molto veloce e probabilmente vincerà la gara.*

A B **C** D E F G H I L M N O P Q R S T U V Z

CORSA [cór-sa] *nome*

• Il correre

*La mamma è uscita di **corsa** per andare a fare la spesa.*

• Gara di velocità

*Tutti i nostri amici hanno deciso di partecipare alla **corsa**.*

CORTILE [cor-tì-le] *nome*

• Spazio scoperto all'interno di uno o più edifici

*Purtroppo nel nostro **cortile** non è permesso giocare.*

COSTA [cò-sta] *nome*

• La striscia di terraferma che confina con il mare

*Teddy cerca di segnalare al battello che si sta avvicinando troppo alla **costa** rocciosa.*

COSTRUZIONE [co-stru-zió-ne] *nome*

• Il lavoro di costruire

*La **costruzione** del ponte ha richiesto due anni di lavoro.*

• Edificio

*Brucoblù trova che la sua casa sia una **costruzione** molto ben fatta.*

COSTUME [co-stù-me] *nome*

- Abito caratteristico di una certa epoca o regione

*Franz indossa un **costume** tirolese.*

- Abitudine, usanza

*Studiando la storia, conosciamo anche i **costumi** dei popoli antichi.*

COVO [có-vo] *nome*

- Tana di animali selvatici

*I cacciatori con i cani inseguirono la volpe fino al suo **covo**.*

CRATERE [cra-tè-re] *nome*

- Apertura di un vulcano

*Dal **cratere** del vulcano in eruzione usciva una colata di lava.*

CREARE [cre-à-re] *verbo*

- Far nascere dal nulla

*Secondo la Bibbia Dio **creò** il mondo in sei giorni.*

- Realizzare qualcosa di nuovo, inventare

*Le opere d'arte **sono create** dai grandi artisti.*

CREDERE [crê-de-re] *verbo*

- Considerare vero qualcosa, prestare fede a qualcuno

***Credo** alle tue parole, perché so che sei sincero.*

- Pensare, ritenere, immaginare

*Altolà **crede** che Mascherina sia venuto al mercato per compiere qualche furto.*

A B C D E F G H I L M N O P Q R S T U V Z

CRESCERE [cré-sce-re] *verbo*

• Svilupparsi, diventare grande

*Nell'ultimo anno **sono cresciuto** di 6 centimetri.*

• Aumentare di altezza, peso, livello, prezzo ecc.

*La mamma dice sempre che i prezzi continuano a **crescere**.*

CRISTALLO [cri-stàl-lo] *nome*

• Tipo di vetro molto trasparente e pregiato

*Lo gnomo mago guarda nella sua sfera di **cristallo**.*

CRITICARE [cri-ti-cà-re] *verbo*

• Giudicare in modo negativo, disapprovare

*Sapienza **critica** l'abitudine che ha Piumino di arrivare in ritardo a scuola.*

CROLLARE [crol-là-re] *verbo*

• Cadere al suolo

*Il tetto della casa **è crollato** sotto il peso della neve.*

CRUDELE [cré-sce-re] *nome*

• Che non ha pietà per la sofferenza altrui, feroce, spietato

*Il povero Dragopapà è stato catturato da Franz, lo gnomo cattivo, che lo tratta in modo **crudele**.*

CRUDO [crù-do] *aggettivo*
- Non cotto

*La bistecca mi piace leggermente **cruda** all'interno.*

CUCCHIAIO [cuc-chià-io] *nome*
- Posata usata per mangiare cibi liquidi o cremosi

*Sniff si è portato un **cucchiaio** per mangiare lo yogurt.*

CUCCIA [cùc-cia] *nome*
- Luogo dove dorme un cane

*Durante il temporale Tommy ha ospitato Bully nella sua **cuccia**.*

CUCCIOLO [cùc-cio-lo] *nome*
- Cane o altro animale nato da poco o non ancora adulto

*Mamma cinghialessa gira per il bosco assieme ai suoi **cuccioli**.*

CUCINA [cu-cì-na] *nome*
- Locale in cui si preparano e cuociono i cibi

*La mamma di Teddy è in **cucina** a preparare il pranzo per la famiglia.*

- Apparecchio con fornelli per cucinare i cibi

*La mia **cucina** è a gas ma con il forno elettrico.*

- Modo di cucinare

*Al ristorante abbiamo assaggiato alcuni piatti tipici della **cucina** siciliana.*

CUCINARE [cu-ci-nà-re] *verbo*

• Cuocere e preparare i cibi

In casa mia anche il babbo ogni tanto si occupa di ***cucinare****.*

CUCIRE [cu-cì-re] *verbo*

• Unire con l'ago e con il filo pezzi di stoffa, cuoio o altro materiale

La topina è molto brava a ***cucire*** *e tutti apprezzano i suoi lavori.*

CUOCO [cuò-co] *nome*

• Chi cucina, specialmente per mestiere

Porcelli non è solo un bravo agricoltore, ma anche un ottimo ***cuoco****.*

CUOIO [cuò-io] *nome*

• Pelle di animale trattata con cui si fanno borse, scarpe ecc.

La suola di queste scarpe è di vero ***cuoio****.*

CUORE [cuò-re] *nome*

• Organo posto al centro del torace, che funziona come una pompa che fa circolare il sangue in tutto il corpo

Piumino ha disegnato un ***cuore****.*

• Animo

Teddy è un ragazzo dal ***cuore*** *generoso.*

• Il centro, la parte più interna di qualcosa

Gli esploratori continuarono ad avanzare, entrando sempre più nel ***cuore*** *della foresta.*

CURARE [cu-rà-re] *verbo*

• Avere cura, occuparsi di qualcosa o di qualcuno

Le madri che lavorano, spesso devono anche ***curare*** *la pulizia della casa.*

• Fornire a un malato le cure mediche necessarie; combattere una malattia

Il dottore dà al malato uno sciroppo per ***curare*** *la tosse.*

CURVA [cùr-va] *nome*

• Parte di strada che gira ad arco, svolta

Le strade di montagna sono piene di ***curve****.*

CUSCINO [cu-scì-no] *nome*

• Sacchetto imbottito di materiali morbidi, su cui ci si siede o si appoggia la testa

Tip e Tap stanno distruggendo i loro ***cuscini*** *a furia di usarli come armi.*

CUSTODIRE [cu-sto-dì-re] *verbo*

• Conservare, proteggere con cura qualcosa

Maggiortopo ***custodisce*** *ben chiuso in un armadio il vasellame più pregiato.*

• Sorvegliare persone o luoghi

La banca ***è custodita*** *da guardie armate.*

A B C D E F G H I L M N O P Q R S T U V Z

DANNO [dàn-no] *nome*

• Effetto negativo, perdita, guasto

*L'arrivo improvviso di Bongo alla festa ha causato molti **danni**.*

DANZA [dàn-za] *nome*

• Ballo

*A tutti i nostri amici piace ballare, ma il più scatenato nella **danza** è senz'altro Ippopò.*

DARE [dà-re] *verbo*

• Passare, offrire, consegnare qualcosa ad altri

*L'informazione che mi **hai dato** è stata molto utile.*

• Concedere

*Ti **dò** il permesso di andare a giocare se prima fai i compiti.*

• Assegnare, affidare

*La maestra **ha dato** a ogni allievo un incarico diverso.*

DATA [dà-ta] *nome*

• Il giorno, il mese e l'anno in cui è avvenuto o deve avvenire qualcosa

*La mia **data** di nascita è il 7 aprile 1997.*

DEBITO [dé-bi-to] *nome*

• Somma di denaro che si deve pagare a qualcuno

*Ha così tanti **debiti** che non sa più come pagarli.*

DEBOLE [dé-bo-le] *aggettivo*

• Che ha poca forza o efficienza

*Chiocciola è molto **debole**, perché non mangia da due giorni.*

DECIDERE [de-cì-de-re] *verbo*

• Stabilire, scegliere

*Non **abbiamo** ancora **deciso** dove andare in vacanza quest'anno.*

DEGNO [dé-gno] *aggettivo*

• Che merita qualcosa

*Si è dimostrato **degno** della fiducia che gli abbiamo dato.*

DELFINO [del-fì-no] *nome*

• Grosso mammifero marino molto agile e veloce

*I **delfini** sono animali molto intelligenti e possono essere addestrati a compiere spettacolari esercizi acrobatici.*

DELICATO [de-li-cà-to] *aggettivo*

• Fine, leggero, morbido

La seta è un tessuto molto ***delicato****.*

• Fragile

La donnola non sapeva come sono ***delicati*** *i gusci delle uova e ha fatto una gran frittata.*

DELIZIOSO [de-li-zió-so] *aggettivo*

• Molto bello e piacevole

Alla fine della passeggiata arrivammo a un ***delizioso*** *paesino in riva al lago.*

• Squisito

Tricheco trova che questi fiori siano veramente ***deliziosi****.*

DELUDERE [de-lù-de-re] *verbo*

• Non soddisfare le speranze e le attese di qualcuno

Avevo molta voglia di vedere questo film, ma mi ***ha deluso****.*

DEMOLIRE [de-mo-lì-re] *verbo*

• Abbattere, far cadere

Ippopò ***ha demolito*** *con uno starnuto il castello di carte che Maggiortopo aveva costruito.*

DENARO [de-nà-ro] *nome*

• Soldi

*Mister Dollar ha così tanto **denaro** che ci può fare il bagno dentro.*

DENSO [dèn-so] *aggettivo*

• Concentrato, spesso, fitto

*La nebbia era così **densa** che non si vedeva a tre metri di distanza.*

DENTE [dèn-te] *nome*

• Ciascuno dei piccoli ossi molto duri che sporgono dalle gengive e che servono per masticare il cibo

*Ricordati di lavare sempre i **denti** dopo mangiato!*

DENTIFRICIO [den-ti-frì-cio] *nome*

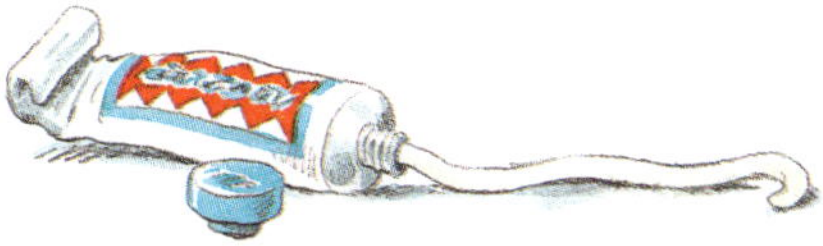

• Prodotto per pulire i denti

*A me piacciono i **dentifrici** al sapore di menta.*

DEPORRE [de-pór-re] *verbo*

• Mettere giù, posare

***Depose** sul pavimento il pacco che aveva in mano e se ne andò.*

DERUBARE [de-ru-bà-re] *verbo*

• Portare via a qualcuno qualcosa che gli appartiene

*Topo Bigio s'è accorto solo ora che Gazza Ladra lo **ha derubato**.*

A B C D E F G H I L M N O P Q R S T U V Z

DESERTO [de-sèr-to] *nome*

• Vasto territorio privo di vegetazione in cui non piove quasi mai

*Il **deserto** più grande del mondo è quello del Sahara.*

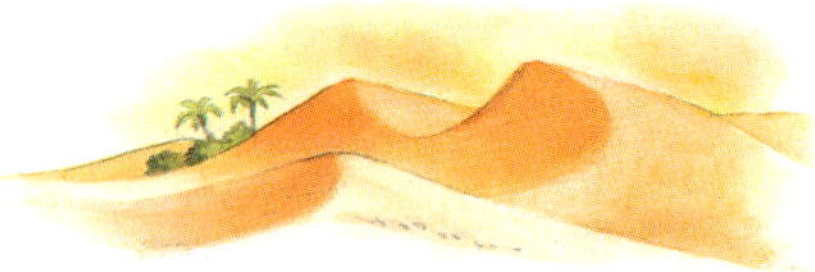

DESIDERARE [de-si-de-rà-re] *verbo*

• Volere qualcosa o qualcuno, sentirne il bisogno

*Dopo tanti mesi di scuola **desidero** un po' di vacanza.*

DESIDERIO [de-si-dè-rio] *nome*

• Voglia

*Gatto Graffia ha un gran **desiderio**: vorrebbe mangiare la torta che è sul davanzale della finestra!*

DESTRA [dè-stra] *nome*

• La mano destra

*La maggior parte delle persone scrive con la **destra**.*

• La parte che si trova dal lato della mano destra

*Al prossimo incrocio dovete svoltare a **destra**.*

DESTRO [dè-stro] *aggettivo*

• Che si trova dalla parte del corpo opposta al cuore

*Il vigile alza il braccio **destro** per fermare le auto che vengono da quella parte.*

• Che si trova a destra per chi osserva

*Il negozio che cercate è cento metri più avanti, sul lato **destro** della strada.*

DETTAGLIO [det-tà-glio] *nome*

- Particolare

Ape Apina si avvicina al quadro per vedere meglio un ***dettaglio*** *dei fiori.*

DETTARE [det-tà-re] *verbo*

- Pronunciare lentamente e con chiarezza le parole che altri devono scrivere

Oggi la maestra ci ***ha dettato*** *una poesia.*

DEVIARE [de-vi-à-re] *verbo*

- Cambiare o far cambiare direzione

Il comandante è costretto a ***deviare*** *dalla sua rotta, per non finire contro Gelsomina che sta dormendo.*

DIALOGO [dià-lo-go] *nome*

- Conversazione tra due o più persone

Sull'autobus ho assistito a un ***dialogo*** *molto divertente.*

DIAMANTE [dia-màn-te] *nome*

- Il più duro dei minerali, da cui si ricavano pietre preziose

La principessa portava al collo una collana di ***diamanti****.*

A B C D E F G H I L M N O P Q R S T U V Z

DIARIO [di-à-rio] *nome*

• Quaderno su cui si scrivono giorno per giorno gli avvenimenti più importanti, i propri pensieri o le cose da fare

*Quel ficcanaso del corvo sta leggendo di nascosto il **diario** di Violetta.*

DIETA [diè-ta] *nome*

• Tipo di alimentazione

*Tricheco e Foca seguono tutti e due una **dieta** a base di pesce.*

DIFENDERE [di-fèn-de-re] *verbo*

• Proteggere

*La lana **difende** dal freddo più del cotone.*

DIFETTO [di-fèt-to] *nome*

• Imperfezione

*A Scimpa viene il dubbio che la riparazione che ha fatto a Robotto abbia qualche **difetto**.*

• Cattiva abitudine, vizio

*È un buon ragazzo, ma ha il **difetto** di arrivare sempre in ritardo.*

DIFFERENTE [dif-fe-rèn-te] *aggettivo*

• Che non è uguale né simile; diverso

*Non vado mai al cinema con lui, perché abbiamo gusti **differenti**.*

DIFFICILE [dif-fì-ci-le] *aggettivo*

• Non facile da capire, complicato

*Questo problema è troppo **difficile**, non ci capisco niente.*

• Che richiede molto impegno e fatica

*Per una cavalletta non è una cosa **difficile** saltare da una sponda all'altra del ruscello.*

DIFFIDENTE [dif-fi-dèn-te] *aggettivo*

• Che non si fida, sospettoso

*Mister Dollar è molto **diffidente**, perché ha sempre paura che gli vogliano rubare il suo denaro.*

DIFFONDERE [dif-fón-de-re] *verbo*

• Spargere, spandere tutt'intorno

*La povera Puzzola **diffonde** un odore così tremendo che quando entra in una stanza fa scappare tutti.*

• Trasmettere, propagare

*La maggior parte delle notizie oggi **viene diffusa** dalla televisione.*

A B C D E F G H I L M N O P Q R S T U V Z

DIGA [dì-ga] *nome*

• Barriera costruita lungo un corso d'acqua per creare un lago artificiale o davanti a un porto per proteggerlo dalle onde

Le onde del mare in tempesta si infrangevano contro la ***diga****.*

DIGIUNARE [di-giu-nà-re] *verbo*

• Non mangiare

Digiunare *per un giorno alla settimana può far bene alla salute.*

DILUVIO [di-lù-vio] *nome*

• Pioggia violenta e continua

Sulla foresta si è abbattutto un ***diluvio*** *e le topine devono abbandonare la loro casa allagata.*

DIMAGRIRE [di-ma-grì-re] *verbo*

• Diventare magro o più magro

Lupo Attila ***è dimagrito*** *così tanto che adesso i vecchi pantaloni rossi sono diventati troppo larghi.*

DIMENSIONE [di-men-sió-ne] *nome*

• Ognuna delle misure (larghezza, lunghezza e altezza) che determinano la grandezza di una cosa

*La maestra ci ha fatto calcolare le **dimensioni** della nostra classe.*

DIMENTICARE [di-men-ti-cà-re] *verbo*

• Non ricordare più qualcosa

***Ho dimenticato** il tuo indirizzo, me lo puoi ridare?*

• Lasciare per distrazione un oggetto da qualche parte

***Ho dimenticato** il ferro da stiro acceso sopra la camicia e l'ho bruciata.*

DIMINUIRE [di-mi-nu-ì-re] *verbo*

• Rendere o diventare minore

*Per **diminuire** la fatica di Scimpa, Bongo ha pensato bene di mangiare qualche banana.*

DIMOSTRARE [di-mo-strà-re] *verbo*

• Mostrare, manifestare

*Quel ragazzo **dimostra** poco interesse per lo studio.*

• Spiegare, far vedere con i fatti

*Tartaruga sta **dimostrando** il funzionamento del suo potente aspirapolvere.*

DINOSAURO [di-no-sàu-ro] *nome*

• Nome comune di diversi rettili, spesso giganteschi, vissuti milioni di anni fa

*I film sui **dinosauri** sono sempre emozionanti.*

DIPINGERE [di-pìn-ge-re] *verbo*

• Rappresentare qualcosa per mezzo della pittura

*Tasso Tinta ha appena finito di **dipingere** il suo ultimo quadro e adesso ci mette la firma.*

DIRE [dì-re] *verbo*

• Esprimere, raccontare, comunicare qualcosa per mezzo delle parole

*Il giudice sta **dicendo** a Toc Toc che ha parlato troppo.*

DIRETTO [di-rèt-to] *aggettivo*

• Indirizzato, rivolto a qualcuno

*La lettera che è arrivata stamattina era **diretta** a te.*

• Che si muove verso una data meta

*Questo treno è **diretto** a Napoli, ma passa anche per Roma.*

DIRETTORE [di-ret-tó-re] *nome*

• Chi dirige un'azienda, un ufficio, una scuola ecc.

*L'allievo che ha rotto il vetro è stato chiamato nell'ufficio del **direttore** scolastico.*

DIREZIONE [di-re-zió-ne] *nome*

• Parte verso cui si muove una persona o una cosa

*Scimpa indica a Dente Aguzzo la **direzione** giusta per arrivare al fiume.*

• L'attività di dirigere; guida, comando

*La **direzione** di un'orchestra richiede grandi capacità.*

DIRIGERE [di-rì-ge-re] *verbo*

• Rivolgere verso una data direzione

*Pardy **dirige** il suo elicottero verso i fili della luce e Ranocchio gli fa gran-di gesti per avvisarlo del pericolo.*

• Guidare, comandare

***Dirigere** un'azienda è un compito di grande responsabilità.*

DIRITTO[1] [di-rìt-to] *aggettivo*

• Che segue una linea retta, senza curvare o piegarsi

*Gli alberi del frutteto sono disposti in filari **diritti**.*

• Che sta in posizione verticale

*Metti **diritto** quel birillo!*

DIRITTO[2] [di-rìt-to] *nome*

• Possibilità di fare, dire o ottenere ciò che è permesso dalla legge

*Tutti i cittadini hanno **diritto** di esprimere le proprie idee.*

A B C D E F G H I L M N O P Q R S T U V Z

DISASTRO [di-sà-stro] *nome*

- Danno gravissimo, disgrazia, sciagura

*Al piano di sopra hanno lasciato un rubinetto aperto e nell'appartamento di Rinocò è successo un **disastro**.*

DISATTENTO [di-sat-tèn-to] *aggettivo*

- Non attento, distratto

*La maestra rimprovera gli allievi che in classe sono **disattenti**.*

DISCESA [di-scé-sa] *nome*

- Strada, sentiero che scende

*Per fare più in fretta la **discesa**, Fettuccia si è arrotolato tutto.*

DISCO [dì-sco] *nome*

- Oggetto piatto e rotondo

*Molta gente crede all'esistenza dei **dischi** volanti.*

DISCORSO [di-scór-so] *nome*

- Esposizione a voce del proprio pensiero

*Alla fine del pranzo Toc Toc tiene un **discorso** ai suoi parenti.*

• Conversazione, colloquio
*Ho incontrato un amico per strada e abbiamo attaccato **discorso**.*

DISCRETO [di-scré-to] *aggettivo*
• Abbastanza buono, soddisfacente
*Lo spettacolo ha avuto un **discreto** successo.*

DISCUSSIONE [di-scus-sió-ne] *nome*
• Dialogo, dibattito su un argomento
*In classe abbiamo fatto una **discussione** sull'inquinamento.*

• Litigio
*Tra Chioccia e Gallo Sperone è scoppiata una **discussione**.*

DISCUTERE [di-scù-te-re] *verbo*
• Parlare di un argomento con altre persone
*Il babbo e i suoi amici **discutono** spesso di politica.*

DISEGNARE [di-se-gnà-re] *verbo*
• Rappresentare qualcosa con linee e segni
*Teddy si è divertito a **disegnare** la sua faccia sul vetro.*

DISEGNO [di-sé-gno] *nome*
• Rappresentazione di oggetti e figure per mezzo di linee e segni
*Teddy sembra molto soddisfatto di questo suo **disegno**.*

DISFARE [di-sfà-re] *verbo*

• Smontare o distruggere quel che era stato fatto

Fettuccia chiede a Zip di ***disfare*** *in fretta le valigie perché è stanco di stare tutto annodato.*

DISGRAZIA [di-sgrà-zia] *nome*

• Grave incidente, sciagura, disastro

Tutti i giorni sull'autostrada succede qualche ***disgrazia*** *causata dall'imprudenza degli automobilisti.*

DISINFETTARE [di-sin-fet-tà-re] *verbo*

• Liberare dai germi che portano infezioni usando un disinfettante

La signora Porcelli ***disinfetta*** *il graffio che Maialino si è fatto sul braccio.*

DISORDINE [di-sór-di-ne] *nome*

• Mancanza di ordine, confusione, caos

Non aveva mai visto un ***disordine*** *così grande come quello che c'era su quella scrivania!*

DISPARI [dì-spa-ri] *aggettivo*

• Che non è pari, che non si può dividere per due

1, 3, 5, 7 e 9 sono numeri ***dispari****.*

DISPERATO [di-spe-rà-to] *aggettivo*
- Che ha perso ogni speranza ed è in preda allo sconforto

*Franz è **disperato** perché si è cacciato in una brutta situazione e non sa più come cavarsela.*

DISPERDERE [di-spèr-de-re] *verbo*
- Allontanare, sparpagliare qua e là persone o cose prima unite

*Il vento **aveva disperso** sul pavimento i fogli che erano sul tavolo.*

DISPETTO [di-spèt-to] *nome*
- Azione compiuta con l'intenzione di irritare qualcuno, di fargli dispiacere

*Corvo Linguaccia era venuto a chiedere dei soldi e Mister Dollar per **dispetto** gli ha chiuso lo sportello sul becco.*

DISPIACERE[1] [di-spia-cé-re] *verbo*
- Causare dolore, rincrescere

*Mi **dispiace** molto di non averti potuto aiutare.*

DISPIACERE[2] [di-spia-cé-re] *nome*
- Dolore morale, amarezza, pena, delusione

*Che **dispiacere** per mamma Coniglietti che nessuno si sia ricordato del suo compleanno! Ma c'è qualcuno alla porta...*

DISPORRE [dis-pór-re]
verbo

- Collocare, sistemare in un certo ordine

*Settepunti **ha disposto** le coccinelle in cerchio per spiegare loro un nuovo gioco.*

- Avere a disposizione, possedere

*In questo momento **dispongo** di poco denaro.*

DISTACCO [di-stàc-co] *nome*

- Allontanamento, separazione da persone o luoghi

*Il bambino soffriva per il **distacco** dai suoi genitori.*

- Vantaggio di tempo o di spazio sugli avversari in una corsa

*Il vincitore è arrivato al traguardo con un largo **distacco**.*

DISTANZA [di-stàn-za] *nome*

- Spazio che separa due luoghi, due cose, due persone

*La stazione è a un chilometro di **distanza** da qui.*

DISTINGUERE [di-stìn-gue-re] *verbo*

- Vedere o capire chiaramente le differenze tra più cose o persone in modo da poterle riconoscere

*Molti dei nostri amici sono saliti sull'autobus, ma sono così ammassati che non è facile **distinguerli** tutti.*

DISTRARRE [di-stràr-re] *verbo*

• Far perdere l'attenzione, la concentrazione

*Non **distrarre** tua sorella quando sta facendo i compiti!*

DISTRATTO [di-stràt-to] *aggettivo*

• Disattento

*Il professor Leonstein è così **distratto** che non si è accorto che sta scrivendo i suoi calcoli sulla schiena di Foglietto.*

DISTRIBUIRE [di-stri-bu-ì-re] *verbo*

• Dare qualcosa dividendolo tra più persone

*La mamma **ha distribuito** dolci a tutti bambini venuti alla mia festa.*

• Consegnare, fornire a più persone

*Il postino sta facendo il suo giro per **distribuire** la posta.*

DISTRUGGERE [di-strùg-ge-re] *verbo*

• Rovinare, demolire, danneggiare molto gravemente

*Pinocchio ha fatto un incidente con la bicicletta e l'**ha distrutta**.*

DISTURBARE [di-stur-bà-re] *verbo*

• Causare fastidio, dare noia

*Il papà vorrebbe leggere tranquillo il giornale, ma Puf e Paf lo **disturbano** di continuo.*

DISTURBO [di-stùr-bo] *nome*

• Fastidio

I bambini oggi sono stati bravi, hanno giocato senza urlare e non mi hanno dato nessun ***disturbo****.*

• Malessere fisico

Ieri ho avuto un ***disturbo*** *di stomaco e non sono andato a scuola.*

DISUBBIDIRE [di-sub-bi-dì-re] *verbo*

• Non ubbidire

Maialino, ***disubbidendo*** *alla mamma, ha mangiato la marmellata e si è anche sporcato tutto.*

DITO [dì-to] *nome*

• Ciascuna delle parti mobili con cui terminano i piedi e le mani dell'uomo e le zampe di alcuni animali

Scimpa piantando un chiodo nel muro si è dato una martellata su un ***dito****.*

DIVANO [di-và-no] *nome*

• Lungo sedile imbottito con spalliera e braccioli

Mi piace saltare sul ***divano****, ma la mamma non me lo permette.*

DIVENTARE [di-ven-tà-re] *verbo*

• Trasformarsi in qualcosa di nuovo e diverso

Quando si è scoperta la sua bugia ***è diventato*** *rosso dalla vergogna.*

DIVERSO [di-vèr-so] *aggettivo*

• Non uguale, differente

*Questi due calzini sono proprio **diversi**.*

DIVERTIMENTO [di-ver-ti-mén-to] *nome*

• Ciò che serve a divertire, svago, passatempo

*A Robotto dispiace di non poter partecipare al **divertimento** dei suoi amici Maialino e Tartaruga.*

DIVERTIRE [di-ver-tì-re] *verbo*

• Procurare piacere, allegria, svago

*Lo spettacolo di marionette **ha divertito** tutti i bambini.*

DIVIDERE [di-vì-de-re] *verbo*

• Tagliare, spezzare, scomporre qualcosa in più parti

*Se **dividi** la mela in quattro ne abbiamo uno spicchio a testa.*

• Separare

*I due bambini si picchiarono finché non venne la mamma a **dividerli**.*

DIVIETO [di-viè-to] *nome*

• Proibizione

*Panda porta spesso con sé il cartello del **divieto** di caccia.*

DIVISA [di-vì-sa] *nome*

• Abito indossato da tutti quelli che appartengono a particolari categorie

Lo zio di Lupo Attila è un poliziotto: quando è in servizio deve sempre indossare la ***divisa****.*

DIVORARE [di-vo-rà-re] *verbo*

• Mangiare rapidamente e con grande voracità

Teddy non immaginava che Igor sarebbe stato capace di ***divorare*** *anche la poltrona del barbiere.*

DIZIONARIO [di-zio-nà-rio] *nome*

• Libro che raccoglie e spiega in ordine alfabetico le parole di una lingua

Questo libro è un ***dizionario*** *illustrato.*

DOCCIA [dóc-cia] *nome*

• Apparecchio da bagno che spruzza l'acqua sul corpo

Sniff si è costruito una ***doccia*** *usando un annaffiatoio.*

• Locale in cui si trova questo apparecchio

La porta della ***doccia*** *era chiusa.*

• Bagno fatto con questo apparecchio

Sono tutto sporco e sudato, ho bisogno di farmi una ***doccia****.*

DOCUMENTO [do-cu-mén-to] *nome*

• Foglio scritto che serve come prova di qualcosa; certificato rilasciato dall'autorità

Il passaporto è un ***documento*** *necessario per andare in alcuni paesi esteri.*

DOLCE [dól-ce] *aggettivo*

• Che ha un sapore simile a quello dello zucchero o del miele

A me piacciono più i cibi salati di quelli ***dolci****.*

DOLORE [do-ló-re] *nome*

• Sofferenza, male

Quando Oscar è stato colpito in testa dal vaso, ha sentito un grande ***dolore****.*

DOMANDA [do-màn-da] *nome*

• Richiesta fatta a qualcuno per ottenere un'informazione o per verificare le sue conoscenze

Teddy si è alzato dal suo banco per fare una ***domanda*** *alla maestra.*

DOMANDARE [do-man-dà-re] *verbo*

• Chiedere a qualcuno informazioni su qualcosa

«Come ti sei fatto quell'occhio nero?» ***domanda*** *Caprone a Lupo Attila, ma Attila si vergogna a rispondere.*

DOMESTICO [do-mè-sti-co]
aggettivo

• Della casa, della famiglia
*La mamma si occupa di fare il bucato e delle altre faccende **domestiche**.*

• Si dice degli animali allevati e utilizzati dall'uomo
*Graffia è un tipico gatto **domestico**.*

DOMINARE [do-mi-nà-re] *verbo*

• Tenere sotto il proprio dominio, potere, controllo
*La squadra campione **ha dominato** la partita con quella avversaria.*

• Stare sopra un luogo
*Il castello sulla collina **dominava** dall'alto tutta la città.*

DONNA [dòn-na] *nome*

• Persona adulta di sesso femminile
*Ormai non è più una ragazza, è diventata una **donna**.*

DONO [dó-no] *nome*

• Regalo
*Mamma Coniglietti ha già preparato i **doni** di Natale per tutta la famiglia.*

DOPPIO [dóp-pio] *aggettivo*

• Che è due volte maggiore della misura o quantità normale
*Oggi avevo così fame che ho mangiato una **doppia** razione di pasta.*

• Formato da due parti, da due elementi
*Le finestre di casa mia hanno i **doppi** vetri.*

DORMIRE [dor-mì-re] *verbo*

• Essere addormentato, riposarsi con il sonno

*Spino è stato svegliato da Ghiro, che **dormiva** russando forte.*

DOSE [dò-se] *nome*

• Quantità esatta di una sostanza che è necessaria per preparare qualcosa

*La mamma ha pesato le **dosi** di zucchero e farina per la torta.*

DOVERE[1] [do-vé-re] *verbo*

• Avere l'obbligo, la necessità, il bisogno di fare qualcosa

*Prima di uscire a giocare **devo** fare i compiti.*

• Avere l'intenzione di fare qualcosa

***Dovevamo** partire stamattina, ma non è stato possibile.*

• Avere un debito verso qualcuno

*Se non sbaglio ti **devo** 10 euro che mi hai prestato l'altro giorno.*

DOVERE[2] [do-vé-re] *nome*

• Obbligo

*Tutti abbiamo dei diritti, ma anche dei **doveri**.*

DRAGO [drà-go] *nome*

• Mostro favoloso raffigurato come un enorme rettile con le ali che sputa fuoco dalla bocca

*Draghetto vuol far vedere a tutti che sa sputare il fuoco come i **draghi** adulti.*

DUBBIO [dùb-bio] *nome*

• Incertezza nel giudicare e nel decidere

*Il nostro topino vorrebbe mangiare il formaggio, ma ha qualche **dubbio** che sia rischioso.*

• Timore, sospetto

*Ho il **dubbio** che non l'abbiano avvisato del nostro ritardo.*

DURARE [du-rà-re] *verbo*

• Continuare per un certo periodo di tempo

*La pioggia **è durata** per tutta la giornata.*

• Resistere, mantenersi nella stessa condizione

*Questi scarponi hanno delle suole che **durano** a lungo.*

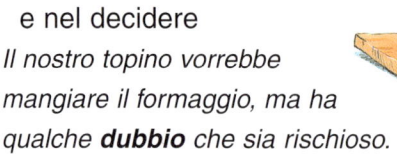

DURO [dù-ro] *aggettivo*

• Si dice di materiale molto resistente, difficile da schiacciare o da rompere

*Le capre hanno corna molto **dure** e le usano spesso come arma contro i nemici o per abbattere ostacoli.*

• Poco tenero, poco morbido

*Questa carne non è buona, è troppo **dura** da masticare.*

• Rigido

*A me piace dormire sui materassi **duri**, mi sveglio più riposato.*

• Doloroso, faticoso

*Ha sempre dovuto fare una vita molto **dura**.*

A B C D E F G H I L M N O P Q R S T U V Z

ECCELLENTE [ec-cel-lèn-te] *aggettivo*

• Di grande qualità, ottimo, straordinario

*In quel ristorante abbiamo mangiato in modo **eccellente**.*

ECCESSIVO [ec-ces-sì-vo] *aggettivo*

• Che supera la giusta misura, esagerato

*Ha preso una multa perché guidava a una velocità **eccessiva**.*

ECCEZIONALE [ec-ce-zio-nà-le] *aggettivo*

• Che è fuori dal comune

*È un fatto **eccezionale** che qui nevichi in primavera.*

• Straordinario, grandissimo

*Tigrotto e Spino sono dell'idea che Giraffa sia un giocatore davvero **eccezionale**.*

ECCEZIONE [ec-ce-zió-ne] *nome*

• Fatto che non rientra nella normalità, caso fuori del comune

*Di solito non bevo vino, ma stasera faccio un'**eccezione**.*

ECO [è-co] *nome*
- Ripetizione di un suono che torna indietro dopo aver incontrato un ostacolo

*Franz lancia un urlo e la montagna gli rimanda l'**eco**.*

EDICOLA [e-dì-co-la] *nome*
- Piccola costruzione o negozio in cui si vendono i giornali e le riviste

*Io vado spesso all'**edicola** all'angolo a comprare le figurine.*

EDIFICIO [e-di-fì-cio] *nome*
- Costruzione in muratura

*La nostra scuola è un **edificio** a due piani.*

EFFETTO [ef-fèt-to] *nome*
- Conseguenza, risultato di qualcosa

*Le gocce che ho preso per far scendere la febbre hanno avuto un **effetto** molto rapido.*

EFFICACE [ef-fi-cà-ce] *aggettivo*
- Che ottiene l'effetto o lo scopo che si vuole raggiungere

*Struzzo ha preso uno sciroppo per sviluppare le piume, che si è dimostrato molto **efficace**.*

ELEFANTE [e-le-fàn-te] *nome*

• Il più grande mammifero terrestre, caratteristico per la lunga proboscide e per le grosse zanne

*Gli **elefanti** vivono in Africa e in India.*

ELEGANTE [e-le-gàn-te] *aggettivo*

• Che si veste in modo raffinato e con buon gusto

*Toc Toc pensa che questa sera sarà il più **elegante** della festa.*

ELEGGERE [e-lèg-ge-re] *verbo*

• Scegliere per mezzo di una votazione la persona o le persone a cui affidare un incarico

*Ogni 5 anni i cittadini **eleggono** i loro rappresentanti al Parlamento.*

ELEMENTARE [e-l e-men-tà-re] *aggettivo*

• Facile, semplice

*Usare questo apparecchio è un'operazione **elementare**.*

ELEMENTO [e-le-mén-to] *nome*

• Ciascuna delle parti che compongono qualcosa

*La parola "parafulmine" è composta da due **elementi**.*

ELENCO [e-lèn-co] *nome*

• Lista di nomi, oggetti o altre cose ordinate secondo un certo criterio

*Robotto si diverte a fare la somma di tutti i numeri dell'**elenco** telefonico.*

ELIMINARE [e-li-mi-nà-re] *verbo*

• Cancellare, togliere

*Ho corretto il compito **eliminando** gli errori.*

ELMO [él-mo] *nome*

• Il casco di metallo che nelle armature antiche proteggeva la testa del guerriero

*Ecco un antenato di Rinocò con l'**elmo** da guerriero vichingo.*

EMERGERE [e-mèr-ge-re] *verbo*

• Venire a galla, spuntare fuori dall'acqua

*Questo scoglio sommerso **emerge** solo con la bassa marea.*

EMIGRARE [e-mi-grà-re] *verbo*

• Lasciare il proprio paese o la propria regione per andare a vivere e lavorare in un paese straniero o in un'altra regione

*Cinghia e Robinson hanno deciso tutti e due di **emigrare** altrove.*

EMOZIONE [e-mo-zió-ne] *nome*

• Stato di eccitazione o turbamento provocato da una forte impressione

*Quando la balena Gelsomina gli è spuntata davanti uscendo dall'acqua, Ippopò è rimasto sbalordito per l'**emozione**.*

ENCICLOPEDIA [en-ci-clo-pe-dì-a] *nome*

- Opera in uno o più volumi che raccoglie in ordine alfabetico le notizie fondamentali sui vari campi della conoscenza umana

Per i suoi studi Leonstein ha sempre bisogno di consultare qualche ***enciclopedia****.*

ENERGIA [e-ner-gì-a] *nome*

- Forza, vigore fisico

Dopo ore di cammino eravamo tutti senza più ***energie****.*

- Decisione, fermezza

Ha difeso con molta ***energia*** *i suoi diritti.*

- Forza naturale o artificiale che produce movimento, luce o calore

*I pannelli solari producono elettricità sfruttando l'****energia*** *solare.*

ENTRARE [en-trà-re] *verbo*

- Andare o venire dentro un luogo, un ambiente

Anche l'ultimo allievo ***è*** *ormai* ***entrato*** *a scuola.*

- Riuscire a stare dentro qualcosa

Il mio zainetto è pieno: non ci ***entra*** *più neanche un libro*

- Essere ammesso, accolto in qualcosa

Quest'anno ***sono entrato*** *nella squadra di basket della scuola.*

A B C D E F G H I L M N O P Q R S T U V Z

ENTUSIASMO [en-tu-sià-smo] *nome*

• Stato d'animo di gioia, soddisfazione ed esaltazione

*Quando la sua squadra segna un gol, Spino fa sempre grandi salti di **entusiasmo**.*

EPOCA [è-po-ca] *nome*

• Periodo di tempo

*La nonna mi racconta spesso dell'**epoca** in cui lei era bambina.*

EQUIVOCO [e-quì-vo-co] *nome*

• Errore nato dall'interpretazione sbagliata di parole altrui o dallo scambiare tra loro cose o persone simili

*Per un **equivoco** Topo Bigio e Corvo Linguaccia si sono scambiati il cappello.*

ERBA [èr-ba] *nome*

• Ogni tipo di pianta bassa dal fusto verde, tenero e non legnoso

*Per un insetto un prato d'**erba** è come una foresta per noi.*

EROE [e-rò-e] *nome*

• Persona che dà prova di grande coraggio nell'affrontare un pericolo, un combattimento o nel difendere una causa

*Nello spegnere l'incendio il pompiere si è comportato da **eroe**.*

• Il protagonista di una fiaba, di un romanzo, di un film

*Ho visto un film triste, in cui alla fine l'**eroe** muore.*

ERRORE [er-ró-re] *nome*

• Sbaglio

*Forse anche Teddy ha capito che nella sua somma c'è un **errore**.*

ESAGERARE [e-sa-ge-rà-re] *verbo*

• Considerare qualcosa più grande o più importante di quel che è

*Non devi **esagerare** la gravità di quel che ti è successo.*

• Superare i limiti del giusto

*Nel mangiare e nel bere non bisogna mai **esagerare**.*

ESAME [e-sà-me] *nome*

• Considerazione e analisi attenta dei vari aspetti di qualcosa

*Abbiamo fatto un **esame** della sua proposta e ci ha convinto.*

• Prova o serie di prove fatte per verificare la preparazione di qualcuno

*All'**esame** di matematica Teddy ha avuto qualche difficoltà.*

ESATTO [e-sàt-to] *aggettivo*

• Privo di errori, giusto, preciso

*Nessuno è bravo come Robotto a fare calcoli **esatti**.*

ESAURIRE [e-sau-rì-re] *verbo*

• Consumare completamente, finire

*Bisogna andare a far la spesa, **abbiamo esaurito** tutte le provviste.*

• Indebolire, lasciare senza forze

*La lunga malattia passata a letto lo **ha esaurito**.*

ESCA [é-sca] *nome*

• Cibo utilizzato per catturare pesci o altri animali

*Ragnoni, per attirare qualche insetto, ha messo molte **esche** nella sua ragnatela.*

ESCLUDERE [e-sclù-de-re] *verbo*

• Non lasciar entrare in un un luogo

*Il pubblico **è stato escluso** dall'aula del processo.*

• Lasciar qualcuno fuori da un gruppo, non ammetterlo a partecipare a qualcosa

*Il riccio si chiede perché i suoi amici lo **hanno escluso** dalla loro riunione, ma forse vogliono solo fargli una sorpresa.*

ESEMPIO [e-sèm-pio] *nome*
• Cosa o persona che serve come modello da imitare o da respingere
*I suoi nipoti vedono in Mister Dollar un **esempio** da imitare.*

• Frase o caso concreto che serve a rendere chiaro o a dimostrare qualcosa
*Alcuni uccelli non possono volare: per **esempio** il pinguino.*

ESERCITARE [e-ser-ci-tà-re] *verbo*
• Tenere in esercizio, allenare
*Fare molto sport è utile per **esercitare** il fisico.*

• Svolgere una data professione
*Per **esercitare** la professione di medico bisogna essere laureati.*

ESERCITO [e-sèr-ci-to] *nome*
• L'insieme delle forze armate di uno stato
*L'aviazione fa parte dell'**esercito**.*

ESERCIZIO [e-ser-cì-zio] *nome*
• Allenamento
*La signora Rinocò fa ginnastica per tenersi in **esercizio**.*

• Prova o compito che serve per diventare pratici di un'attività
*Per domani devo fare due **esercizi** di aritmetica.*

ESIGENZA [e-si-gèn-za] *nome*
• Necessità, bisogno, richiesta
*Mio papà usa l'automobile solo per **esigenze** di lavoro.*

A B C D E F G H I L M N O P Q R S T U V Z

ESISTERE [e-sì-ste-re] *verbo*

• Essere reale

Le fate, purtroppo, ***esistono*** *solo nelle fiabe.*

• Esserci

Certe cose sono sempre successe da quando ***esiste*** *il mondo.*

ESITARE [e-si-tà-re] *verbo*

• Essere incerto, dubbioso se fare o no qualcosa

Gatto Graffia ***esita*** *a venir fuori, perché ci sono estranei in casa.*

ESPERIENZA [e-spe-rièn-za] *nome*

• Conoscenza pratica e diretta di qualcosa

Le persone anziane hanno una maggiore ***esperienza*** *della vita.*

ESPERIMENTO [e-spe-ri-mén-to] *nome*

• Prova che si fa per verificare le caratteristiche e le qualità di qualcosa o di qualcuno

*In classe stiamo facendo l'****esperimento*** *di mettere dei semi nel cotone bagnato, per vedere se germogliano.*

ESPERTO [e-spèr-to] *aggettivo*

• Che conosce bene un certo campo, che ha lunga pratica in una data attività

Nessuno penserebbe che Jumbo sia un grande ***esperto*** *di vela.*

ESPLORARE [e-splo-rà-re] *verbo*

• Percorrere un territorio sconosciuto allo scopo di conoscerlo

*Teddy ha sempre sognato di **esplorare** i territori più selvaggi dell'Africa.*

ESPLOSIONE [e-splo-sió-ne] *nome*

• Scoppio violento e rumore che produce

*Si udì un'**esplosione** che fece tremare tutti i vetri della casa.*

ESPORRE [e-spór-re] *verbo*

• Mettere in mostra, presentare al pubblico

*Cinghia osserva con attenzione i quadri **esposti** alla mostra di pittura.*

ESPRIMERE [e-sprì-me-re] *verbo*

• Manifestare ad altri i propri pensieri o sentimenti

*Il babbo **esprime** a Volpino la sua gioia per i bei voti della sua pagella.*

ESTATE [e-stà-te] *nome*

• La stagione più calda dell'anno, tra la primavera e l'autunno

*L'**estate** è la stagione più bella perché si va in vacanza.*

ESTENSIONE [e-sten-sió-ne] *nome*

• Ampiezza, superficie

*Il deserto del Sahara ha un'**estensione** di alcuni milioni di chilometri quadrati.*

A B C D E F G H I L M N O P Q R S T U V Z

ESTRANEO [e-strà-ne-o] *aggettivo*

• Che non fa parte della famiglia, della categoria o del luogo di cui si sta parlando

*Sul cartello c'era scritto: «vietato l'ingresso alle persone **estranee**».*

ESTRARRE [e-stràr-re] *verbo*

• Tirare fuori

*Talpa lavora in una miniera in cui si **estrae** l'oro.*

• Sorteggiare

*I numeri del Lotto vengono **estratti** due volte la settimana.*

ESTREMITÀ [e-stre-mi-tà] *nome*

• Punto estremo, parte finale di qualcosa

*Teddy avvolge l'**estremità** della fune intorno alla bitta.*

ESTREMO [e-strè-mo] *aggettivo*

• Ultimo nello spazio o nel tempo

*I medici faranno un **estremo** tentativo di salvare il malato.*

• Grandissimo, gravissimo

*I naufraghi si trovavano in una situazione di **estremo** pericolo.*

ETÀ [e-tà] *nome*

• Gli anni di vita di una persona o di un animale

*Ai giardini gioco soprattutto con i ragazzi della mia stessa **età**.*

• Epoca storica

*L'**età** moderna è iniziata con la scoperta dell'America.*

ETICHETTA [e-ti-chét-ta] *nome*

• Cartellino che si applica su merci e oggetti diversi per indicarne il nome, il contenuto, l'uso, il prezzo e altre caratteristiche

*Sull'**etichetta** c'è scritto che questo golf è di pura lana.*

EVENTO [e-vèn-to] *nome*

• Avvenimento, fatto di una certa importanza

*Un'eclissi di sole è un **evento** raro e Teddy e i suoi amici l'osservano con meraviglia.*

EVIDENTE [e-vi-dèn-te] *aggettivo*

• Chiaramente visibile

*Era **evidente** la sua felicità per la bella notizia.*

• Che è così chiaro che non ha bisogno di essere dimostrato

*È **evidente** che una persona non può fare il lavoro di quattro.*

EVITARE [e-vi-tà-re] *verbo*

• Scansare o sfuggire qualcosa o qualcuno che si considera dannoso o fastidioso

*Von Fox **ha evitato** per un pelo di scontrarsi con Alanera.*

A B C D E F G H I L M N O P Q R S T U V Z

FABBRICA [fàb-bri-ca] *nome*

- Luogo in cui si producono prodotti industriali

*Dal camino della **fabbrica** esce molto fumo.*

FABBRICARE [fab-bri-cà-re] *verbo*

- Costruire, produrre, fare

*Il babbo **ha fabbricato** una cuccia per il cane.*

FACCENDA [fac-cèn-da] *nome*

- Cosa da fare

*La mamma ha sempre tante **faccende** da sbrigare.*

- Situazione

*L'auto di Zip è finita sull'orlo del burrone: la **faccenda** si mette male.*

FACCIA [fàc-cia] *nome*

- La parte anteriore della testa umana, il viso

*Dal vetro spunta la **faccia** di Teddy.*

FACCIATA [fac-cià-ta] *nome*

• La parte anteriore di un edificio, dove c'è l'ingresso principale

*La **facciata** del palazzo è stata dipinta di giallo.*

FACILE [fà-ci-le] *aggettivo*

• Che si può fare o ottenere senza troppa fatica

*La vittoria della nostra squadra è stata molto **facile**.*

• Che si capisce senza troppo sforzo

*Ti farò una domanda **facile facile**.*

• Probabile

*Il cielo si sta oscurando, è **facile** che piova.*

FAGOTTO [fa-gòt-to] *nome*

• Insieme di cose avvolte alla meglio

*Robinson ha raccolto le sue cose in un **fagotto** e ha deciso di partire per un nuovo viaggio.*

FALEGNAME [fa-le-gnà-me] *nome*

• Artigiano che lavora il legno

*Gnomo Geranio è un **falegname** molto abile e fabbrica delle marionette molto belle.*

A B C D E F G H I L M N O P Q R S T U V Z

A B C D E F G H I L M N O P Q R S T U V Z

FALLIRE [fal-lì-re] *verbo*

• Non avere successo

*Tasso Tinta voleva fare un ritratto a Rinocò, ma il suo tentativo **è fallito**.*

• Sbagliare, mancare

*Il cacciatore sparò, ma **fallì** il bersaglio.*

FALSO [fàl-so] *aggettivo*

• Non vero

*Il bel voto che Volpino mostra è **falso**, perché ha aggiunto lui l'uno allo zero.*

• Non autentico

*Nel salvadanaio ho anche una moneta **falsa**.*

FAMA [fà-ma] *nome*

• Modo in cui qualcuno è giudicato dagli altri

*Chi dice le bugie si fa la **fama** di bugiardo.*

• Celebrità, popolarità

*È un cantante ancora giovane ma ha già raggiunto la **fama**.*

FAME [fà-me] *nome*

• Voglia di mangiare

*Polipò ha così tanta **fame** che usa ogni tentacolo per mangiare.*

• Mancanza di cibo

*Purtroppo nel mondo ancora tante persone soffrono la **fame** e non hanno abbastanza da mangiare.*

FAMIGLIA [fa-mì-glia] *nome*

• Gruppo formato dai genitori e dai figli e che, in senso più ampio, comprende anche i nonni, gli zii, i cugini e altri parenti

*La **famiglia** Coniglietti si è seduta a tavola per mangiare.*

FAMILIARE [fa-mi-lià-re] *aggettivo*

• Di famiglia, della famiglia

*Per il mio compleanno abbiamo fatto una festa **familiare**.*

• Noto, conosciuto

*Dove ho già visto quel tipo? Ha una faccia **familiare**.*

FAMOSO [fa-mó-so] *aggettivo*

• Molto noto e conosciuto

*Pinocchio è il burattino più **famoso** del mondo.*

FANGO [fàn-go] *nome*

• Terra o polvere mista a acqua

*Attento a non sporcarti le scarpe di **fango**!*

FANTASIA [fan-ta-sì-a] *nome*

• Capacità della mente di immaginare e inventare cose e fatti

*Tasso Tinta dice a Scimpa che dipinge con molta **fantasia**.*

FANTASTICO [fan-tà-sti-co] *aggettivo*

• Creato dalla fantasia, irreale

L'unicorno è un animale ***fantastico****.*

FARE [fà-re] *verbo*

• Agire

Ha fatto *bene ad andarsene.*

• Compiere una certa azione

Andiamo a ***fare*** *una passeggiata?*

• Eseguire

Ti sei ricordato di ***fare*** *i compiti per domani?*

• Produrre

Quest'albero di albicocche ***fa*** *sempre molti frutti.*

• Preparare, cucinare

La mamma questa sera ci ***farà*** *la pizza.*

• Rendere

Con questo regalo mi ***hai fatto*** *felice.*

• Rifornirsi

Dobbiamo ricordarci di ***fare*** *benzina prima di partire.*

• Esercitare una professione, un mestiere

Maggiortopo ***fa*** *il maggiordomo.*

• Praticare

Dovresti ***fare*** *un po' di sport.*

• Dare come risultato

Due più due ***fa*** *quattro.*

• Essere, diventare

Oggi ***fa*** *caldo. - Sta* ***facendo*** *buio.*

FARFALLA [far-fàl-la] *nome*
• Insetto con quattro ali di forma, disegno e colore molto vari, a seconda della specie
*Nel bosco ci sono molte **farfalle**.*

FARINA [fa-rì-na] *nome*
• Prodotto in polvere che si ottiene macinando il grano e gli altri cereali
*Il pane si fa con acqua, **farina** e lievito.*

FARO [fà-ro] *nome*
• Costruzione a forma di torre in cima alla quale è collocato un impianto di segnalazione luminosa
*La luce del **faro** segnala gli scogli ai naviganti.*

• Fanale di un autoveicolo
*Il **faro** della moto di Tigrotto non funziona, ma, per fortuna, stanotte c'è con lui Robotto.*

FASCIA [fà-scia] *nome*
• Striscia di tessuto
*Dente aguzzo porta una **fascia** azzurra intorno alla testa.*

FASE [fà-se] *nome*
• Ognuno dei momenti successivi e diversi in cui si può dividere un avvenimento o un fenomeno
*Tutti i gol sono stati segnati nella **fase** finale della partita.*

FASTIDIO [fa-stì-dio] *nome*

• Sensazione di disturbo

*Ranocchio pensa che è un bel **fastidio** guardare un film dietro a Giraffa.*

• Seccatura, noia, preoccupazione

*Il babbo ha avuto una giornata piena di **fastidi**.*

FATA [fà-ta] *nome*

• Nelle fiabe, donna molto bella dotata di poteri magici che usa per fare del bene

*Fiordaliso è una **fata** bella, buona e gentile: e con la sua bacchetta magica può compiere meravigliosi prodigi.*

FATICA [fa-tì-ca] *nome*

• Sforzo fisico o mentale

*È una bella **fatica** trasportare una canoa in spalla.*

• Stanchezza (per uno sforzo prolungato)

*Dopo quella camminata mi sento morto di **fatica**.*

FATICARE [fa-ti-cà-re] *verbo*

• Lavorare duramente

*Deve **faticare** tutto il giorno per mantenere la famiglia.*

• Fare fatica, avere difficoltà a fare qualcosa

*Dopo l'incidente **fatica** un po' a camminare.*

A B C D E F G H I L M N O P Q R S T U V Z

FATICOSO [fa-ti-có-so] *aggettivo*

• Che costa molta fatica, stancante

*Attraversare il deserto in monopattino è davvero **faticoso**, ma Tartaruga non si scoraggia.*

FATTO [fàt-to] *nome*

• Avvenimento, fenomeno

*È un **fatto** insolito che nevichi d'estate.*

• Atto o risultato concreto

*Vedremo alla prova dei **fatti** se manterrà le sue promesse.*

• Faccenda personale

*Se non vuole venire con noi, sono **fatti** suoi.*

FATTORIA [fat-to-rì-a] *nome*

• Azienda agricola

*Le stalle della **fattoria** oggi sono vuote perché gli animali sono andati al pascolo.*

A B C D E F G H I L M N O P Q R S T U V Z

A
B
C
D
E
F
G
H
I
L
M
N
O
P
Q
R
S
T
U
V
Z

FAUNA [fàu-na] *nome*

- L'insieme delle specie animali che vivono in un dato ambiente o in una certa zona

*La **fauna** del bosco è molto numerosa.*

FAVOLA [fà-vo-la] *nome*

• Breve racconto i cui protagonisti sono in genere animali che rappresentano le virtù e i difetti degli uomini

*La **favola** di Cappuccetto Rosso è una di quelle che mi sono sempre piaciute di più.*

FAVOLOSO [fa-vo-ló-so] *aggettivo*

• Fantastico, immaginario

*Stanotte ho sognato che mi trovavo in un paese **favoloso**.*

• Eccezionale, straordinario

*Mister Dollar fa il bagno nel suo **favoloso** tesoro.*

FAVORE [fa-vó-re] *nome*

• Cortesia, piacere

*Mi fai il **favore** di accompagnarmi a casa?*

• Aiuto, protezione

*Il ladro è riuscito a fuggire con il **favore** del buio.*

• Beneficio, vantaggio

*Se si risparmia energia, questo va a **favore** di tutti.*

FAVOREVOLE [fa-vo-ré-vo-le] *aggettivo*

• Vantaggioso, che aiuta

*La barca a vela filava veloce grazie al vento **favorevole**.*

• Che approva, che è d'accordo con qualcosa

*«Propongo di andare al cinema. Chi è **favorevole**?»*

FAZZOLETTO [faz-zo-lét-to] *nome*

- Pezzo di tela o di carta di forma quadrata, per soffiarsi il naso, asciugarsi il sudore ecc.

Sniff è raffreddato e si soffia il naso nel ***fazzoletto****.*

FEBBRE [fèb-bre] *nome*

- Aumento della temperatura del corpo oltre il normale

Maialino è a letto ammalato e ha la ***febbre*** *molto alta.*

FERITA [fe-rì-ta] *nome*

- Taglio o strappo della pelle o nella carne

Sono caduto e mi son fatto una ***ferita*** *al ginocchio.*

FERMARE [fer-mà-re] *verbo*

- Bloccare qualcuno o qualcosa arrestandone il movimento

Il capostazione ha fischiato per ***fermare*** *il treno.*

- Interrompere lo svolgimento di qualcosa

Dopo gli incidenti l'arbitro ***ha fermato*** *la partita.*

FERMO [fér-mo] *aggettivo*

- Che non si muove, immobile

Mascherina resta completamente ***fermo*** *per non farsi scoprire dalll'investigatore Bracco.*

FERROVIA [fer-ro-vì-a] *nome*

• Strada con binari su cui passano i treni

*Piumino fa funzionare la sua **ferrovia** con l'aiuto delle coccinelle.*

FESTA [fè-sta] *nome*

• Giorno in cui si ricorda un avvenimento importante e in genere non si lavora

*Natale è la **festa** di Gesù Bambino.*

• Vacanza

*Domani le scuole fanno **festa**.*

• Incontro tra più persone per celebrare un lieto avvenimento o a scopo di divertimento

*Alla **festa** di Capodanno si stanno divertendo tutti.*

A B C D E F G H I L M N O P Q R S T U V Z

FETTA [fét-ta] *nome*

• Pezzo di cibo tagliato largo e sottile

Piumino protesta perché, secondo lui, la sua ***fetta*** *di torta è più piccola di quella dei suoi fratelli.*

FIABA [fià-ba] *nome*

• Racconto fantastico per bambini

La nonna mi racconta sempre delle bellissime ***fiabe****.*

FIAMMA [fiàm-ma] *nome*

• Lingua di fuoco che si alza da ciò che brucia

Abbiamo acceso un falò sulla spiaggia e le ***fiamme*** *si vedevano da lontano.*

FIATO [fià-to] *nome*

• L'aria che si manda fuori dai polmoni attraverso la bocca e il naso; alito, respiro

Draguzzo è molto fiero del suo ***fiato*** *infuocato.*

FIGLIO [fì-glio] *nome*

• Ogni persona rispetto ai suoi genitori

I miei genitori hanno due ***figli****, me e mia sorella.*

FIGURA [fi-gù-ra] *nome*

• Forma esteriore di una cosa o del corpo umano

*Sai disegnare la **figura** di un triangolo?*

• Immagine disegnata, dipinta o scolpita

*A Teddy piacciono molto i libri con le **figure**.*

• Impressione che una persona dà agli altri

*Non dire sciocchezze se non vuoi fare la **figura** dello sciocco.*

FILA [fì-la] *nome*

• Serie di persone o di cose allineate una dietro l'altra

*Le coccinelle vanno a passeggio una in **fila** all'altra.*

FILO [fì-lo] *nome*

• Materiale lungo e sottile che si ottiene filando le fibre tessili

*La mamma ha cucito la tasca della giacca con l'ago e con il **filo**.*

FINESTRA [fi-nè-stra] *nome*

• Apertura nelle pareti degli edifici che serve a dare luce e aria agli ambienti interni e permette di guardare fuori

*Sul davanzale della **finestra** di fronte c'è un bel vaso di fiori.*

FINGERE [fìn-ge-re] *verbo*

• Far credere quello che non è
*Jumbo si è dipinto le strisce nere perché vuol **fingere** di essere una zebra.*

• Immaginare
*Facciamo un gioco: **fingiamo** di essere dei pirati che cercano un tesoro su un'isola deserta.*

FINIRE [fi-nì-re] *verbo*

• Terminare, concludere
*Devi **finire** i compiti prima di andare a giocare.*

• Consumare del tutto
*Ippopò ha la pancia piena perché **ha finito** tutto il cibo.*

• Arrivare al termine
*Purtroppo l'estate sta **finendo** e tra poco ricomincia la scuola.*

FINTO [fìn-to] *aggettivo*

• Falso, artificiale
*A Carnevale mi sono messo un naso **finto** da clown.*

FIORE [fió-re] *nome*

• Parte delle piante che contiene gli organi della riproduzione
*Ape Apina annaffia i **fiori** perché diventino più gustosi da succhiare.*

FIUME [fiù-me] *nome*

• Grande corso d'acqua

Ippopò è andato a farsi un giro in barca sul ***fiume****.*

FOGLIA [fò-glia] *nome*

• Organo di respirazione delle piante, per lo più di colore verde e di forma piatta.

Molti alberi in autunno perdono le ***foglie****.*

FOGLIO [fò-glio] *nome*

• Pezzo di carta

Quel pasticcione di Piumino ha macchiato sia il ***foglio*** *che il banco.*

FOLLA [fòl-la] *nome*

• Grande quantità di persone riunite in un luogo

Alla fine della partita la ***folla*** *usciva dallo stadio.*

A B C D E F G H I L M N O P Q R S T U V Z

FONDO [fón-do] *nome*

• La parte inferiore di qualcosa

*È rimasta un po' d'acqua sul **fondo** della bottiglia.*

• La parte più interna o più lontana di un luogo

*Il bar che cercavo era in **fondo** alla strada.*

FONTANA [fon-tà-na] *nome*

• Costruzione da cui esce acqua

*La **fontana** è ghiacciata a causa della temperatura molto bassa.*

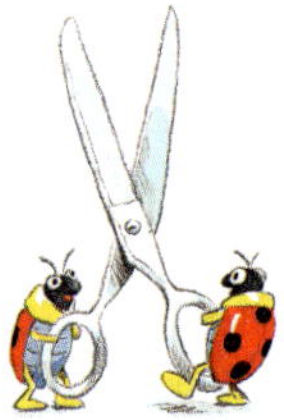

FORBICE [fòr-bi-ce] *nome*

• Strumento per tagliare formato da due lame incrociate

*Queste **forbici** sono un po' pesanti per le coccinelle!*

FORCHETTA [for-chét-ta] *nome*

• Posata per mangiare i cibi solidi, formata da un manico con tre o quattro denti

*Il mio fratellino non ha ancora imparato a usare la **forchetta**.*

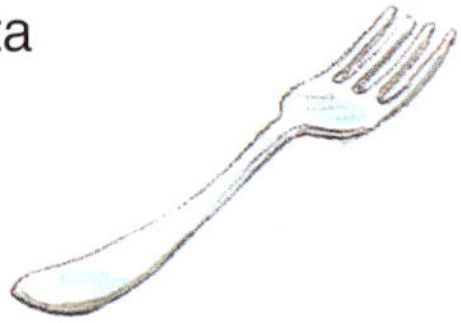

FORESTA [fo-rè-sta] *nome*

• Vasto insieme di alberi d'alto fusto

*Nella **foresta** vivono molti animali selvatici.*

FORMAGGIO [for-màg-gio] *nome*

• Alimento prodotto con il latte

*Io spesso come secondo piatto mangio solo **formaggio**.*

FORMARE [for-mà-re] *verbo*

• Costruire, comporre

Quando due si sposano ***formano*** *una famiglia.*

FORO [fó-ro] *nome*

• Buco

Il picchio con il becco ha fatto un ***foro*** *nel tronco dell'albero.*

FORTE [fòr-te] *aggettivo*

• Dotato di forza e resistenza fisica, robusto

Kangaru fa esercizi per diventare più ***forte****.*

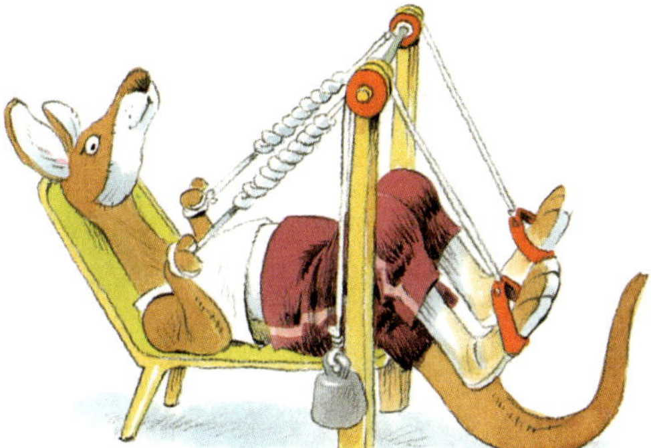

• Violento, intenso, acuto, potente

Soffiava un ***forte*** *vento.*

Ieri ho avuto un ***forte*** *mal di testa.*

Abbassa la televisione! Il volume è troppo ***forte****.*

• Bravo, abile

Il mio amico Mauro è ***forte*** *nella corsa.*

FORZA [fòr-za] *nome*

• Vigore fisico, energia

Ho corso così tanto che sono rimasto senza ***forze****.*

• Intensità, impeto

La ***forza*** *del vento era tale che non si riusciva a stare in piedi.*

• Violenza

*È un prepotente chi vuole imporsi agli altri con la **forza**.*

• Gruppo di persone armate

*Le **forze** dell'ordine sono formate da polizia e carabinieri.*

FOSSA [fòs-sa]

nome

• Buca scavata nel terreno

*Il povero barone Von Fox è caduto in una **fossa**!*

FOTOGRAFIA

[fo-to-gra-fì-a] *nome*

• Tecnica per riprodurre immagini

*Il mio papà è un grande appassionato di **fotografia**.*

• Ogni singola immagine ottenuta con questa tecnica

*Le coccinelle sono andate da Tip Tap a farsi fare una **fotografia** di gruppo.*

FRAGILE [frà-gi-le] *aggettivo*

• Che si può rompere facilmente

*Leonstein si è seduto sui suoi **fragili** occhiali.*

• Debole, delicato

*I bambini si ammalano più facilmente perché la loro salute è più **fragile**.*

FRANA [frà-na] *nome*

• Massa di roccia o di terra che si stacca da una montagna e scivola lungo i suoi fianchi

*La strada in fondo alla valle è stata interrotta da una **frana**.*

FRANCOBOLLO [fran-co-ból-lo] *nome*

• Piccolo rettangolo di carta che si appiccica su buste e cartoline e il cui costo serve a pagare le spese di spedizione

*Un mio amico ha una bella collezione di **francobolli** con figure di animali.*

FRECCIA [fréc-cia] *nome*

• Arma formata da un'asta con la punta che si lancia per mezzo di un arco

*Il cartiglio venne colpito da una **freccia**.*

• Segnale stradale che indica la direzione

*Guarda la **freccia** sul cartello: qui è obbligatorio svoltare a destra.*

A B C D E F G H I L M N O P Q R S T U V Z

FREDDO [fréd-do] *aggettivo*
- Che ha una temperatura bassa

*L'aria era così **fredda** che Coccodrill ha dovuto coprirsi per bene.*

FREQUENTE [fre-quèn-te] *aggettivo*
- Che accade, si ripete spesso

*D'estate in montagna i temporali sono **frequenti**.*

FRETTA [frét-ta] *nome*
- Necessità di far presto

*Mangia più lentamente! Non c'è nessuna **fretta**.*

FRONTE [frón-te] *nome*
- Parte del viso tra le sopracciglia e i capelli

*La mamma gli diede la buonanotte con un bacio sulla **fronte**.*

FRUGARE [fru-gà-re] *verbo*
- Cercare con insistenza, mettendo le mani dappertutto, qualcosa che non si sa dov'è

***Ho frugato** in tutti i cassetti, ma non ho trovato le chiavi.*

FRUTTA [frùt-ta] *nome*
- L'insieme dei frutti che si possono mangiare

*La **frutta** estiva è quella che mi piace di più.*

FRUTTO [frùt-to] *nome*

• Parte della pianta che contiene i semi e che si può mangiare nelle specie di piante coltivate dall'uomo

*La banana è un **frutto** molto nutriente.*

FUCILE [fu-cì-le] *nome*

• Arma da fuoco con canna lunga

*Lo gnomo è molto fiero del suo **fucile**, anche se spara solo tappi.*

FUGGIRE [fug-gì-re] *verbo*

• Allontanarsi velocemente, scappare via da un luogo

*Draghetto **fugge** per non essere arrostito da Draguzzo.*

FULMINE [fùl-mi-ne] *nome*

• Violenta scarica elettrica che durante i temporali si produce tra due nuvole o tra una nuvola e la terra

*La grande quercia fu incenerita dal **fulmine**.*

FUMARE [fu-mà-re] *verbo*

• Mandar fuori fumo o vapore

*La minestra è bollente: sta ancora **fumando**.*

• Aspirare il fumo del tabacco

*Corvo Linguaccia impesta l'aria **fumando** il suo sigaro puzzolente.*

A B C D E F G H I L M N O P Q R S T U V Z

FUMETTO [fu-mét-to] *nome*

• Racconto formato da una serie di disegni in cui le parole dei personaggi sono inserite in una specie di nuvoletta che esce dalla loro bocca

*Mi piacciono molto le storie a **fumetti**.*

FUMO [fù-mo] *nome*

• Insieme di gas e ceneri che si alza sotto forma di nuvola da qualcosa che brucia

*Il **fumo** dell'incendio si vedeva da lontano.*

FUOCO [fuò-co] *nome*

• Insieme di luce e calore che si produce, sotto forma di fiamme, da una cosa che brucia

*I tronchi che bruciavano nel caminetto facevano un bel **fuoco**.*

FURBO [fùr-bo] *aggettivo*

• Astuto, abile a sfruttare a proprio vantaggio le situazioni

*La volpe è considerata un animale molto **furbo**.*

FURGONE [fur-go-ne] *nome*

• Autoveicolo usato per il trasporto delle merci

*Tutti i giorni vedo passare davanti a casa mia il **furgone** che porta il latte.*

FURIOSO [fu-rió-so]
aggettivo
• In preda all'ira
*Igor è **furioso** perché non riesce a liberarsi dalla rete di Ragnoni.*

• Violento, impetuoso
*Stanotte sulla città si è abbattuto un **furioso** temporale.*

FURTO [fùr-to] *nome*
• L'atto di rubare qualcosa ad altri
*Ieri c'è stato un **furto** nell'appartamento di uno dei nostri vicini.*

FUSTO [fù-sto] *nome*
• Parte della pianta dalla quale partono i rami e le foglie e che è chiamata tronco quando è legnosa
*Il **fusto** del pino è lungo e dritto.*

FUTURO [fu-tù-ro] *aggettivo*
• Che accadrà, che verrà in seguito
*Nessuno può conoscere gli avvenimenti **futuri**.*

nome
• Il tempo che verrà, l'avvenire
*I maghi dicono di poter vedere il **futuro** dentro una sfera di cristallo.*

GABBIA [gàb-bia] *nome*

• Cassetta per contenere piccoli animali formata da sottili sbarre metalliche

*A Sniff di solito non piace stare in **gabbia**, ma in questo momento non gli dispiace affatto.*

• Recinto chiuso da grosse sbarre di ferro, in cui si rinchiudono animali feroci

*A me non piace vedere leoni e tigri dentro le **gabbie**.*

GALLEGGIARE [gal-leg-già-re] *verbo*

• Mantenersi sulla superficie dell'acqua senza affondare

*Ippopò può leggere tranquillo ilgiornale perché non deve fare nessuno sforzo per **galleggiare**.*

GALLERIA [gal-le-rì-a] *nome*

• Passaggio sotterraneo per strade e ferrovie o scavato per sfruttare una miniera

*Per andare in Francia si passa sotto la **galleria** del Monte Bianco.*

GAMBA [gàm-ba] *nome*
- Ciascuno dei due arti superiori del corpo umano, dalla coscia al piede

Oscar è caduto con gli sci e si è rotto una ***gamba****.*

GARA [gà-ra] *nome*
- Competizione tra due o più persone o gruppi impegnati a superarsi a vicenda

Codafolta farà il giudice nella ***gara*** *di "scodinzolio veloce" tra i cani!*

GAS *nome*
- Ciascuna delle sostanze simili all'aria, alcune delle quali possono bruciare e vengono usate nelle cucine e negli impianti di riscaldamento

Il metano è il più sfruttato tra i ***gas*** *naturali.*

GATTO [gàt-to] *nome*
- Mammifero domestico diffuso in tutto il mondo in numerose razze

I ***gatti*** *sono animali molto abitudinari e soffrono quando vengono spostati dalla casa in cui sono abituati a vivere.*

GELATO [ge-là-to] *aggettivo*

• Ghiacciato

*La temperatura era scesa sotto zero e il lago era **gelato**.*

• Molto freddo

*Ho giocato con la neve senza guanti e ho le mani **gelate**.*

nome

• Dolce a base di latte, zucchero e altri ingredienti (cacao, frutta ecc.), che viene raffreddato fino a diventare solido

*Coccodrill si è messo a fare il gelataio e vende **gelati** squisiti.*

GELO [gè-lo] *nome*

• Freddo intenso

*Durante l'inverno gli uccelli e gli altri animali devono difendersi dal **gelo**.*

GEMELLO [ge-mèl-lo] *nome*

• Chi è nato nello stesso parto con uno o più fratelli o sorelle

*Puf e Paf sono **gemelli** e si fa proprio fatica a distinguerli.*

GENERE [gè-ne-re] *nome*

• Categoria, tipo, specie

*Che **genere** di stoffa desidera, signora? Leggera, pesante, chiara, scura, di cotone, di lana, di lino?*

GENEROSO [ge-ne-ró-so] *aggettivo*
• Che offre e dona con abbondanza ciò che è suo
*Mister Dollar non è per niente **generoso** e si tiene per sé tutte le sue ricchezze.*

GENITORI [ge-ni-tó-re] *nome*
• Il padre e la madre
*La sorellina di Teddy ha convinto i **genitori** a portarla al circo.*

GENTILE [gen-tì-le] *aggettivo*
• Cortese, garbato con gli altri
*Sei stato molto **gentile** ad accompagnarmi a casa in macchina.*

GEOGRAFIA [ge-o-gra-fì-a] *nome*
• Scienza che studia e descrive la Terra nei suoi vari aspetti
*Studiando **geografia** ci si accorge quanto è varia la Terra.*

A
B
C
D
E
F
G
H
I
L
M
N
O
P
Q
R
S
T
U
V
Z

GESTO [gè-sto] *nome*

• Movimento, specialmente della testa e delle mani, con cui si cerca di esprimere qualcosa

*Il **gesto** del vigile è molto chiaro e Rinocò è costretto a frenare di colpo.*

• Azione, atto

*Rinunciando alla sua parte ha compiuto un **gesto** generoso.*

GETTARE [get-tà-re] *verbo*

• Lanciare, scagliare, buttare

*Nessuno ha mai insegnato a Piumino che non si devono **gettare** le carte per terra?*

GHIACCIO [ghiàc-cio] *nome*

• Acqua allo stato solido perché congelata

*Per il gelo la superficie del lago era diventata una lastra di **ghiaccio**.*

GIACCA [giàc-ca] *nome*

• Indumento, con maniche e abbottonatura sul davanti, che ricopre la parte superiore del corpo

*Il babbo è molto elegante quando indossa la sua **giacca** blu.*

GIARDINO [giar-dì-no] *nome*

• Terreno coltivato con fiori e piante ornamentali

*Alla mamma di Teddy piace molto occuparsi del **giardino**.*

GIGANTE [gi-gàn-te] *nome*

- Uomo molto alto e robusto

*Graffia ha avuto un incubo in cui Sniff era diventato un terribile **gigante**.*

aggettivo

- Che ha dimensioni molto superiori al normale

*Nel parco comunale ci sono anche alcuni alberi **giganti**.*

GINNASTICA [gin-nà-sti-ca] *nome*

- Insieme di esercizi fisici che hanno lo scopo di tenere in forma il corpo e di renderlo più forte e agile

*Orsetta va in palestra tutti i giorni a fare un po' di **ginnastica**.*

GIOCARE [gio-cà-re] *verbo*

- Dedicarsi per svago a un'attività piacevole

*A Volpino piace fare il bagno solo per poter **giocare** nella vasca.*

- Praticare uno sport

*Due volte la settimana vado a **giocare** a pallacanestro.*

GIOCATTOLO [gio-càt-to-lo] *nome*

- Oggetto che serve ai bambini per giocare

*Il cavallo a dondolo era il mio **giocattolo** preferito, ma adesso l'ho regalato a un mio cuginetto.*

A B C D E F G H I L M N O P Q R S T U V Z

GIOCO [giò-co] *nome*

• Ogni attività a cui si dedicano adulti o bambini allo scopo di divertirsi o di tenere in esercizio il corpo o la mente

*Al parco i bambini possono divertirsi con i **giochi** all'aperto.*

GIOIA [giò-ia] *nome*

• Felicità, allegria

*Babau prova una grande **gioia** ogni volta che può uscire dalla sua scatola.*

GIOIELLO [gio-ièl-lo] *nome*

• Oggetto di metallo prezioso, spesso ornato di gemme

*Nel tesoro dei pirati c'erano **gioielli** di ogni genere.*

GIORNALE [gior-nà-le] *nome*

• Insieme di fogli stampati che informano ogni giorno sugli avvenimenti più importanti

*Jumbo vuol tenersi informato e tutte le mattine legge il **giornale**.*

GIORNO [giór-no] *nome*

• Periodo di ventiquattro ore che va da una mezzanotte a quella successiva

*La settimana ha sette **giorni**.*

• Periodo di tempo in cui c'è il Sole

*I **giorni** in estate sono molto più lunghi che in inverno.*

GIRAFFA [gi-ràf-fa] *nome*

- Animale africano con zampe e collo molto lunghi e pelo giallo con macchie scure

*La **giraffa** può brucare le foglie dei rami più alti degli alberi.*

GIRARE [gi-rà-re] *verbo*

- Far ruotare

*Per aprire la porta si **gira** la chiave nella serratura.*

- Voltare

***Girava** le pagine del libro guardando solo le figure.*

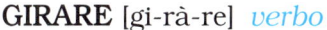

- Ruotare intorno a se stesso o intorno a un punto

*Si sentì una musica allegra e la giostra cominciò a **girare**.*

- Andare in giro, viaggiare

*Mio zio è un grande viaggiatore, che **ha girato** per tutto il mondo.*

- Cambiare direzione, svoltare

*Quando arrivi al prossimo incrocio devi **girare** a destra.*

GIRO [gì-ro] *nome*

- Movimento più o meno circolare

*La Terra compie un **giro** su se stessa in 24 ore.*

- Passeggiata

*Ti va di andare a fare un **giro** nel bosco?*

- Percorso o viaggio con più soste

*Quest'estate abbiamo fatto un **giro** turistico all'estero.*

GIROTONDO [gi-ro-tón-do] *nome*

• Gioco in cui i bambini girano in cerchio tenendosi per mano e cantando

Quando i nostri amici
fanno il ***girotondo***
si divertono un mondo!

GITA [gì-ta] *nome*

• Lunga passeggiata o breve viaggio fatti per svago

Domenica farò una ***gita*** *in montagna.*

GIUBBOTTO [giub-bòt-to] *nome*

• Giacca corta di tipo sportivo

Ecco Teddy con casco e ***giubbotto***
che va in giro con la sua moto.

GIUNGERE [giùn-ge-re] *verbo*

• Arrivare

I corridori della corsa ciclistica stanno per ***giungere*** *al traguardo.*

GIURIA [giu-rì-a] *nome*

• Insieme di persone chiamate a giudicare

La ***giuria*** *ha deciso il vincitore della gara di canto.*

GIUSTIZIA [giu-stì-zia] *nome*

• L'idea che tutte le persone hanno uguali diritti e vanno trattate e giudicate allo stesso modo

Se la legge non è uguale per tutti, non c'è ***giustizia****.*

GIUSTO [giù-sto] *aggettivo*

• Che agisce o che è fatto con giustizia

*È **giusto** che chi fa del male sia punito.*

• Esatto, corretto, adatto

*Il castoro sta controllando se i picchi hanno fatto i fori nei punti **giusti**.*

GLOBO [glò-bo] *nome*

• Qualsiasi oggetto a forma di sfera

*Il mappamondo è un **globo** terrestre in miniatura.*

GOCCIA [góc-cia] *nome*

• Particella di liquido

*Sette punti ha sete e pensa di bersi qualche **goccia** di rugiada.*

GOLA [gó-la] *nome*

• Parte interna del collo

*Mi è venuta l'influenza e ho anche mal di **gola**.*

GOLOSO [go-ló-so] *aggettivo*

• Che desidera molto certi cibi

*Violetta è **golosa** di dolci e ne mangia davvero troppi.*

GOMITO [gó-mi-to] *nome*

• Punto che unisce le due parti del braccio e permette di piegarlo

*Si mise seduto e appoggiò i **gomiti** sul tavolo.*

GOMITOLO [go-mì-to-lo] *nome*
• Piccola palla di filo avvolto su se stesso
A Polipò piace molto lavorare a maglia, ma ha qualche problema con il filo del ***gomitolo****.*

GOMMA [góm-ma] *nome*
• Materiale molto elastico ricavato da alcune piante o prodotto artificialmente
Le mie scarpe hanno la suola di ***gomma****.*

GONFIARE [gon-fià-re] *verbo*
• Riempire d'aria un oggetto elastico
Tigrotto ha un po' esagerato a ***gonfiare*** *le gomme dell'auto di Topo Bigio.*

GORILLA [go-rìl-la] *nome*
• Grossa scimmia africana dal pelo scuro, spesso più alta di un uomo
Gli amici di Bongo dicono che è il ***gorilla*** *più simpatico del mondo.*

GOVERNARE [go-ver-nà-re] *verbo*
• Dirigere uno stato
Il compito di ***governare*** *spetta a chi ha vinto le elezioni.*

GRADEVOLE [gra-dé-vo-le] *aggettivo*
• Piacevole
Dal forno usciva un profumo molto ***gradevole****.*

A B C D E F G H I L M N O P Q R S T U V Z

GRAFFIO [gràf-fio] *nome*

• Ferita superficiale della pelle provocata dalle unghie o da oggetti appuntiti

*Passando in mezzo ai rovi di more ci siamo riempiti di **graffi**.*

GRANDE [gràn-de] *aggettivo*

• Superiore al normale per dimensione o per altri aspetti

*Nella piazza si era radunata una **grande** folla.*

• Eccellente, straordinario

*Leonardo, Raffaello e Michelangelo furono **grandi** artisti.*

nome

• Persona adulta

*Non ho visto il film perché era uno spettacolo per soli **grandi**.*

GRANDINE [gràn-di-ne] *nome*

• Caduta di pezzetti di ghiaccio dal cielo durante un temporale

*I contadini temono la **grandine** perché danneggia le coltivazioni.*

GRANO [grà-no] *nome*

• Pianta dai cui frutti macinati si ricava la farina

*Nei campi si vedevano le spighe dorate del **grano** ormai maturo.*

GRANTURCO [gran-tùr-co] *nome*

• Pianta con frutti a pannocchia, dai cui semi macinati si ricava la farina gialla per la polenta

*A Teddy piace molto sgranocchiare le pannocchie di **granturco**.*

A B C D E F G H I L M N O P Q R S T U V Z

GRASSO [gràs-so] *aggettivo*

• Che ha un corpo grosso e pesante

*La signora Rinocò ha il timore di essere diventata ancora più **grassa**.*

GRATTARE [grat-tà-re] *verbo*

• Sfregare la pelle con le unghie per far passare il prurito

*Potresti per favore **grattarmi** un po' la schiena?*

• Ridurre un alimento in granelli minuscoli; grattugiare

*Il risotto è quasi pronto e dobbiamo ancora **grattare** il formaggio.*

GRAVE [grà-ve] *aggettivo*

• Pesante, difficile da sopportare

*Mantenere una famiglia numerosa è una **grave** responsabilità.*

• Pieno di rischi, preoccupante, serio

*Il Topino si trova in **grave** pericolo, ma per fortuna c'è qualcuno pronto ad aiutarlo.*

GREGGE [grég-ge] *nome*

• Branco di pecore o di capre

*Ogni giorno il pastore porta il **gregge** al pascolo.*

GRIDARE [gri-dà-re] *verbo*

• Parlare o emettere suoni a voce molto alta, urlare

*Chissà per quale motivo il Comandante sta **gridando** in questo modo?*

GROPPA [gròp-pa] *nome*

- La schiena dei cavalli, degli asini e dei muli

*Anche in **groppa** a un asinello Teddy si sente un cowboy.*

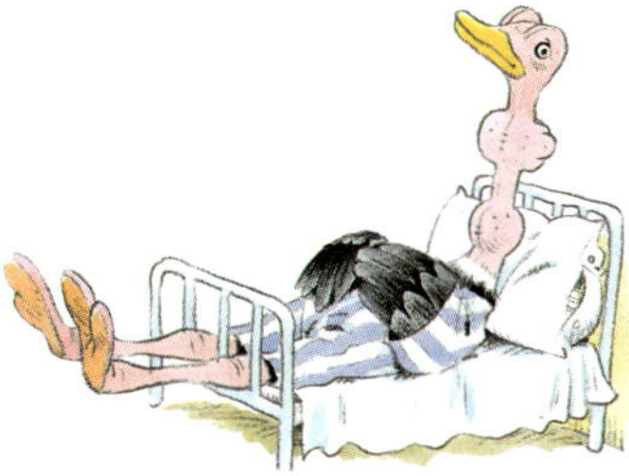

GROSSO [gròs-so] *aggettivo*

- Di dimensioni notevoli

*Struzzo ha ingoiato un boccone troppo **grosso** e non riesce a mandarlo giù.*

- Grande per numero o quantità

*Il Giappone e la Norvegia hanno una **grossa** flotta di navi da pesca.*

- Molto notevole, importante

*Lo spettacolo ha ottenuto un **grosso** successo.*

GROTTA [gròt-ta] *nome*

- Caverna

*In riva al mare ci sono **grotte** in cui si può entrare in barca.*

GRU *nome*

- Grosso uccello con zampe e collo molto lunghi

*Le **gru** vivono in riva al mare e nelle zone paludose.*

- Macchina per sollevare e spostare pesi, dotata di un lungo braccio girevole

*Per Jumbo l'unico modo di salire in alto è farsi sollevare da una **gru**.*

A B C D E F G H I L M N O P Q R S T U V Z

GRUPPO [grùp-po] *nome*

• Insieme di persone o di cose vicine, riunite tra loro

*In cima alla collina si vedeva un **gruppo** di case.*

• Insieme di persone unite da un interesse o uno scopo comune

*Sono entrato a far parte di un **gruppo** sportivo.*

GUADAGNARE [gua-da-gnà-re] *verbo*

• Ricevere come compenso

*Tasso Tinta **guadagna** molti soldi vendendo i suoi quadri.*

GUAIO [guà-io] *nome*

• Grave difficoltà; disgrazia

*Che **guaio** per l'uccellino che sia morto l'albero su cui ha il nido!*

• Danno

*Non ti lascio solo in casa, se no combini un sacco di **guai**.*

GUANCIA [guàn-cia] *nome*

• Parte laterale della faccia

*Mi sono venute le **guance** rosse per il freddo.*

GUANTO [guàn-to] *nome*

• Indumento che riveste e protegge la mano

*Per fare il portiere Polipò ha dovuto procurarsi quattro paia di **guanti**.*

GUARDIA [guàr-dia] *nome*

• Attività di protezione, di sorveglianza

*Mister Dollar fa la **guardia** alla sua cassaforte perché ha paura di venire derubato.*

• Chi fa parte di organizzazioni militari o civili addette alla protezione e alla vigilanza

*Le **guardie** forestali hanno il compito di proteggere i boschi e gli animali che ci vivono.*

GUARIRE [gua-rì-re] *verbo*

• Rimettere in buona salute

*Avevo l'influenza, ma due giorni di riposo a letto mi **hanno guarito**.*

• Recuperare la salute

***Sono guarito** appena in tempo per il mio compleanno.*

GUASTARE [gua-stà-re] *verbo*

• Danneggiare, rovinare, sciupare

*A furia di giocarci **hai guastato** il telecomando della TV!*

GUASTO [guà-sto] *aggettivo*

• Rotto, danneggiato o andato a male

*Oggi l'ascensore è **guasto**.*

nome

• Rottura

*La macchina del comandante ha avuto un **guasto** ai freni, ma per fortuna lui si porta sempre dietro la sua fida ancora.*

A
B
C
D
E
F
G
H
I
L
M
N
O
P
Q
R
S
T
U
V
Z

GUIDARE [gui-dà-re] *verbo*

• Accompagnare qualcuno indicandogli il cammino

*L'amico ci **ha guidati** nel giro della città.*

• Dirigere

*L'allenatore **ha guidato** la squadra alla vittoria.*

• Condurre un veicolo

*Per **guidare** le auto da corsa bisogna essere esperti piloti.*

GUSCIO [gù-scio] *nome*

• Rivestimento duro delle uova di certi animali e di alcuni frutti e semi

*Il **guscio** dell'uovo si ruppe e ne uscì un pulcino.*

• La conchiglia dei molluschi e la corazza della tartaruga

*Se si rovescia una tartaruga sul **guscio**, non riesce più a girarsi.*

GUSTO [gù-sto] *nome*

• Il senso che permette di sentire e distinguere i sapori

*Quando mi viene il raffreddore, perdo anche il **gusto**.*

• Sapore

*Ah, che **gusto** squisito hanno questi mirtilli!*

• Capacità di sentire e apprezzare ciò che è bello

*Ha molto **gusto** sia per la musica che per la pittura.*

HOBBY [parola inglese] *nome*

• Attività che si svolge per svago durante il tempo libero

*Il mio babbo ha l'**hobby** della pesca.*

HOSTESS [parola inglese] *nome*

• Persona che assiste i passeggeri sugli aerei durante i voli

*Un passeggero ha chiesto alla **hostess** un cuscino e qualcosa da bere.*

HOTEL [parola di origine francese] *nome*

• Albergo

*Abbiamo passato le vacanze al mare, in un bell'**hotel** davanti alla spiaggia.*

HUMUS [parola latina] *nome*

• Terreno fertile ricco di materia organica

*Le piante coltivate nell'**humus** crescono più rigogliose.*

IDEA [i-dè-a] *nome*

• Pensiero

*Tante **idee** si affollavano nella sua mente.*

• Impressione

*Giovanni mi ha dato l'**idea** di essere un bravo ragazzo.*

• Trovata, iniziativa

*Non è stata una buona **idea** uscire con questo tempaccio!*

IDEALE [i-de-à-le] *aggettivo*

• Che corrisponde del tutto ai nostri desideri, che è il migliore possibile; perfetto

*Per me il lago è il posto **ideale** per passarci una vacanza.*

IDEARE [i-de-à-re] *verbo*

• Immaginare, inventare

*Le formiche **hanno ideato** un sistema per trasportare la pannocchia.*

IDENTICO [i-dèn-ti-co] *aggettivo*

• Esattamente uguale

*Questi due topini sembrano **identici** in tutto.*

IGIENE [i-giè-ne] *nome*

• L'insieme delle regole per proteggere la salute attraverso la pulizia del corpo e degli ambienti in cui si vive

*Polipò ama cosi tanto l'**igiene** che usa tutti i suoi tentacoli per lavarsi.*

IGNORANTE [i-gno-ràn-te] *aggettivo*

• Che manca di cultura, di istruzione

*Leggere e studiare è l'unico modo per non restare **ignoranti**.*

IGNORARE [i-gno-rà-re] *verbo*

• Non sapere qualcosa

*Bracco sembra **ignorare** che sono sue le impronte che sta seguendo.*

IGNOTO [i-gnò-to] *aggettivo*

• Sconosciuto

*Sono ancora **ignote** le cause dell'ultimo disastro aereo.*

ILLEGALE [il-le-gà-le] *aggettivo*

• Contrario alla legge

*Quando Mascherina ruba, sa benissimo di compiere un atto **illegale**, per il quale potrà finire in prigione.*

A B C D E F G H I L M N O P Q R S T U V Z

ILLUDERE [il-lù-de-re] *verbo*
• Ingannare facendo credere cose non vere o facendo sperare cose impossibili
*Lo **avevano illuso** con la promessa di aiutarlo.*

ILLUMINARE [il-lu-mi-nà-re] *verbo*
• Rischiarare con la luce
*Un tempo per **illuminare** le case c'erano solo le candele.*

ILLUSIONE [il-lu-sió-ne] *nome*
• Impressione che non corrisponde alla realtà, speranza che non si può realizzare
*Aveva sperato nel successo, ma era stata un'**illusione**.*

ILLUSTRAZIONE [il-lu-stra-zió-ne] *nome*
• Figura, disegno o fotografia che accompagna uno scritto

*I libri con le **illustrazioni** piacciono molto ai nostri amici.*

IMBOCCARE [im-boc-cà-re] *verbo*
• Mettere il cibo in bocca a qualcuno
*Gli uccellini aprono il becco in attesa che la mamma li **imbocchi**.*

IMBOTTIRE [im-bot-tì-re] *verbo*

• Riempire

*Se non si ha un panino da **imbottire**, si può sempre **imbottire** un cetriolo!*

IMBROGLIARE [im-bro-glià-re] *verbo*

• Ingannare, truffare qualcuno

*Lo **hanno imbrogliato** dandogli una moneta falsa.*

IMITARE [i-mi-tà-re] *verbo*

• Seguire l'esempio di qualcuno

*I bambini tendono a **imitare** i loro compagni più grandi.*

• Ripetere in modo simile la voce, i gesti o altre caratteristiche di una persona

*Sniff cerca di **imitare** gatto Graffia e fa le prove davanti allo specchio.*

IMMAGINARE [im-ma-gi-nà-re] *verbo*

• Rappresentarsi qualcosa nella mente per mezzo della fantasia

*Teddy ha molta fantasia e ora **immagina** di essere un cowboy che cavalca nella prateria.*

• Inventare

*L'autore di Pinocchio **ha immaginato** una storia molto originale.*

IMMAGINE [im-mà-gi-ne] *nome*

• Figura di una persona o di una cosa

*Guardò nello specchio e vide la sua **immagine**.*

• Fotografia, disegno, pittura o scultura

*Teddy guarda le **immagini** sulle copertine dei libri per decidere quale prendere.*

IMMEDIATO [im-me-dià-to] *aggettivo*

• Che avviene subito, istantaneo

*Questa medicina ha un effetto quasi **immediato**.*

IMMENSO [im-mèn-so] *aggettivo*

• Tanto grande che non si può misurare

*Nell'**immenso** spazio dell'universo ci sono miliardi di stelle.*

• Enorme

*Porcelli ha trovato nel suo campo una carota **immensa** e ora sta cercando di tirarla fuori.*

IMMERGERE [im-mèr-ge-re] *verbo*

• Mettere qualcosa in un liquido

***Immerse** i piedi nell'acqua per sentire se era troppo fredda.*

IMMINENTE [im-mi-nèn-te] *aggettivo*

• Che sta per accadere

*Ha telefonato la nonna per dire che il suo arrivo è **imminente**.*

IMMOBILE [im-mò-bi-le] *aggettivo*

• Che non si muove, fermo

Nonostante tutte le smorfie che gli fa Scimpa, Soldatino resta ***immobile****.*

IMMONDIZIA [im-mon-dì-zia] *nome*

• Spazzatura, rifiuti

*Dove starà andando Linguaccia con il bidone dell'****immondizia****?*

IMPADRONIRSI [im-pa-dro-nìr-si] *verbo*

• Impossessarsi di qualcosa, specialmente con la forza o con l'inganno

I ladri ***si impadronirono*** *di tutto il denaro che c'era nella cassaforte.*

IMPARARE [im-pa-rà-re] *verbo*

• Acquisire conoscenze o capacità per mezzo dello studio e dell'esercizio

Robotto sta studiando perché vuole ***imparare*** *ad aggiustarsi da solo.*

IMPAURIRE [im-pau-rì-re] *verbo*

• Fare paura, spaventare

Babau è finalmente riuscito a ***impaurire*** *anche Maggiortopo.*

A B C D E F G H I L M N O P Q R S T U V Z

IMPAZIENTE [im-pa-zièn-te]
aggettivo
• Che non ha pazienza
Quando vanno al cinema, i nostri amici sono tutti ***impazienti*** *di entrare.*

IMPAZZIRE [im-paz-zì-re] *verbo*
• Diventare pazzo
Lo hanno dovuto ricoverare perché ***era impazzito****.*

• Perdere la testa, scervellarsi
Sono impazzito *tutta la mattina per trovare le chiavi.*

IMPEDIRE [im-pe-dì-re] *verbo*
• Non permettere a qualcuno di fare qualcosa
Altolà sta cercando di ***impedire*** *a Mascherina di fuggire.*

IMPEGNO [im-pé-gno] *nome*
• Obbligo, promessa
Quando si prende un ***impegno****, bisogna cercare di mantenerlo.*

• Cosa da fare che non lascia liberi di fare altro
Domani non posso venire a trovarti perché ho degli ***impegni****.*

IMPERMEABILE
[im-per-me-à-bi-le] *aggettivo*
• Che non lascia passare l'acqua o altri liquidi
Nonostante ci sia il sole Topo Bigio è uscito con l'ombrello e con il soprabito ***impermeabile****.*

IMPETUOSO [im-pe-tu-ó-so] *aggettivo*

• Che si muove con forza travolgente, rapido e violento

*Per proteggere la sua barchetta dalle onde **impetuose**, il comandante si ripara dietro Gelsomina.*

IMPIANTO [im-piàn-to] *nome*

• Insieme di apparecchi, di attrezzature o di edifici che servono per una certa funzione o attività

*Nel nostro quartiere stanno costruendo un nuovo **impianto** sportivo.*

IMPIEGARE [im-pie-gà-re] *verbo*

• Adoperare, usare

*Per sollevare queste casse Porcelli **impiega** il sistema meno faticoso.*

IMPORTANTE [im-por-tàn-te] *aggettivo*

• Che ha grande interesse o valore

*Per le sue **importanti** scoperte, lo scienziato ebbe il Premio Nobel.*

• Che ha molto potere e influenza

*Mister Dollar, per la sua ricchezza, è considerato una persona **importante**.*

A B C D E F G H I L M N O P Q R S T U V Z

IMPORTANZA [im-por-tàn-za] *nome*

• Interesse, valore

*È appena arrivata una notizia di grande **importanza**.*

IMPORTARE [im-por-tà-re] *verbo*

• Interessare, stare a cuore

*La mamma dice che la mia felicità è quel che più le **importa**.*

IMPRESA [im-pré-sa] *nome*

• Azione importante, difficile o eroica

*Von Fox è riuscito nell'**impresa** di riparare in volo il carrello del suo aeroplano.*

• Azienda

*Suo padre lavora in un'**impresa** di costruzioni.*

IMPRESSIONE [im-pres-sió-ne] *nome*

• Sensazione provocata in noi da qualcosa o da qualcuno

*Quel film di guerra mi ha lasciato una forte **impressione**.*

IMPREVISTO [im-pre-vì-sto] *aggettivo*

• Che non si era previsto

*A causa dell'incontro con l'orca, Tricheco farà un bagno **imprevisto**.*

nome

• Fatto che non si può o non si poteva prevedere

*Arriveremo da voi domattina, salvo **imprevisti**.*

IMPRIMERE [im-prì-me-re] *verbo*

• Lasciare un segno su qualcosa premendo

*I suoi piedi **imprimevano** orme profonde sulla sabbia.*

IMPRONTA [im-prón-ta] *nome*

• Segno impresso su qualcosa; traccia, orma

*Sulla neve si vedevano **impronte** di animali.*

IMPROVVISO [im-prov-vì-so] *aggettivo*

• Che avviene tutt'a un tratto e in modo inaspettato

*L'auto che ci stava davanti fece una frenata **improvvisa**.*

IMPRUDENTE [im-pru-dèn-te] *aggettivo*

• Che non è prudente, che agisce in modo avventato

*Maialino è proprio **imprudente**: guarda che rischi corre a non attraversare la strada sulle strisce pedonali!*

IMPUGNARE [im-pu-gnà-re] *verbo*

• Stringere in pugno

*Ecco Teddy il cavaliere, che va all'attacco **impugnando** la sciabola!*

IMPULSO [im-pùl-so] *nome*

• Spinta istintiva a compiere una certa azione

*Quando ho visto che stava per cadere, d'**impulso** l'ho afferrato.*

INCAMMINARSI [in-cam-mi-nàr-si] *verbo*

• Mettersi in cammino

*Prima di **incamminarsi** di nuovo, la tartaruga e l'ape si fermano un momento a riposare.*

INCANTEVOLE [in-can-té-vo-le] *aggettivo*

• Meraviglioso, delizioso

*«Che cappellino **incantevole**!» dice la signora Porcelli alla signora Rinocò.*

INCARICO [in-cà-ri-co] *nome*

• Compito, cosa da fare

*Oggi la mamma mi ha dato l'**incarico** di rispondere al telefono.*

INCENDIARE [in-cen-dià-re] *verbo*

• Dare fuoco, distruggere col fuoco

*Un uomo è stato arrestato mentre cercava di **incendiare** un bosco.*

INCENDIO [in-cèn-dio] *nome*

• Fuoco grande e violento che distrugge ogni cosa

*Aerei ed elicotteri cercavano di spegnere l'**incendio** del bosco.*

INCERTO [in-cèr-to] *aggettivo*

• Non certo, non sicuro

*Le squadre sono in parità, il risultato della partita è ancora **incerto**.*

• Indeciso

*La corrente è molto forte e Dente Aguzzo è **incerto** se fidarsi a mettere in acqua la sua canoa.*

INCESSANTE [in-ces-sàn-te] *aggettivo*

• Che non cessa mai, continuo

*La pioggia **incessante** ci ha impedito di uscire.*

INCHINO [in-chì-no] *nome*

• Gesto di rispetto che si fa piegando il corpo verso il basso

*Maggiortopo ha imparato a fare un perfetto **inchino**.*

INCHIOSTRO [in-chiò-stro] *nome*

• Sostanza liquida che si usa per scrivere o stampare

*La penna perdeva e mi sono sporcato le dita d'**inchiostro**.*

INCIAMPARE [in-ciam-pà-re] *verbo*

• Urtare con il piede in un ostacolo

*Quando si trasporta qualcosa, bisogna stare attenti a non **inciampare**.*

INCIDENTE [in-ci-dèn-te] *nome*

• Avvenimento imprevisto che provoca danni più o meno gravi

*Questo **incidente** si poteva evitare se i guidatori avessero mantenuto la distanza di sicurezza.*

INCIDERE [in-cì-de-re] *verbo*

• Tracciare lettere o figure su una superficie dura con uno strumento appuntito

*I ragazzi **incisero** i loro nomi sulla corteccia dell'albero.*

INCOLLARE [in-col-là-re] *verbo*

• Attaccare con la colla

*Bongo non ha ancora imparato a **incollare** un manifesto al muro!*

INCONTRARE [in-con-trà-re] *verbo*

• Trovare per caso qualcuno in un posto

*L'altro giorno al parco **ho incontrato** una compagna di scuola.*

• Avere un incontro, un colloquio con qualcuno

*Domani le maestre **incontreranno** i genitori.*

• Affrontare un avversario in un incontro sportivo

*Domenica prossima il Milan **incontrerà** la Juventus.*

INCONTRO [in-cón-tro] *nome*

• L'incontrarsi con qualcuno

*L'**incontro** tra Foca e Tricheco al Polo Nord è stato del tutto inaspettato.*

• Appuntamento, riunione, colloquio

*La maestra ha chiesto un **incontro** con i miei genitori.*

• Gara sportiva

*L'**incontro** si è chiuso in parità.*

INCORAGGIARE [in-co-rag-già-re] *verbo*

• Dare coraggio, infondere fiducia

*Il comandante cercò di **incoraggiare** i suoi soldati.*

INCREDIBILE [in-cre-dì-bi-le] *nome*

• Impossibile o difficile da credere

*Piovevano fiori, frutti, caramelle, collane: una cosa **incredibile**!*

• Enorme, straordinario

*Il babbo dice sempre che la nonna ha una pazienza **incredibile**.*

INCROCIO [in-cró-cio] *nome*

• Punto in cui una strada ne attraversa un'altra

*Al prossimo **incrocio** dovete svoltare a sinistra.*

INCUBO [ìn-cu-bo] *nome*

• Sogno spaventoso, angoscioso

*Mister Dollar ha avuto un **incubo**: la sua banca era stata svaligiata e tutti i suoi clienti volevano indietro i loro soldi.*

INCUDINE [in-cù-di-ne] *nome*

• Blocco d'acciaio sul quale il fabbro lavora con il martello i pezzi di ferro riscaldato

*Il fabbro sta lavorando sull'**incudine** un ferro di cavallo.*

INDEBOLIRE [in-de-bo-lì-re] *verbo*

• Rendere debole, privo di forze

*Il lungo viaggio a piedi **ha indebolito** Robinson, che ha bisogno di riposo.*

INDECISO [in-de-cì-so] *aggettivo*

• Che non sa decidersi, che è incerto sulla scelta da fare

*Maialino è **indeciso** se assaggiare prima la torta alla crema o quella con le fragole.*

INDICARE [in-di-cà-re] *verbo*

• Mostrare

*Che cosa starà **indicando** Teddy alla sua amica?*

• Segnare, segnalare

*Franz controlla se il suo orologio **indica** la stessa ora della pendola.*

• Suggerire, cosigliare

*Potresti **indicarmi** un buon ristorante non troppo caro?*

INDICE [ìn-di-ce] *nome*

• Secondo dito della mano

*L'**indice** è il dito che si usa per indicare.*

• Elenco dei capitoli in cui è diviso un libro

*Guarda sull'**indice** a che pagina è il capitolo che cerchi.*

INDIETREGGIARE [in-die-treg-già-re] *verbo*

• Andare indietro, arretrare

*Rinocò voleva entrare nel castello con la sua automobile, ma Soldatino non lo lascia passare e così è costretto a **indietreggiare**.*

INDIRIZZO [in-di-rìz-zo] *nome*

• L'insieme delle informazioni necessarie per trovare una persona o per spedirle della posta

*Vorrei mandargli una cartolina, ma non so il suo **indirizzo**.*

INDISCIPLINATO [in-di-sci-pli-nà-to] *aggettivo*

• Che non rispetta la disciplina, le regole

*Maialino e i suoi amici sono piuttosto **indisciplinati** anche quando giocano.*

INDIVIDUO [in-di-vì-duo] *nome*

• Persona singola

*Ogni **individuo** ha gli stessi diritti di tutti gli altri.*

• Persona che non si conosce

*È venuto a cercarti un **individuo** che non ha detto il suo nome.*

INDOSSARE [in-dos-sà-re] *verbo*

• Mettersi addosso o avere addosso un indumento

*La signora Porcelli sembra contenta di **indossare** questo vestito a fiori.*

INDOVINARE [in-do-vi-nà-re] *verbo*

• Cogliere la verità riguardo a una cosa futura o ignota

*La mamma di Teddy deve **indovinare** dalla copertina di che cosa parla il libro che Teddy le mostra.*

• Fare una scelta giusta

***Abbiamo indovinato** a rimandare la gita, ci saremmo presi un sacco di pioggia.*

INDUMENTO [in-du-mén-to] *nome*

• Qualsiasi cosa con cui ci si veste (camicie, giacche, pantaloni, gonne eccetera)

*Nell'armadio, gli **indumenti** estivi erano separati da quelli invernali.*

INDUSTRIA [in-dù-stria] *nome*

• L'attività di produrre oggetti in gran quantità per mezzo delle macchine

*L'**industria** moderna è nata circa duecento anni fa.*

• Fabbrica

*In questa zona stanno sorgendo nuove **industrie**.*

INESPERTO [i-ne-spèr-to] *aggettivo*

• Che manca di esperienza

*Giraffa è ancora **inesperta** del nuoto e allora abbonda con i salvagenti per non correre rischi.*

INEVITABILE [i-ne-vi-tà-bi-le] *aggettivo*

• Che non si può evitare

*Lo scontro tra le due auto, data la velocità, è stato **inevitabile**.*

INFANZIA [in-fàn-zia] *nome*

• Periodo della vita che va dalla nascita fino agli otto-dieci anni

*L'**infanzia** è l'età dei giochi felici e spensierati.*

INFASTIDIRE [in-fa-sti-dì-re] *verbo*

• Dare fastidio, disturbare

I ragli di Asinello sono così forti che ***infastidiscono*** *tutti quanti.*

INFELICE [in-fe-lì-ce] *aggettivo*

• Che non è felice, ma triste, scontento o pieno di sofferenze

L'orsetto è ***infelice*** *perché è stato ricoverato in ospedale e non sa quando potrà uscire.*

INFERIORE [in-fe-rió-re] *aggettivo*

• Che sta più in basso

Abita nella nostra stessa casa, ma al piano ***inferiore****.*

• Minore di altezza, grandezza, numero, valore, qualità ecc.

Mia sorella ha una statura inferiore alla mia.

INFILARE [in-fi-là-re] *verbo*

• Far passare un oggetto sottile attraverso un foro o introdurlo in qualcosa

Corvo linguaccia ***ha infilato*** *il naso nel giornale di Coniglietti.*

INFINITO [in-fi-nì-to] *aggettivo*

• Che non ha limiti, confini

L'astronave si perse negli spazi ***infiniti*** *dell'universo.*

• Immenso, enorme

Mio nonno è una persona di una generosità ***infinita****.*

INFORMARE [in-for-mà-re] *verbo*

• Dare notizie, mettere al corrente, avvertire

*Robinson **informa** i suoi amici che sta per mettersi in viaggio un'altra volta.*

INFURIARSI [in-fu-riàr-si] *verbo*

• Diventare furioso, arrabbiarsi fortemente

*Papà Coniglietti **si è infuriato** con Puf e Paf perché hanno fatto i maleducati tutto il giorno.*

INGANNARE [in-gan-nà-re] *verbo*

• Far cadere qualcuno in errore

*Ho sbagliato strada, perché mi **ha ingannato** un cartello.*

• Imbrogliare, truffare

*Non mi fido più di lui, perché mi **ha** già **ingannato** una volta.*

INGANNO [in-gàn-no] *nome*

• Azione con cui si cerca di far cadere in errore o di imbrogliare qualcuno

*Graffia invita a pranzo Sniff, che però fiuta **l'inganno**.*

INGENUO [in-gè-nuo] *aggettivo*

• Che ha un animo semplice, privo di malizia o è inesperto, poco furbo

*Sei stato **ingenuo** a credere alle storie di quel furbacchione.*

A B C D E F G H **I** L M N O P Q R S T U V Z

INGHIOTTIRE [in-ghiot-tì-re] *verbo*

• Mandare giù attraverso la gola, ingoiare

*Il grillo fa **inghiottire** alla formica un bicchiere di sciroppo di lamponi.*

INGIUSTO [in-giù-sto] *aggettivo*

• Che è contrario alla giustizia

*L'avvocato Toc Toc dice al giudice che sarebbe **ingiusto** condannare Mascherina.*

• Che non ha motivo, ingiustificato

*I tuoi sospetti su di lui sono **ingiusti**.*

INGOIARE [in-go-ià-re] *verbo*

• Inghiottire

*Avevo così fame che **ho ingoiato** la minestra tutto d'un fiato.*

INGORDO [in-gór-do] *aggettivo*

• Che mangia troppo e vorrebbe sempre mangiare

*Questo ragazzo è davvero **ingordo**, soprattutto di dolci.*

INGRASSARE [in-gras-sà-re] *verbo*

• Diventare grasso o più grasso

*La signora Rinocò si è accorta che i vecchi vestiti non le vanno più bene perché **è** ancora **ingrassata**.*

INGRESSO [in-grès-so] *nome*

• L'atto di entrare in un luogo

*L'orario di **ingresso** a scuola è le otto e trenta.*

• Il punto, il passaggio per cui si entra in un luogo; entrata

*Il Gatto e la Volpe aspettavano Pinocchio all'**ingresso** del bosco.*

INIEZIONE [i-nie-zió-ne] *nome*

• Introduzione di una medicina liquida nel corpo per mezzo di una siringa

*Prima avevo paura delle **iniezioni**, adesso non più.*

INIZIARE [i-ni-zià-re] *verbo*

• Dare inizio a qualcosa, cominciare

*Tutti gli invitati sono già seduti e **hanno iniziato** a mangiare.*

A B C D E F G H I L M N O P Q R S T U V Z

INIZIO [i-nì-zio] *nome*
• Prima fase di qualcosa, momento in cui comincia, principio
*All'**inizio** della primavera gli alberi mettono i germogli.*

INNOCENTE [in-no-cèn-te] *aggettivo*
• Che non è colpevole, responsabile
*Il giudice lo ha assolto perché era **innocente**.*

INNOCUO [in-nò-cuo] *aggettivo*
• Che non fa del male a nessuno, che non può fare danno
*Lo Gnomo Mago assicura il suo aiutante Gelsomino che il liquido che gli è caduto in testa è **innocuo**.*

INQUIETO [in-quiè-to] *aggettivo*
• Che è preoccupato, in ansia
*La mamma è **inquieta** quando non torno a casa in orario.*

INQUINARE [in-qui-nà-re] *verbo*
• Infettare, sporcare, rovinare l'ambiente naturale
*Panda respira a fatica a causa dei gas che **inquinano** l'aria.*

INSALATA [in-sa-là-ta] *nome*
• Piatto di verdure, per lo più crude, condite con sale, olio e aceto o limone
*Un bel piatto d'**insalata**, d'estate, può essere molto rinfrescante.*

INSEGNA [in-sé-gna] *nome*

• Scritta o figura, spesso luminosa, che si mette all'esterno di negozi e locali pubblici per richiamare l'attenzione dei passanti

*Stavamo cercando un albergo quando vedemmo l'**insegna**.*

INSEGNANTE [in-se-gnàn-te] *nome*

• Chi insegna per professione

*Da grande mi piacerebbe fare l'**insegnante**.*

INSEGNARE [in-se-gnà-re] *verbo*

• Spiegare e far imparare una materia, un'arte, una tecnica per mezzo di lezioni teoriche e pratiche

*Altolà sta cercando di **insegnare** a Bull i segnali stradali.*

• Fare l'insegnante

*Mia zia **insegna** da molti anni in una scuola media.*

INSEGUIRE [in-se-guì-re] *verbo*

• Correre dietro a qualcuno che fugge per raggiungerlo o catturarlo

*Il gatto si diverte un mondo a **inseguire** gli uccellini.*

A B C D E F G H I L M N O P Q R S T U V Z

INSERIRE [in-se-rì-re] *verbo*

• Mettere una cosa dentro un'altra, infilare, introdurre

*Ricordati di **inserire** nella busta anche la tua fotografia.*

INSETTO [in-sèt-to] *nome*

• Piccolo animale con sei zampe, due antenne e spesso una o due paia di ali

*Le ali di molti **insetti** hanno dei colori bellissimi.*

INSIPIDO [in-sì-pi-do] *aggettivo*

• Privo di sapore, poco saporito

*La minestra è **insipida**, bisogna aggiungere un po' di sale.*

INSISTERE [in-sì-ste-re] *verbo*

• Continuare a fare qualcosa con ostinazione

*Non **insistere** a chiedermi di uscire, tanto non ti lascio!*

INSODDISFATTO [in-sod-di-sfàt-to] *aggettivo*

• Non soddisfatto, scontento

*La signora Porcelli è **insoddisfatta** di come l'ha servita Coccodrill, perché ha mescolato il gelato al limone con quello al cioccolato.*

INSOLITO [in-sò-li-to] *aggettivo*

- Diverso dal solito o fuori dal normale, strano

Pardy ha trovato un modo piuttosto ***insolito*** *per asciugare la biancheria.*

INSUCCESSO [in-suc-cès-so] *nome*

- Mancato successo, fallimento

Stavolta per Tip Tap il salto del ruscello è stato un ***insuccesso****!*

INSULTARE [in-sul-tà-re] *verbo*

- Offendere gravemente con insulti

La maestra ci ha detto che non bisogna mai ***insultare*** *le persone.*

INSULTO [in-sùl-to] *nome*

- Parola o atto che offende gravemente

Altolà consiglia a Camel di evitare gli ***insulti****, se no, oltre alla multa, dovrà passare dei guai molti seri.*

INTATTO [in-tàt-to] *aggettivo*

- Che non ha subito danni, non si è rotto o rovinato

Il vaso è caduto per terra, ma è rimasto ***intatto****.*

INTEGRALE [in-te-grà-le] *aggettivo*

- Intero, completo, totale

Ha chiesto al suo debitore la restituzione ***integrale*** *del prestito.*

INTELLIGENTE [in-tel-li-gèn-te] *aggettivo*

• Che ha o dimostra intelligenza

Teddy sta dimostrando anche a scuola di essere molto ***intelligente****.*

INTELLIGENZA [in-tel-li-gèn-za] *nome*

• Capacità di usare la mente, di ragionare, riflettere e giudicare

Ha risolto quel problema dando prova di notevole ***intelligenza****.*

INTENSO [in-tèn-so] *aggettivo*

• Molto forte, acuto, profondo, saporito

Questa cioccolata al peperoncino ha un profumo davvero ***intenso****.*

INTENZIONE [in-ten-zió-ne] *nome*

• Idea, volontà di fare qualcosa; proposito, progetto

Hai per caso ***intenzione*** *di uscire questa sera?*

INTERESSARE [in-te-res-sà-re] *verbo*

• Suscitare interesse

La nuova gelatiera di Violetta sembra ***interessare*** *molto tutti i suoi amici.*

• Riguardare

L'inquinamento è un problema che ***interessa*** *tutta la popolazione mondiale.*

• Importare, stare a cuore

Quello che più di ogni altra cosa mi ***interessa*** *è che tu sia felice e stia bene.*

INTERESSE [in-te-rès-se] *nome*

• Attenzione, curiosità per qualcosa

Cosa starà guardando con tanto ***interesse*** *il Comandante?*

• Vantaggio, utilità

La nostra associazione difende gli ***interessi*** *dei consumatori.*

INTERNO [in-tèr-no] *aggettivo*

• Che si trova dentro

Lo stomaco è uno degli organi ***interni*** *del nostro corpo.*

nome

• La parte di dentro

*Mascherina si trova all'****interno*** *della cella, mentre Altolà si trova all'esterno.*

INTERO [in-tè-ro] *aggettivo*

• Completo, che non manca di nessuna parte

Tigrotto sta controllando i pezzi per essere sicuro che Robotto sia ancora tutto ***intero****.*

• Tutto quanto

Nel corso dei suoi viaggi ha girato il mondo ***intero****.*

• Intatto, non spezzato

Questo bicchiere deve essere infrangibile: è caduto per terra ma è ancora ***intero****.*

INTERROGARE [in-ter-ro-gà-re]
verbo

• Fare a qualcuno una serie di domande
*La maestra **interroga** in aritmetica.*

INTERROMPERE [in-ter-róm-pe-re] *verbo*

• Smettere di fare qualcosa
*Ogni tanto **interrompeva** il lavoro per riposarsi.*

• Bloccare, far cessare qualcosa

*L'arbitro ha deciso di **interrompere** il combattimento perché tutti e due i pugili sono finiti a terra.*

INTERVENIRE [in-ter-ve-nì-re] *verbo*

• Inserirsi in una situazione per farla cambiare
*Jumbo e Rinocò stanno litigando e nessuno dei due vuole mollare la sciarpa: così Topo Bigio pensa di **intervenire** con le forbici.*

• Partecipare a qualcosa

*Al pranzo di nozze dei merli **sono intervenuti** molti loro amici.*

INTESA [in-té-sa] *nome*

• Accordo

*I sindacati hanno raggiunto un'**intesa** con il governo.*

• Collaborazione, armonia

*Tra tutti i bambini della nostra classe c'è molta **intesa**.*

INTRODURRE [in-tro-dùr-re] *verbo*

• Mettere dentro, inserire, infilare

***Introdusse** la chiave nella serratura e aprì la porta.*

• Diffondere, mettere in uso qualcosa di nuovo

*Anche nelle scuole elementari si comincia a **introdurre** il computer.*

INTUIRE [in-tu-ì-re] *verbo*

• Comprendere immediatamente qualcosa senza bisogno di rifletterci

***Intuì** che il pericolo era imminente e cominciò a scappare.*

INUTILE [i-nù-ti-le] *aggettivo*

• Che non serve a nulla, che non produce nessun risultato

*Cercò di convincerlo a venire, ma i suoi sforzi furono **inutili**.*

INVENTARE [in-ven-tà-re]
verbo

• Ideare per primo una cosa nuova

*Lo gnomo falegname **ha inventato** una specie di ascensore per gli animali che hanno la tana nell'albero.*

• Immaginare e raccontare cose non vere

***Ha inventato** la storia del furto per non dire che aveva perduto i soldi.*

INVERNO [in-vèr-no] *nome*

• La stagione più fredda dell'anno, compresa tra l'autunno e la primavera.

*A me l'**inverno** piace solo quando c'è la neve.*

INVESTIRE [in-ve-stì-re] *verbo*

• Urtare, colpire con violenza

*Caprone **investe** Ranocchio perché l'ha bagnato di nuovo.*

INVIARE [in-vi-à-re] *verbo*

• Mandare, spedire

*Ho fatto un pacco e l'**ho inviato** per posta.*

INVIDIA [in-vì-dia] *nome*

• Sentimento di rabbia e di dispiacere per la felicità, il successo o la fortuna degli altri

*Tricheco prova una certa **invidia** per il triciclo nuovo di Ranocchio.*

INVITARE [in-vi-tà-re] *verbo*

• Chiedere a qualcuno di partecipare a qualcosa

*Ma davvero la famiglia Porcelli **aveva invitato** Jumbo a pranzo?*

INVITO [in-vì-to] *nome*

• Cortese proposta con cui si chiede a qualcuno di partecipare a qualcosa

*Questa sera i miei sono fuori: hanno ricevuto un **invito** a cena.*

• Richiesta; ordine

*Ha accettato il nostro **invito** a ritirare le dimissioni.*

IPPOPOTAMO [ip-po-pò-ta-mo] *nome*

• Grosso animale africano, con zampe corte e bocca enorme, che vive sulle rive dei fiumi e dei laghi

*Gli **ippopotami** sono molto più agili in acqua che sulla terraferma.*

A B C D E F G H I L M N O P Q R S T U V Z

IRRITARE [ir-ri-tà-re] *verbo*

• Far arrabbiare, far perdere la pazienza

*Topo Bigio ha raccontato agli elefanti una barzelletta su di loro che sembra li **abbia irritati**.*

• Provocare bruciore, infiammazione

*La luce troppo forte le **irritava** gli occhi.*

ISOLA [ì-so-la] *nome*

• Territorio completamente circondato dalle acque

*Robinson è naufragato su un'**isola** deserta e ora aspetta che passi una nave a salvarlo.*

ISTANTE [i-stàn-te] *nome*

• Brevissimo spazio di tempo, attimo, momento

*Il lampo illuminò per un **istante** la stanza buia.*

ISTRUIRE [i-stru-ì-re] *verbo*

• Fornire un insegnamento, una cultura, educare

*Von Fox è così esperto di volo che **istruisce** anche gli uccelli.*

• Dare a qualcuno consigli su come comportarsi

*La mamma mi **ha istruito** su quel che devo fare se incontro per la strada qualcuno che mi offre qualcosa.*

A B C D E F G H I L M N O P Q R S T U V Z

LABBRO [làb-bro] *nome*

• Ciascuno dei due contorni della bocca

Ho urtato contro uno spigolo e mi sono ferito a un ***labbro****.*

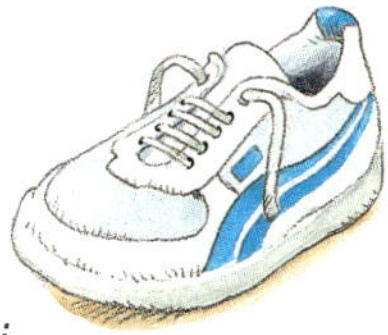

LACCIO [làc-cio] *nome*

• Corda o nastro sottile per chiudere le scarpe o un altro capo di vestiario

Le mie scarpe da ginnastica hanno i ***lacci*** *bianchi.*

LACRIMA [là-cri-ma] *nome*

• Goccia di liquido che esce dagli occhi quando si piange

Le ***lacrime*** *di Ippopò sono per la martellata sul dito che gli ha dato Kangaru.*

LADRO [là-dro] *nome*

• Chi ruba

Mascherina si è accorto che un ***ladro*** *gli ha rubato un pezzo che lui aveva rubato il giorno prima.*

A B C D E F G H I L M N O P Q R S T U V Z

LAGO [là-go] *nome*

• Massa d'acqua che occupa il fondo di una valle o una grande buca del terreno

*Nelle Alpi si trovano tanti piccoli **laghi** di montagna.*

LAMA [là-ma] *nome*

• La parte tagliente di un arnese o di un'arma

*Il coltello non taglia se la **lama** non è affilata.*

LAMENTARSI [la-men-tàr-si] *verbo*

• Emettere lamenti

*Il riccio **si lamenta** dal dolore perché si è dato una martellata sul dito.*

• Esprimere il proprio scontento, protestare

*I clienti dell'albergo si **lamentarono** che le camere erano sporche .*

LAMENTO [la-mén-to] *nome*

• Voce che esprime dolore; gemito

*Sul campo di battaglia si sentivano i **lamenti** dei feriti.*

LAMPADA [làm-pa-da] *nome*

• Apparecchio che serve a illuminare

*La **lampada** sul comodino mandava una calda luce gialla.*

LAMPO [làm-po] *nome*
• Luce abbagliante e di breve durata, prodotta da scariche elettriche nell'atmosfera durante i temporali
*I **lampi** dei fulmini illuminavano a tratti la notte buia.*

LANA [là-na] *nome*
• Il pelo della pecora e di altri animali; la fibra e i tessuti che se ne ricavano
*Il pastore tosa le pecore per ricavarne la **lana**.*

LANCIARE [lan-cià-re] *verbo*
• Gettare, scagliare qualcosa con forza
*Maialino si diverte a **lanciare** dal balcone aeroplanini di carta.*

LARGO [làr-go] *aggettivo*
• Ampio, vasto, esteso
*Un **largo** viale alberato conduceva alla villa.*

LASTRA [là-stra] *nome*
• Pezzo piatto e sottile di un materiale solido
*Il piano del tavolo era formato da una **lastra** di marmo.*

LATO [là-to] *nome*
• Parte esterna, fianco di qualcosa
*Giraffa ha dovuto accontentarsi del **lato** corto del tavolo.*

LATTE [làt-te] *nome*

- Liquido bianco prodotto dalle femmine dei mammiferi, di cui si nutrono i loro piccoli nei primi mesi di vita

*Io bevo un bicchiere di **latte** tutte le mattine.*

LAVAGNA [la-và-gna] *nome*

- Lastra di materiale duro usata per scriverci sopra con il gesso

*La maestra fa vedere alla **lavagna** come si scrivono le lettere.*

LAVARE [la-và-re] *verbo*

- Pulire qualcosa togliendo lo sporco con acqua e sapone o altre sostanze

*Cartina ha convinto Foglietto che non c'è altro modo di **lavare** le sue macchie.*

LAVORARE [la-vo-rà-re] *verbo*

- Fare un lavoro, compiere un'attività utile

*La mamma di Teddy **lavora** come infermiera in un ospedale.*

- Funzionare, essere in azione

La fabbrica lavora 24 ore su 24.

- Agire su una materia per trasformarla o darle una certa forma

*Il fabbro **lavora** il ferro battendolo sull'incudine col martello.*

LAVORO [la-vó-ro] *nome*

• Attività fisica o intellettuale rivolta a uno scopo utile o che si svolge per ricavarci un guadagno

*Il babbo di Teddy fa un **lavoro** che lo tiene molto occupato.*

• Il luogo dove si lavora

*Per andare al **lavoro** il babbo prende l'autobus.*

• Il prodotto di un'attività lavorativa

*Siamo andati a visitare una mostra di **lavori** d'artigianato.*

LEALE [le-à-le] *aggettivo*

• Che è fedele alla parola data, ai patti e si comporta con onestà, senza usare inganni

*Se non si comporta in modo **leale** non è un vero amico.*

LECCARE [lec-cà-re] *verbo*

• Passare la lingua sopra qualcosa

*Robinson e Cinghia hanno così fame che **leccano** anche i piatti!*

LEGARE [le-gà-re] *verbo*

• Attaccare una cosa a un'altra con una fune, con una catena ecc.

*Il riccio ha **legato** l'amaca a due alberi e si è messo tranquillamente a riposare nel bosco.*

LEGGE [lég-ge] *nome*

• Regola che tutti i cittadini di uno stato devono rispettare

*Quando viene stabilita una **legge**, questa è uguale per tutti.*

LEGGERE [lèg-ge-re] *verbo*

• Seguire con lo sguardo i segni della scrittura, le parole e capirne il significato

*A Teddy e ai suoi amici piace molto **leggere**.*

LEGGERO [leg-gè-ro] *aggettivo*

• Che pesa poco

*La piuma è così **leggera** che Ippopò la fa volare con il soffio.*

• Che non richiede grande sforzo o impegno

*È fortunato perché gli hanno affidato un lavoro **leggero**.*

• Debole, poco intenso

*Ieri c'è stata una **leggera** scossa di terremoto.*

LEGNA [lé-gna] *nome*

• Insieme di pezzi di rami o di tronchi da bruciare

*La **legna** seccava sotto una tettoia.*

LEGNO [lé-gno] *nome*

• Il materiale duro e compatto che si ricava dal tronco e dai rami degli alberi

*La maggior parte dei mobili sono fatti in **legno**.*

LENTE [lèn-te] *nome*
- Disco trasparente di vetro (o anche di plastica) che ha le superfici curve e la proprietà di ingrandire o rimpicciolire le immagini

*Talpa usa la **lente** per guardare i suoi francobolli.*

LENTO [lèn-to] *aggettivo*
- Che si muove con scarsa velocità o ci mette molto a fare qualcosa

*A Chiocciola non sembra affatto che Tartaruga sia **lenta**.*

LENZA [lèn-za] *nome*
- Filo sottile e trasparente a una cui estremità si attacca l'amo da pesca

*Teddy sta pronto a tirare la **lenza** appena il pesce abboccherà all'amo.*

LENZUOLO [len-zuò-lo] *nome*
- Ciascuno dei due teli che si stendono sul letto e tra i quali si dorme

*Oggi la mamma ha cambiato le **lenzuola** del mio letto.*

LEONE [le-ó-ne] *nome*
- Grosso felino con la criniera che vive in Africa

*Il **leone** viene chiamato «il re della foresta».*

LETTERA [lèt-te-ra] *nome*

• Ciascuno dei segni di un alfabeto

L'alfabeto italiano è formato da 21 ***lettere****.*

• Foglio scritto che si spedisce a qualcuno chiuso in una busta

Qualcuno ha scritto una ***lettera*** *a Orsetto.*

LETTO [lèt-to] *nome*

• Mobile su cui si pongono il materasso, le lenzuola, le coperte e su cui ci si stende per riposare o dormire

Io dormo su un ***letto*** *di legno.*

LEVARE [le-và-re] *verbo*

• Alzare

Passò un elicottero e tutti ***levarono*** *gli occhi al cielo.*

• Togliere, portar via

La pasta è cotta, possiamo ***levare*** *la pentola dal fuoco.*

LEZIONE [le-zió-ne] *nome*

• Insegnamento dato da un insegnante a uno o più allievi per un certo tempo

In questa classe non tutti gli allievi stanno attenti alla ***lezione****.*

• La parte di una materia che si deve studiare di volta in volta

Hai già studiato la ***lezione*** *di geografia per domani?*

LIBERO [lì-be-ro] *aggettivo*

• Che non è chiuso in prigione, né legato o incatenato
*Alla fine il prigioniero fu lasciato **libero**.*

• Che non è sottoposto a nessuno ed è padrone di decidere e agire come vuole
*Prima dell'arrivo dei coloni bianchi i pellirosse cavalcavano **liberi** per le praterie dell'America.*

• Non occupato, sgombro
*Sul cartello c'era scritto: «Si prega di lasciare **libero** il passaggio».*

LIBERTÀ [li-ber-tà] *nome*

• La condizione di chi è libero
*Dopo cinque anni di carcere il detenuto fu rimesso in **libertà**.*

• Possibilità e diritto di pensare e agire come si vuole
*Se non ci fosse **libertà** di parola vivremmo in una dittatura.*

LIBRERIA [li-bre-rì-a] *nome*

• Negozio in cui si vendono libri
*Nella **libreria** all'angolo c'è anche uno spazio per i bambini.*

• Mobile per contenere libri
*Nella mia stanza c'è anche una **libreria**.*

LIBRO [lì-bro] *nome*

• Insieme di fogli stampati, cuciti o incollati tra loro e racchiusi da una copertina
*A Natale mi hanno regalato molti **libri** illustrati.*

A B C D E F G H I L M N O P Q R S T U V Z

LIETO [liè-to] *aggettivo*

• Felice, contento

*Maialino è **lieto** perché finalmente può andare a giocare al pallone.*

• Piacevole, allegro

*Ho passato una **lieta** giornata in compagnia dei miei amici.*

LIEVE [liè-ve] *aggettivo*

• Leggero

*Cartina e Foglietto sono così **lievi** che volano via con un soffio.*

• Non grave, non violento, debole

*Ho solo un **lieve** raffreddore, ma è meglio che oggi non esca.*

LIMITARE [li-mi-tà-re] *verbo*

• Circondare uno spazio con dei confini

*Il giardino **era limitato** da una siepe.*

• Contenere, ridurre entro certi limiti

*La mamma ha detto che quest'anno dobbiamo **limitare** le spese.*

LIMITE [lì-mi-te] *nome*

• Linea di confine o di divisione

*Il tiro di Camel è rimasto dentro i **limiti** del campo.*

• Livello, punto o termine che non deve essere superato

*Ha preso una multa perché ha superato i **limiti** di velocità.*

LIMONE [li-mó-ne] *nome*

- Albero sempreverde che dà frutti gialli dal sapore acido; il frutto stesso

*Per me il **limone** ha un gusto troppo aspro.*

LIMPIDO [lìm-pi-do] *aggettivo*

- Chiaro, pulito e trasparente

*L'acqua della sorgente era **limpida** e fresca.*

LINEA [lì-ne-a] *nome*

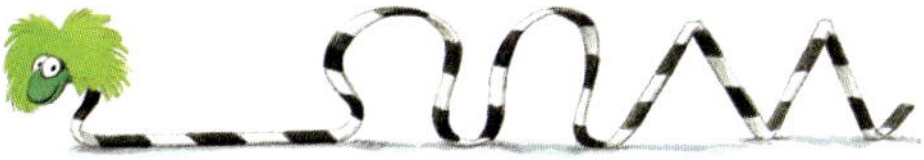

- Segno lungo e sottile

*Fettuccia col suo corpo può formare qualsiasi tipo di **linea**.*

LINGUA [lìn-gua] *nome*

- Organo mobile posto nella bocca

*Ieri per sbaglio mi sono morsicato la **lingua**.*

- Sistema di parole e regole usato per comunicare tra le persone che vivono in un certo territorio

*Panda parla la **lingua** cinese oltre a quella italiana.*

LIQUIDO [lì-qui-do] *aggettivo*

- Si dice di tutte le sostanze come l'acqua, che cioè non sono né solide né gassose

*Maialino si è accorto a sue spese che l'acqua congelando da **liquida** diventa solida.*

nome

- Sostanza liquida

*Il vino è un **liquido** alcolico.*

LISCIO [lì-scio] *aggettivo*

- Che ha una superficie regolare, uniforme, non ruvida

Sembra che Leonstein non si piaccia molto con i capelli ***lisci****.*

LISTA [lì-sta] *nome*

- Elenco di nomi o di cose scritto su un foglio di carta

Teddy sta scrivendo la ***lista*** *degli invitati alla sua festa.*

LIVELLO [li-vèl-lo] *nome*

- Altezza di qualcosa rispetto a qualcos'altro

La cantina si trova al di sotto del ***livello*** *stradale.*

- Altezza a cui giunge la superficie di una massa liquida

La barca del Comandante è andata a fondo e ormai solo l'albero spunta dal ***livello*** *dell'acqua.*

LOCALE[1] [lo-cà-le] *aggettivo*

- Caratteristico di un luogo

In Sardegna ho visitato una mostra dell'artigianato ***locale****.*

LOCALE[2] [lo-cà-le] *nome*

- Stanza

Il nostro appartamento è composto di quattro ***locali*** *più il bagno.*

- Ambiente pubblico di ritrovo e di spettacolo

I ***locali*** *notturni restano aperti fino a tarda notte.*

LODARE [lo-dà-re] *verbo*
• Rivolgere a qualcuno parole di lode, di approvazione
*La maestra ci **loda** quando ci comportiamo bene.*

LOTTA [lòt-ta] *nome*
• Combattimento corpo a corpo tra persone o tra animali
*La **lotta** tra i due orsetti è scoppiata per un vasetto di miele.*

• Azione contro o per qualcosa
*Tante persone sono impegnate nella **lotta** per la pace.*

LUCCIOLA [lùc-cio-la] *nome*
• Piccolo insetto che emette dal suo corpo una debole luce

*Le **lucciole** si vedono soprattutto nelle notti di giugno.*

LUCE [lù-ce] *nome*
• Ciò che rischiara permettendo ai nostri occhi di vedere le cose
*La **luce** del sole filtrava tra gli alberi.*

• Lampada, fanale, faro
*La strada buia era illuminata ogni tanto dalle **luci** dei veicoli.*

A B C D E F G H I L M N O P Q R S T U V Z

A B C D E F G H I L M N O P Q R S T U V Z

LUCIDO [lù-ci-do] *aggettivo*

• Che brilla riflettendo la luce

*Come è **lucido** il pavimento dopo che si è data la cera!*

LUNA [lù-na] *nome*

• Il satellite che gira intorno alla Terra

*Nel cielo notturno brillava uno spicchio di **luna**.*

LUNGO [lùn-go] *aggettivo*

• Che ha una lunghezza notevole o superiore al normale

*La singora Rinocò è venuta alla festa con un abito dal **lungo** strascico.*

• Che dura molto

*Lo zio è tornato da poco dopo un **lungo** viaggio.*

LUOGO [luò-go] *nome*

• Parte limitata della superficie terrestre; zona, località, posto

*Viaggiando si possono conoscere nuovi **luoghi**.*

LUPO [lù-po] *nome*

• Mammifero carnivoro selvatico simile al cane

*I **lupi** vivono in branchi nei boschi e nelle zone di montagna.*

MACCHIA [màc-chia] *nome*

• Segno di sporco (o di colore diverso) sopra qualcosa

*Per lavare le sue **macchie** Foglietto deve entrare nella lavatrice.*

MACCHIARE [mac-chià-re] *verbo*

• Sporcare con una macchia

*Guarda come **hai macchiato** il vestito di sugo!*

MACCHINA [màc-chi-na] *nome*

• Congegno meccanico che sostituisce o facilita il lavoro dell'uomo

*Porcelli sta guidando la mietitrebbia, una **macchina** agricola che permette di mietere e trebbiare il grano nello stesso tempo.*

• Automobile

*Le strade delle città sono tutte ingombre di **macchine** parcheggiate.*

MADRE [mà-dre] *nome*
• Donna che ha dei figli
*Mia zia è la **madre** dei miei cugini.*

MAESTRA [ma-è-stro] *nome*
• Insegnante di una scuola primaria
*La mia **maestra** mette gli occhiali quando deve leggere.*

MAGGIORE [mag-gió-re] *aggettivo*
• Più grande
*Bongo non può giocare all'altalena con Tip Tap perché il suo peso è molto **maggiore**.*
• Più vecchio d'età, nato prima
*Anche se sono piccolo, per la mia sorellina sono il fratello **maggiore**.*

MAGLIONE [ma-glió-ne] *nome*
• Indumento di lana pesante, con maniche lunghe, che si indossa in genere sopra la camicia
*Oggi Chioccia ha tanto freddo che si è infilata addirittura due **maglioni**.*

MAGNIFICO [ma-gnì-fi-co] *aggettivo*
• Bellissimo, splendido, meraviglioso
*Per tutta la settimana abbiamo avuto un tempo **magnifico**.*

MAGO [mà-go] *nome*

- Personaggio di fiabe e leggende, capace di compiere prodigi e magie

A Teddy piacerebbe essere un ***mago*** *soprattutto quando ha voglia di gelato.*

MAGRO [mà-gro] *aggettivo*

- Che ha poca carne, poco grasso intorno alle ossa

È così ***magro*** *che gli si vedono le ossa sotto la pelle.*

MALATO [ma-là-to] *aggettivo*

- Che è stato colpito da una malattia

Gazza Ladra è a letto ***malata*** *con l'influenza.*

MALATTIA [ma-lat-tì-a] *nome*

- Cattivo funzionamento del nostro corpo o di una sua parte, che fa star male e può causare dolore

Un mio compagno è a casa da scuola per una ***malattia*** *infettiva.*

MALE [mà-le] *nome*

- Cosa cattiva, ingiusta o dannosa

Volpino fa ***male*** *a sporcare il muro con i suoi disegni.*

- Dolore, sofferenza

Babau ha preso una testata picchiando sotto la scala e ora sente un gran ***male****.*

MALTEMPO [mal-tèm-po] *nome*

• Brutto tempo atmosferico

*A causa del **maltempo** Violetta dovrà rimandare la sua festa.*

MALTRATTARE [mal-trat-tà-re] *verbo*

• Trattare male, in modo violento o crudele, una persona o un animale

*Mi fa soffrire quando vedo che **maltrattano** un animale.*

MAMMA [màm-ma] *nome*

• Madre

***Mamma** Coniglietti va a far la spesa con i suoi figli.*

MAMMIFERI [mam-mì-fe-ri] *nome*

• Animali le cui femmine allattano i piccoli

*Anche noi esseri umani facciamo parte dei **mammiferi**.*

MANCANZA [man-càn-za] *nome*

• Assenza, insufficienza

*Ha detto che non è potuto venire per **mancanza** di tempo.*

MANCARE [man-cà-re] *verbo*

• Non esserci, essere assente

*L'addetto controlla che non **manchi** nessuna delle casse da spedire.*

• Restare da trascorrere per arrivare a un certo momento

***Manca** ormai solo una settimana prima delle feste.*

MANCIA [màn-cia] *nome*

- Somma di denaro che si regala a chi presta un servizio

Camel è un gran riccone
e lascia sempre ***mance***
molto generose.

MANCINO [man-cì-no] *nome*

- Persona che usa di preferenza la mano sinistra al posto della destra

Nella mia classe i ***mancini*** *sono tre.*

MANDARE [man-dà-re] *verbo*

- Far andare qualcuno in un luogo

Mi ***hanno mandato*** *al forno a comprare il pane.*

- Inviare, spedire qualcosa a qualcuno

Mi piace ***mandare*** *cartoline agli amici dai posti di vacanza.*

MANGIARE [man-già-re] *verbo*

- Mettere in bocca e inghiottire un cibo; consumare un pasto, nutrirsi

Oscar è sicuro che a questo
tavolo ***ha mangiato*** *Bongo.*

MANICA [mà-ni-ca] *nome*

- Parte di un indumento che ricopre il braccio

A questo vestito ho accorciato una
manica *che era più lunga dell'altra.*

A B C D E F G H I L M N O P Q R S T U V Z

MANICO [mà-ni-co] *nome*

• Parte di un oggetto che serve per prenderlo in mano, sollevarlo, trasportarlo, adoperarlo

Questa zuppiera ha due ***manici****.*

MANIERA [ma-niè-ra] *nome*

• Modo

È vero che ti ha offeso, ma tu hai reagito in ***maniera*** *sbagliata.*

MANIGLIA [ma-nì-glia] *nome*

• Parte di oggetti come porte, finestre, cassetti, valigie, che serve per aprirli e chiuderli, sollevarli o trasportarli

Puf e Paf hanno tirato contemporaneamente da parti opposte la ***maniglia*** *della porta.*

MANO [mà-no] *nome*

• Parte finale delle braccia che termina con le dita

I due amici si salutarono stringendosi la ***mano****.*

MANOVRA [ma-nò-vra] *nome*

• Insieme delle operazioni da eseguire per far funzionare una macchina o per guidare un mezzo di trasporto

*Tigrotto ha completamente sbagliato la **manovra** di partenza.*

MANTELLO [man-tèl-lo] *nome*

• Indumento lungo e ampio, senza maniche, che in passato si indossava sopra gli altri abiti

*Il cavaliere si tolse il **mantello** e lo donò al vecchio infreddolito.*

MANUBRIO [ma-nù-brio] *nome*

• Tubo con due impugnature alle estremità, che serve a girare lo sterzo di biciclette e motociclette.

*Maialino sta ben attento a non togliere mai le mani dal **manubrio** del suo scooter.*

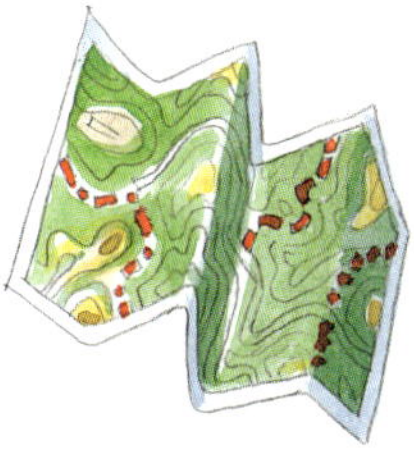

MAPPA [màp-pa] *nome*

• Foglio su cui è rappresentata in modo dettagliato una zona limitata di terreno

*A scuola stiamo imparando a leggere i simboli usati nelle **mappe**.*

MARCIAPIEDE [mar-cia-piè-de] *nome*

- Parte rialzata di una strada, riservata ai pedoni

*Il **marciapiede** non è il posto giusto per giocare con lo skateboard!*

MARCIO [màr-cio] *aggettivo*

- Si dice di un cibo che è andato a male e non si può più mangiare

*La frutta lasciata fuori dal frigorifero era diventata **marcia**.*

MARE [mà-re] *nome*

- Grande massa di acqua salata

*È bello d'estate giocare sulla spiaggia in riva al **mare**.*

MARINAIO [ma-ri-nà-io] *nome*

- Chi lavora a bordo di una nave

*I **marinaio** salutano il loro capitano.*

MARIONETTA [ma-rio-nét-ta] *nome*

- Fantoccio che viene manovrato dall'alto per mezzo di fili collegati alle braccia e alle gambe

*A scuola abbiamo visto uno spettacolo di **marionette**.*

MARMELLATA [mar-mel-là-ta] *nome*

- Cibo fatto di frutta cotta a lungo con molto zucchero

*Mia nonna d'estate prepara delle **marmellate** squisite.*

MARTELLO [mar-tèl-lo] *nome*

- Attrezzo per battere, formato da un blocco di ferro fissato a un manico di legno

*Bull aveva chiesto a Bongo di provare col **martello** la resistenza del suo elmetto nuovo.*

MASCHERA [mà-sche-ra] *nome*

- Volto finto di cartapesta o altro materiale che si porta sul viso per nasconderlo

*A Carnevale mi sono messo la **maschera** di Arlecchino.*

- Arnese o apparecchio che si applica al volto per proteggerlo

*Tutti gli amici sono venuti alla festa di Puzzola con la **maschera** antigas!*

MASSA [màs-sa] *nome*

- Quantità di materia che forma un tutto unico

*La slavina seppellì molte case sotto una **massa** di neve.*

- Gran quantità, mucchio

*Sul pavimento della stanza era accatastata una **massa** di libri.*

MASSIMO [màs-si-mo] *aggettivo*

• Il più grande, il più alto

*Coccodrill accoglie Mister Dollar nel suo negozio con la **massima** cortesia, perché spera che faccia molti acquisti.*

nome

• Il livello, il grado più elevato di qualcosa

*Le auto raggiungevano sul rettilineo il **massimo** della velocità.*

MASSO [màs-so] *nome*

• Sasso o pezzo di roccia di grandi dimensioni

*Lungo il sentiero di montagna dei segni dipinti su alberi e **massi** indicavano il percorso da seguire.*

MASTICARE [ma-sti-cà-re] *verbo*

• Schiacciare e tritare con i denti

***Masticare** bene il cibo aiuta a digerirlo meglio.*

MATEMATICA [ma-te-mà-ti-ca] *nome*

• Scienza che studia i numeri e le figure geometriche

*Teddy non è molto bravo in **matematica** e gli capita di fare qualche errore.*

MATERASSO [ma-te-ràs-so] *nome*

• Sacco di stoffa imbottito di materiali soffici ed elastici, che si stende sul piano del letto

*Io dormo su un **materasso** di gommapiuma.*

MATERIA [ma-tè-ria] *nome*

• Sostanza di cui è fatto un corpo o un oggetto

La plastica è una ***materia*** *che si ricava dal petrolio.*

• Disciplina che si studia o si insegna a scuola

Il disegno e la geografia sono le ***materie*** *che preferisco.*

MATERIALE [ma-te-rià-le] *nome*

• Ogni materia, oggetto o strumento che serve per svolgere un'attività o fare un lavoro

Del ***materiale*** *da disegno fa parte la gomma per cancellare.*

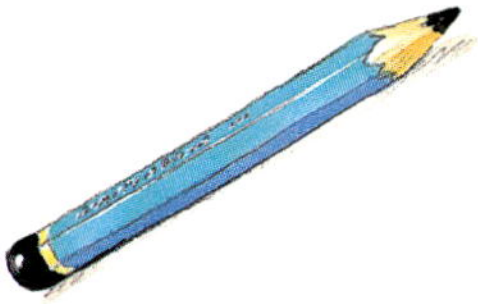

MATITA [ma-tì-ta] *nome*

• Strumento per scrivere, disegnare o colorare

Mi piace fare la punta alle ***matite****.*

MATTINA [mat-tì-na] *nome*

• Parte del giorno compresa tra l'alba e il mezzogiorno

La ***mattina*** *mi devo alzare presto per andare a scuola.*

MATTO [màt-to] *aggettivo*

• Che è privo della ragione o si comporta in modo insensato

Deve essere diventato ***matto*** *per fare una sciocchezza del genere.*

MATURO [ma-tù-ro] *aggettivo*

• Che ha raggiunto il suo completo sviluppo

Nei campi si vedevano le spighe dorate del grano ***maturo****.*

MAZZO [màz-zo] *nome*

- Insieme di cose unite o legate assieme

*Topo Bigio si è presentato alla sua fidanzata con un **mazzo** di fiori in mano.*

- Serie completa di carte da gioco

*Ho comprato un nuovo **mazzo** di carte.*

MECCANICO [mec-cà-ni-co] *nome*

- Operaio o tecnico specializzato nella riparazione di macchine e meccanismi

*Tigrotto è un bravo **meccanico**, Rinocò non si fida comunque...*

MECCANISMO [mec-ca-nì-smo] *nome*

- L'insieme degli elementi che compongono una macchina o un congegno

*Nel **meccanismo** di un orologio ci sono tante piccole rotelle.*

MEDAGLIA [me-dà-glia] *nome*

- Dischetto di metallo simile a una moneta con figure e scritte su una o su entrambe le facce

*Foto del generale Porcelli con **medaglia** al petto.*

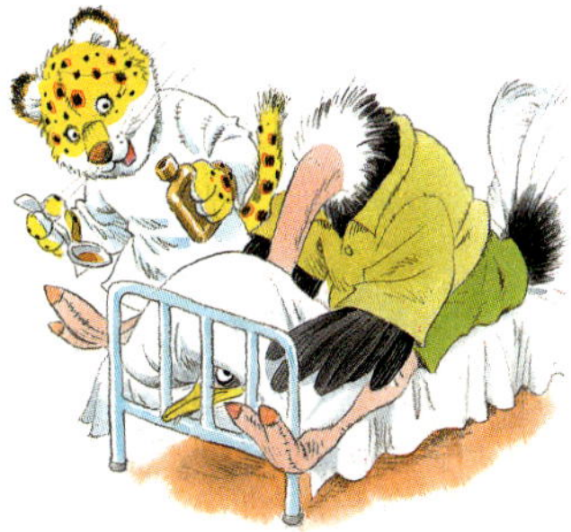

MEDICINA [me-di-cì-na] *nome*
• Sostanza che serve a curare malattie e disturbi
Riuscirà il dottor Spotty a persuadere Struzzo a prendere la ***medicina****?*

MEDICO [mè-di-co] *nome*
• Persona che ha studiato le malattie e i mezzi per curarle
Il ***medico*** *ha ricevuto una chiamata urgente e corre dal malato.*

MEDIO [mè-dio] *aggettivo*
• Che sta nel mezzo tra due estremi, centrale
È una persona di ***media*** *età, né giovane né vecchia.*

MELA [mé-la] *nome*
• Il frutto del melo
Mi piacciono le ***mele*** *croccanti e ancora un po' acerbe.*

MEMBRO [mèm-bro] *nome*
• Ogni singolo componente di un gruppo, di un'associazione, di un organismo
Questi tre orsetti sono ***membri*** *della redazione di un giornale.*

A B C D E F G H I L M N O P Q R S T U V Z

MEMORIA [me-mò-ria] *nome*

• Capacità di ricordare

*Il nonno dice spesso che sta perdendo la **memoria**.*

MENTE [mén-te] *nome*

• La testa intesa come organo e sede del pensiero

*A Maialino è venuta in **mente** una bella idea.*

MENTIRE [men-tì-re] *verbo*

• Dire il falso

*Il giudice avvisa Mascherina che se **mentirà** ancora lo manderà in prigione.*

MENTO [mén-to] *nome*

• La parte inferiore del viso, sotto la bocca

*Lo zio si è fatto crescere sul **mento** una barbetta da capra.*

MERAVIGLIA [me-ra-vì-glia] *nome*

• Sentimento di sorpresa provocato da una cosa nuova, strana o straordinaria

*Teddy ha trovato in soffitta un vecchio baule e ha scoperto con sua **meraviglia** che era pieno di un sacco di cose belle e interessanti.*

MERAVIGLIOSO [me-ra-vi-glió-so] *aggettivo*

• Bellissimo, stupendo, magnifico

Stasera c'è un tramonto ***meraviglioso****.*

MERCATO [mer-cà-to] *nome*

• Luogo, spesso all'aperto, in cui si vendono su bancarelle prodotti alimentari e di consumo

Il signor Porcelli è venuto al ***mercato*** *a vendere le sue angurie.*

MERCE [mèr-ce] *nome*

• Ogni prodotto messo in commercio e destinato alla vendita

Nei centri commerciali si trovano ***merci*** *di ogni genere.*

MERENDA [me-rèn-da] *nome*

• Pasto leggero che si consuma a metà del pomeriggio

Per ***merenda*** *mangio quasi sempre latte e biscotti.*

MERITARE [me-ri-tà-re] *verbo*

• Essere degno di avere o ricevere qualcosa

La nostra squadra ha giocato bene e ***ha meritato*** *di vincere la coppa.*

MESCOLARE [me-sco-là-re] *verbo*

• Unire cose o sostanze diverse in modo che si fondano tra loro

La mamma sta ***mescolando*** *lo zucchero e la farina per fare la torta.*

MESE [mé-se] *nome*

• Ciascuno dei dodici periodi in cui è diviso l'anno

La scuola inizia nel ***mese*** *di settembre e finisce nel* ***mese*** *di giugno.*

MESSAGGIO [mes-sàg-gio] *nome*

• Notizia, comunicazione trasmessa ad altri

Il comandante ha mandato via radio un ***messaggio*** *d'aiuto, ma forse è già troppo tardi.*

MESTIERE [me-stiè-re] *nome*

• Attività lavorativa, specialmente di tipo manuale

A Teddy da grande piacerebbe fare di ***mestiere*** *il ferroviere.*

METÀ [me-tà] *nome*

• Ciascuna delle due parti uguali in cui si può dividere una cosa

C'era una sola mela per due e così l'abbiamo divisa a ***metà****.*

• Il punto di mezzo di qualcosa

Siamo ormai arrivati alla ***metà*** *del viaggio.*

METTERE [mét-te-re] *verbo*

• Porre, collocare

*Spino **mette** ad asciugare le parti dell'auto dopo averle lavate.*

• Attaccare, applicare

*Ricordati di **mettere** il francobollo alla lettera prima di spedirla.*

• Causare, provocare

*Ieri sera ho visto un film che mi **ha messo** paura.*

• Impiegare

*Per arrivare qui ci **ho messo** due ore perché c'era molto traffico.*

MIAGOLARE [mia-go-là-re] *verbo*

• Fare il verso del gatto

*Il mio gattino **miagola** quando ha fame, ma anche quando vuole farsi accarezzare.*

MICROFONO [mi-crò-fo-no] *nome*

• Apparecchio elettrico che permette di trasmettere e registrare i suoni o di riprodurli con maggiore potenza

*Accendi il **microfono** prima di parlare!*

MIELE [miè-le] *nome*

• Sostanza molto dolce prodotta dalle api

*La mamma mi ha preparato per merenda delle fette di pane spalmate di burro e **miele**.*

MIETERE [miè-te-re] *verbo*

• Tagliare e raccogliere le spighe del grano maturo o degli altri cereali

*Porcelli è felice quando **miete** perché ha finalmente i frutti del suo lavoro.*

MIGLIORARE [mi-glio-rà-re] *verbo*

• Rendere migliore

*La nuova lampada **ha migliorato** l'illuminazione della stanza.*

• Diventare migliore, fare progressi

*Per fortuna il tempo **è migliorato**, ero stanco della pioggia.*

MIGLIORE [mi-gliò-re] *aggettivo*

• Più buono, più bello, più bravo, più utile, più efficace, più conveniente

*Non c'è nessuno **migliore** di Piumino nel fare acrobazie sullo skateboard: è veramente un campione!*

MIGNOLO [mì-gno-lo] *nome*

• Il quinto e più piccolo dito della mano e del piede

*Mi sono schiacciato un **mignolo** della mano dentro la porta.*

MINACCIA [mi-nàc-cia] *nome*

• Atto con cui si promette a qualcuno di fargli qualcosa di male se non farà quello che gli si dice

*Ha ricevuto **minacce** di morte se non accetta di andarsene.*

MINACCIARE [mi-nac-cià-re] *verbo*

• Spaventare qualcuno con minacce

*Ranocchio è spaventatissimo perché Igor l'**ha minacciato** che, se non trova nient'altro da mangiare, mangerà lui!*

MINESTRA [mi-nè-stra] *nome*

• Piatto di pasta o riso cotti in brodo, per lo più con verdure

*La mamma dice che la **minestra** fa bene, però io preferisco la pastasciutta.*

MINIERA [mi-niè-ra] *nome*

• Giacimento di minerali dotato degli impianti necessari per estrarli

*Talpa lavora duramente tutto il giorno in una **miniera** d'oro, ma guadagna poco.*

MINIMO [mì-ni-mo] *aggettivo*

• Molto piccolo o il più piccolo

*Quel ragazzo non ha la **minima** voglia di studiare.*

• La quantità più piccola possibile

*Dobbiamo cercare di ridurre le spese al **minimo**.*

MINORE [mi-nó-re] *aggettivo*

• Più piccolo, inferiore

*È andato e tornato in un tempo **minore** del previsto.*

• Più giovane d'età

*Il coniglietto è contento di avere un fratellino **minore**.*

MIRARE [mi-rà-re] *verbo*

• Puntare un'arma contro un bersaglio per colpirlo

*Maialino **mirava** a Piumino, ma ha colpito la signora Rinocò.*

MISERIA [mi-sè-ria] *nome*

• Grande povertà

*Molte persone emigrano dal loro paese per sfuggire alla **miseria**.*

MISTERO [mi-stè-ro] *nome*

• Fatto che non si riesce a spiegare o di cui non si sa nulla

*È un vero **mistero** come abbia fatto Von Fox a finire con il suo aereo in mezzo al traffico cittadino.*

MISTO [mì-sto] *aggettivo*

• Composto da elementi diversi

*Per contorno c'era un bel piatto d'insalata **mista**.*

• Mescolato con altri elementi

*Faceva freddo e cadeva pioggia **mista** a neve.*

MISURARE [mi-su-rà-re] *verbo*

• Calcolare la misura, le dimensioni di qualcosa

*Solo ora il sarto si rende conto che ha completamente sbagliato a **misurare** i pantaloni di Lupo Attila.*

MOBILE [mò-bi-le] *aggettivo*

• Che può muoversi o essere mosso, spostato

*Ai grandi magazzini sono salito sulle scale **mobili**.*

nome

• Ciascuno degli oggetti (tavoli, sedie, armadi, letti ecc.) che formano l'arredamento di una casa

*Al babbo piacciono i **mobili** antichi, ma io preferisco quelli moderni.*

MODA [mò-da] *nome*

- Maniera più diffusa di vestirsi in una data epoca

*Gallo Sperone si è vestito all'ultima **moda**.*

MODELLO [mo-dèl-lo] *nome*

- Esempio perfetto, degno di essere imitato

*Quella donna è un **modello** di bontà e tutti le vogliono bene.*

- Cosa o persona che si mette davanti agli occhi per riprodurla, copiarla, ritrarla

*Tasso Tinta ha fatto un autoritratto, cioè ha preso se stesso come **modello**.*

- Prodotto industriale con particolari caratteristiche

*Abbiamo un vecchio **modello** di lavatrice, che ormai è stato sostituito dai nuovi **modelli**.*

MODERNO [mo-dèr-no] *aggettivo*

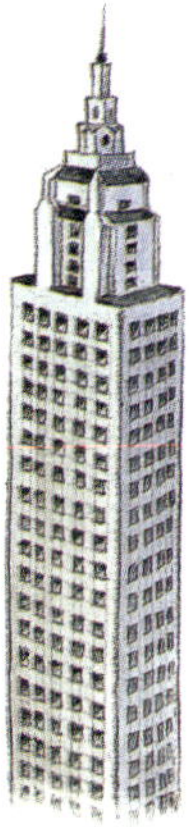

- Dell'epoca attuale, caratteristico del tempo presente

*I grattacieli sono edifici caratteristici dell'epoca **moderna**.*

MODO [mò-do] *nome*

- Maniera di vivere, di agire, di comportarsi

*Si comporta sempre in **modo** gentile con tutti.*

- Mezzo, metodo, sistema

*Ha trovato un **modo** per diminuire la fatica del suo lavoro.*

MOLLA [mòl-la] *nome*

• Oggetto elastico, per lo più di metallo, che dopo essere stato compresso o allungato torna alla sua forma originaria

*La **molla** si è rotta all'improvviso e adesso è Babau ad aver paura.*

MOLLARE [mol-là-re] *verbo*

• Lasciare andare

*I due acrobati devono saper **mollare** la presa al momento giusto.*

MOLLE [mòl-le] *aggettivo*

• Non duro, tenero, morbido, soffice

*La cera diventa **molle** quando viene riscaldata.*

MOLTO [mól-to] *aggettivo*

• Che è in gran quantità, in gran numero

*Gli allievi di Tasso Tinta stanno combinando **molti** pasticci.*

• Lungo (nel tempo o nello spazio)

*È **molto** tempo che aspetto.*

A
B
C
D
E
F
G
H
I
L
M
N
O
P
Q
R
S
T
U
V
Z

MOMENTO [mo-mén-to] *nome*

- Breve spazio di tempo, attimo, istante

*Tra un **momento** Rinocò avrà una brutta sorpresa.*

- Situazione, circostanza, occasione

*Sta ancora piovendo: aspettiamo un **momento** migliore per uscire.*

MONDIALE [mon-dià-le] *aggettivo*

- Del mondo, che riguarda tutte o la maggior parte delle nazioni del mondo

*Ho seguito alla televisione i campionati **mondiali** di sci.*

MONDO [món-do] *nome*

- La Terra

*Il mappamondo riproduce in piccolo la forma del **mondo**.*

- Insieme costituito da elementi dello stesso genere

*Quasi tutti i personaggi di questo dizionario fanno parte del **mondo** animale.*

MONETA [mo-né-ta] *nome*

- Dischetto metallico coniato dallo stato, dotato di un certo valore e che si usa come denaro

*Tip Tap oggi è fortunato: ha trovato per terra una **moneta** d'oro.*

MONOTONO [mo-nò-to-no] *aggettivo*

• Che non cambia mai, che annoia perché sempre uguale

*Ogni tanto il babbo dice che vorrebbe fare una vita meno **monotona**.*

MONTAGNA [mon-tà-gna] *nome*

• Monte

*Gli alpinisti cominciarono a scalare la **montagna**.*

• Zona montuosa

*Il babbo preferisce fare le vacanze in **montagna** piuttosto che al mare.*

• Grande quantità, mucchio

*Tommy ha ammucchiato una **montagna** di ossi.*

MONTARE [mon-tà-re] *verbo*

• Salire su qualcosa

*Siamo riusciti a **montare** appena in tempo sul treno in partenza.*

• Cavalcare

*Il fantino **montava** un cavallo molto abile nel saltare gli ostacoli.*

• Mettere insieme i vari pezzi che compongono un oggetto

*Quest'estate al campeggio ho imparato a **montare** una tenda.*

MONTE [món-te] *nome*

• Massa rocciosa che si alza dalla superficie della Terra e che può raggiungere grandi altezze

*Il **monte** Bianco è la montagna più alta delle Alpi.*

MONUMENTO [mo-nu-mén-to] *nome*

- Statua o costruzione realizzata per ricordare personaggi o avvenimenti importanti

*Questo **monumento** è dedicato a un antenato di Coccodrill, un famoso generale.*

- Edificio di grande valore storico o artistico

*Le città italiane sono ricche di **monumenti**.*

MORBIDO [mòr-bi-do] *aggettivo*

- Soffice, tenero, molle

*Il letto mi piace un po' duro, ma il cuscino deve essere **morbido**.*

MORDERE [mòr-de-re] *verbo*

- Afferare e stringere qualcosa con i denti

*Questa mela **è** già **stata morsa**, ma per il bruco va benissimo.*

MORIRE [mo-rì-re] *verbo*

- Cessare di vivere

*Quando **è morto** il mio cane, ho provato un grande dolore.*

- Soffrire fortemente per qualcosa, non poterne più

*Dammi qualcosa da bere, sto **morendo** dalla sete.*

MORMORARE [mor-mo-rà-re] *verbo*

- Parlare a bassa voce, bisbigliare

*Chissà che cosa staranno **mormorando** la signora Chioccia e le sue amiche?*

MOSCA [mó-sca] *nome*

• Insetto molto diffuso, con due ali trasparenti

*La **mosca** e la zanzara sono gli insetti più fastidiosi.*

MOSSA [mòs-sa] *nome*

• Gesto o movimento del corpo

*Ha fatto una **mossa** brusca e senza volere ha rovesciato la bottiglia.*

• Azione, iniziativa

*Il generale tentò una **mossa** di accerchiamento del nemico.*

MOSTRA [mó-stra] *nome*

• Esposizione pubblica di oggetti, prodotti, animali

*Anche la famiglia Porcelli è venuta a visitare la **mostra** di arte moderna.*

MOSTRARE [mo-strà-re] *verbo*

• Far vedere ad altri

*Quando in treno passa il controllore, bisogna **mostrargli** il biglietto.*

• Indicare

*Il cane **mostra** al topo sulla mappa il posto dove dovranno andare.*

• Spiegare, insegnare

*Oggi la maestra ci **ha mostrato** come si fa la cartapesta.*

• Dimostrare, manifestare

*Ci ha fatto un regalo per **mostrarci** la sua riconoscenza.*

A B C D E F G H I L M N O P Q R S T U V Z

MOSTRO [mó-stro] *nome*

• Creatura fantastica dall'aspetto orribile e spaventoso

*Igor è arrabbiato perché gli hanno detto che è un **mostro**.*

• Persona malvagia e crudele

*Quell'uomo è un **mostro** a trattare così i suoi figli.*

MOTIVO [mo-tì-vo] *nome*

• Causa, ragione di qualcosa

*Per quale **motivo** sei arrivato in ritardo?*

• Aria musicale

*Da lontano si sentiva una musica, un **motivo** allegro.*

MOTO [mò-to] *nome*

• Movimento

*Il professor Leonstein vorrebbe osservare il **moto** degli astri con il telescopio, ma tutto quel che vede è la schiena di Settepunti.*

• Attività fisica

*Andiamo a fare due passi, ho bisogno di fare un po' di **moto**.*

MOTOCICLETTA [mo-to-ci-clét-ta] *nome*

• Veicolo a motore a due ruote, che può trasportare fino a due persone

*Ci sono dei ragazzi che fanno in **motocicletta** spericolate acrobazie.*

MOTORE [mo-tó-re] *nome*

• Macchina capace di trasformare in movimento l'energia che la alimenta

*L'automobile si è fermata perché si è spento il **motore**.*

MOVIMENTO [mo-vi-mén-to] *nome*

• L'atto o il fatto di muoversi, di spostarsi

*Il mare è in continuo **movimento**.*

MUCCA [mùc-ca] *nome*

• Femmina adulta del bue

*Siamo andati a visitare una fattoria in campagna e abbiamo bevuto il latte appena munto dalle **mucche**.*

MUCCHIO [mùc-chio] *nome*

• Grossa quantità di materiale o di oggetti ammassati senz'ordine

*Dopo aver invitato a pranzo Ippopò, alle coccinelle è rimasto un **mucchio** di piatti da lavare.*

• Grande quantità

*Alla festa in piazza c'era un **mucchio** di gente.*

MULINO [mu-lì-no] *nome*

• L'edificio in cui si macina il grano e la macchina che lo macina

*Un tempo si vedevano molti **mulini** ad acqua lungo il bordo dei torrenti.*

MUOVERE [muò-ve-re] *verbo*

• Spostare, mettere in movimento

*Corvo Linguaccia non si può più **muovere** perché è rimasto con le zampe impigliate nel cemento.*

MURO [mù-ro] *nome*

• Costruzione fatta da più strati di pietre o mattoni messi in fila

*Mascherina scavalca il **muro** del giardino della villa in cui è andato a rubare.*

MUSICA [mù-si-ca] *nome*

• L'arte di combinare i suoni producendo melodie gradevoli da ascoltare

*A scuola stiamo studiando **musica** e imparando a leggere le note.*

• Brano musicale cantato o suonato

*Ai giovani piace andare in giro ascoltando **musica** in cuffia.*

MUSICISTA [mu-si-cì-sta] *nome*
- Compositore o esecutore di brani musicali

*Il grillo è un **musicista** e ha dedicato una canzone alle fragole.*

MUSO [mù-so] *nome*
- La parte anteriore della testa degli animali

*Si vedeva il **muso** del cane che sporgeva dal canile.*

- La parte anteriore di alcuni mezzi di trasporto

*Il camion è andato a sbattere con il **muso** contro un palo.*

MUTO [mù-to] *aggettivo*
- Che è incapace di parlare per un danno fisico o che non riesce a parlare perché bloccato da una forte emozione

*Corvo Linguaccia sta minacciando Coccodrill, che è rimasto **muto** dalla paura.*

A B C D E F G H I L M N O P Q R S T U V Z

NANO [nà-no] *nome*

• Persona di statura molto più bassa del normale

Gli gnomi delle fiabe sono ancora più bassi dei ***nani****.*

NARRARE [nar-rà-re] *verbo*

• Raccontare

Il Comandante ha invitato i suoi giovani amici e sta ***narrando*** *loro le sue avventure e i suoi viaggi intorno al mondo.*

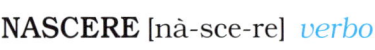

NASCERE [nà-sce-re] *verbo*

• Venire al mondo

Io ***sono nato*** *nel mese di marzo di sette anni fa.*

• Spuntare, germogliare

È primavera e sui rami degli alberi ***nascono*** *le nuove foglie.*

• Sorgere

Su questa spiaggia si vede il sole ***nascere*** *dal mare.*

• Avere origine, derivare

*I due bambini volevano lo stesso giocattolo ed **è nata** una lite.*

NASCONDERE [na-scón-de-re] *verbo*

• Mettere o tenere una cosa in un posto in cui sia difficile per gli altri vederla o trovarla

*I pirati **nascosero** il tesoro sotto terra.*

• Impedire la vista di qualcosa

*Quel palazzo ci **nasconde** la vista del mare.*

• Tenere segreto, non fare sapere quel che si pensa o si sa

*Perché mi **hai nascosto** questa notizia che sapevi da tempo?*

NASCONDIGLIO [na-scon-dì-glio] *nome*

• Luogo dove nascondersi o nascondere qualcosa

*Scimpa forse pensava di aver trovato un buon **nascondiglio**...*

NASO [nà-so] *nome*

• La parte sporgente del viso tra la fronte e la bocca

*Ho il raffredore e devo soffiarmi il **naso** di continuo.*

A B C D E F G H I L M N O P Q R S T U V Z

NASTRO [nà-stro] *nome*

• Striscia di tessuto che si usa per legare e come ornamento

*La bambina portava un cappello di paglia ornato da un **nastro** rosa.*

• Cosa a forma di striscia stretta e sottile

*Per chiudere il pacco puoi usare il **nastro** adesivo.*

NATALE [na-tà-le] *nome*

• Festa del 25 dicembre in cui si ricorda la nascita di Gesù

*Io e il babbo ci divertiamo molto a preparare l'albero di **Natale**.*

NATURA [na-tù-ra] *nome*

• L'insieme delle cose e degli esseri che formano l'universo e in particolare il mondo terrestre

*I miei genitori mi hanno sempre insegnato a rispettare la **natura**.*

• Carattere, qualità di una persona o di una cosa

*L'inquinamento è un problema di **natura** complessa.*

NATURALE [na-tu-rà-le] *aggettivo*

• Della natura, che riguarda la natura

*I terremoti sono fenomeni **naturali**.*

• Che deriva dalla natura, che non è artificiale

*I suoi capelli sono di un colore biondo **naturale**.*

• Normale, ovvio, giustificato

*È **naturale** che lui si arrabbi, se lo tratti così!*

NAUSEA [nàu-se-a] *nome*

• Stato di malessere accompagnato da un senso di vomito

*Quando vado in automobile a volte mi viene la **nausea**.*

NAVE [nà-ve] *nome*

• Imbarcazione di grandi dimensioni per il trasporto di persone o merci

*La **nave** è pronta a partire e aspetta solo l'ordine del comandante.*

NAVIGARE [na-vi-gà-re] *verbo*

• Spostarsi, viaggiare sull'acqua (per mare o su un fiume o un lago)

*Il battello **navigò** per una settimana intorno all'isola.*

NEBBIA [néb-bia] *nome*

• Massa di vapore acqueo che si condensa vicino al suolo formando una specie di nube

*A causa della **nebbia**, l'investigatore Bracco fatica a trovare la strada.*

A B C D E F G H I L M N O P Q R S T U V Z

NECESSARIO [ne-ces-sà-rio] *aggettivo*

- Di cui non si può fare a meno, indispensabile

Per avvicinarsi agli alveari delle api è ***necessario*** *proteggere il corpo con maschere e guanti.*

NEGOZIO [ne-gò-zio] *nome*

- Locale in cui si vende un qualche genere di merci

Il sogno di ogni bambino è un ***negozio*** *di giocattoli tutto per sé.*

NEONATO [ne-o-nà-to] *nome*

- Bambino appena nato

I ***neonati*** *si nutrono solo di latte e vogliono sempre il succhiotto.*

NERO [né-ro] *aggettivo*

- Del colore più scuro che ci sia e di ciò che ha questo colore

In Italia i capelli ***neri*** *sono più comuni dei capelli biondi.*

- Negativo, sfortunato, pieno di avversità

Il babbo era di cattivo umore perché ha avuto una ***giornata*** *nera.*

NEVE [né-ve] *nome*

• Acqua che cade sulla terra sotto forma di fiocchi bianchi formati da minuscoli cristalli di ghiaccio

*Quando d'inverno la **neve** copre ogni cosa, gli animali del bosco dormono nel tepore delle loro tane.*

NOCIVO [no-cì-vo] *aggettivo*

• Che fa male, dannoso

*Il fumo è molto **nocivo** per la salute.*

NODO [nò-do] *nome*

• Avvolgimento su se stesso di un filo, di un nastro, di una fune

*Teddy sta imparando a farsi da solo il **nodo** della cravatta.*

NOIA [nò-ia] *nome*

• Senso di insoddisfazione che prende quando non si ha niente di interessante da fare o da vedere e il tempo passa in modo monotono

*Il professor Leonstein non la smette di parlare e il dottor Spotty si è addormentato per la **noia**.*

• Fastidio, disturbo

*Che **noia** queste mosche, non la smettono un attimo di ronzare!*

NOME [nó-me] *nome*

- Parola che indica come si chiama una certa persona o città, regione, paese, fiume ecc.

*Il mio **nome** è Teddy.*

NONNA [nòn-na] **-** **NONNO** [nòn-no] *nome*

- La madre e il padre di uno dei propri genitori

*Il **nonno** di Teddy legge il giornale mentre la **nonna** lavora a maglia.*

NORMALE [nor-mà-le] *aggettivo*

- Solito, regolare

*Oggi sulla strada c'era il **normale** traffico di tutti i giorni.*

NOTIZIA [no-tì-zia] *nome*

- Comunicazione, informazione

*Il signor Coniglietti legge il giornale per sapere le ultime **notizie**.*

NOTO [nò-to] *aggettivo*

- Conosciuto

*In mezzo a tante facce sconosciute vide finalmente un viso **noto**.*

NOTTE [nòt-te] *nome*

• Periodo di tempo compreso fra il tramonto e il sorgere del sole

*È bello in una **notte** serena stare a guardare il cielo stellato.*

NOZZE [nòz-ze] *nome*

• Matrimonio, sposalizio

*Jumbo era un po' indeciso, ma alla fine ha accettato di fare il testimone di **nozze** al suo amico topino.*

NOVITÀ [no-vi-tà] *nome*

• Fatto nuovo, notizia recente

*Oggi non ho ancora letto il giornale: c'è qualche **novità**?*

NUMERO [nù-me-ro] *nome*

• Segno o serie di segni che indicano una precisa quantità

*A scuola abbiamo imparato a incolonnare i **numeri** per fare le operazioni aritmetiche.*

• Quantità

*Alla festa in piazza ha partecipato un gran **numero** di persone.*

• Ciascuna edizione di un giornale o di una rivista

*Hai per caso conservato l'ultimo **numero** di quella rivista di viaggi?*

NUOCERE [nuò-ce-re] *verbo*

• Causare danno, fare male

*Bere troppo caffé può **nuocere** alla salute.*

NUOTARE [nuo-tà-re] *verbo*

• Spostarsi nell'acqua eseguendo una serie di movimenti

Jumbo, Ranocchio e Tartaruga ***nuotano*** *ciascuno con uno stile diverso*

NUOVO [nuò-vo] *aggettivo*

• Fatto, costruito, accaduto, conosciuto da poco tempo

Io abito in un quartiere ***nuovo****, che pochi anni fa non c'era.*

• Che sostituisce quello precedente

Questa settimana è arrivata la ***nuova*** *insegnante di musica.*

• Che è appena iniziato o inizierà tra poco

Speriamo che l'anno ***nuovo*** *ci porti qualcosa di buono.*

NUTRIRE [nu-trì-re] *verbo*

• Fornire a un essere vivente gli alimenti o le sostanze necessarie alla vita

La rondine vola al nido a ***nutrire*** *i suoi piccoli.*

NUVOLA [nù-vo-la] *nome*

• Massa di goccioline d'acqua sospesa nel cielo

Nel cielo azzurro c'era solo qualche ***nuvola****.*

OBBLIGARE [ob-bli-gà-re] *verbo*

• Costringere qualcuno a fare qualcosa

*Le sorelle topine **obbligano** Bongo a raccogliere la buccia che aveva buttato per terra.*

OBBLIGO [òb-bli-go] *nome*

• Impegno a comportarsi in un certo modo, dovere di fare qualcosa

*Quando qualcuno attraversa le strisce pedonali gli automobilisti hanno l'**obbligo** di fermarsi.*

OBLÒ [o-blò] *nome*

• Finestrino rotondo sui fianchi delle navi o degli aerei

*Guardare dall'**oblò** è divertente, ma a volte fa anche un po' paura!*

OCA [ò-ca] *nome*

• Grosso uccello con zampe corte, collo lungo e becco appiattito, allevato per la carne e le piume

*Anche se hanno fama di essere stupide, le **oche** in realtà sono animali molto intelligenti.*

OCCASIONE [oc-ca-sió-ne] *nome*

• Situazione, circostanza

*La nonna verrà a trovarmi in **occasione** del mio compleanno.*

• Situazione o momento favorevole per qualcosa

*Questa settimana c'è lo sconto sui libri: un'**occasione** da non perdere.*

OCCHIALI [oc-chià-li] *nome*

• Coppia di lenti incastrate in una montatura che si portano per correggere i difetti della vista o per proteggere gli occhi dal sole

*Può capitare che anche i maghi... abbiano bisogno degli **occhiali**!*

OCCHIO [òc-chio] *nome*

• L'organo della vista

*Nella nostra famiglia abbiamo tutti gli **occhi** scuri, tranne il babbo.*

OCCORRERE [oc-cór-re-re] *verbo*

• Essere necessario

*All'orsetto **occorreva** una spuntatina al pelo e così è andato dal barbiere.*

OCEANO [o-cè-a-no] *nome*

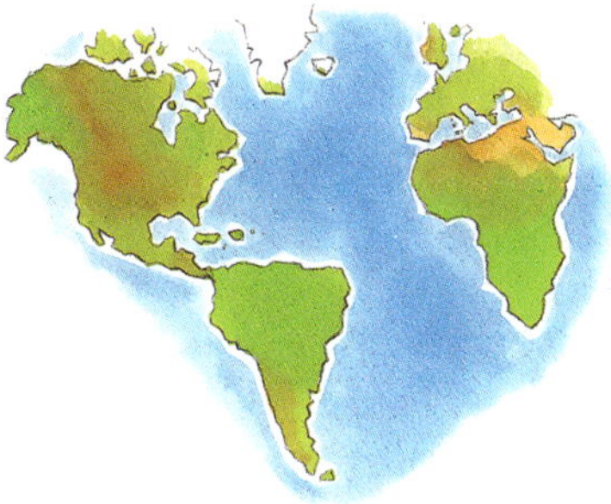

• Ognuno dei tre grandi mari che circondano i continenti

*L'**oceano** Atlantico separa l'Europa e l'Africa dalle Americhe.*

ODORE [o-dó-re] *nome*

• Sensazione che si percepisce attraverso il naso, cioè con il senso dell'olfatto

*Con l'aiuto delle puzzole la Fata Nera sta preparando un liquido dall'**odore** spaventoso.*

OFFENDERE [of-fèn-de-re] *verbo*

• Ferire con atti o parole la dignità o la sensibilità di qualcuno

*Dandomi del bugiardo mi **hai offeso** gravemente.*

OFFERTA [of-fèr-ta] *nome*

• Atto con cui si offre o propone qualcosa

*Porcelli accaldato accetta volentieri l'**offerta** di una bevanda fresca.*

• Ciò che viene offerto o proposto

*Nella nostra scuola si sono raccolte le **offerte** per i poveri.*

OGGETTO [og-gèt-to] *nome*

• Cosa concreta, materiale

Settepunti vede bene che nascosto tra questi ***oggetti*** *c'è anche Maialino.*

OLIO [ò-lio] *nome*

• Sostanza liquida untuosa, ricavata dai semi e dai frutti di alcune piante o dai grassi di alcuni animali marini

*L'****olio*** *d'oliva è il condimento più sano che ci sia.*

• Sostanza liquida ricavata dal petrolio

Tigrotto mette un po' di ***olio*** *negli ingranaggi arrugginiti di Altolà.*

OMBRA [óm-bra] *nome*

• Zona più o meno oscura che un corpo produce sul lato opposto a quello da cui riceve la luce

La lepre si diverte a fare dei salti giocando con la sua ***ombra****.*

OMBRELLO [om-brèl-lo] *nome*

• Arnese per ripararsi dalla pioggia,o anche dal sole

Robinson per fortuna ha trovato Tasso Tinta che lo ripara col suo ***ombrello****.*

ONDA [ón-da] *nome*

• Massa d'acqua che si alza e si abbassa sulla superficie del mare (o anche di un lago) per effetto del vento o per altre cause

*Dente Aguzzo affronta le **onde** con la sua canoa.*

ONESTO [o-nè-sto] *aggettivo*

• Che si comporta in modo corretto e leale, senza rubare, mentire o ingannare

*Il babbo dice sempre che è più importante essere **onesti** che ricchi.*

OPERAIO [o-pe-rà-io] *nome*

• Lavoratore che svolge un lavoro manuale

*Nelle fabbriche moderne aumentano le macchine e diminuisce il numero degli **operai**.*

OPERAZIONE [o-pe-ra-zió-ne] *nome*

• Azione o serie di azioni con un preciso scopo

*Infilare il filo nella cruna dell'ago è un'**operazione** delicata.*

• Intervento chirurgico

*Il paziente è disteso sul lettino in attesa dell'**operazione**.*

• Calcolo aritmetico

*A scuola stiamo facendo degli esercizi per imparare a fare le quattro **operazioni**.*

OPINIONE [o-pi-nió-ne] *nome*

• Idea personale, parere

*Anche se non sei d'accordo, devi rispettare le **opinioni** degli altri.*

• Stima, giudizio

*Ho una buona **opinione** di lui, perché si è sempre comportato bene.*

OPPOSTO [op-pó-sto] *aggettivo*

• Che si trova di fronte o all'altra estremità di qualcosa

*I due topini, per azionare la sega, si sono messi dalle parti **opposte** del palo.*

• Contrario

*Abbiamo incrociato un'auto che andava in senso **opposto**.*

ORA [ó-ra] *nome*

• Ciascuno dei 24 periodi di tempo di 60 minuti in cui viene diviso il giorno

*L'orologio della torre batte tutte le **ore**: adesso sta battendo il mezzogiorno.*

• Periodo della giornata

*Nelle **ore** del mattino la mente è più fresca e riposata.*

• Tempo, momento

*Era arrivata l'**ora** di andarsene e tutti ci alzammo.*

ORDINARE [or-di-nà-re] *verbo*

• Mettere in ordine

*Il folletto riposa dopo **aver ordinato** la sua casetta.*

• Comandare, prescrivere
*Il comandante **ordinò** ai soldati di attaccare le truppe nemiche.*

• Richiedere una data merce; nei bar e nei ristoranti, dire al cameriere quel che si desidera consumare
*Il barista chiede al cameriere se tutti i clienti **hanno** già **ordinato**.*

ORECCHIO [o-réc-chio] *nome*
• Ciascuno dei due organi dell'udito situati ai lati della testa
*Il criceto ha fatto una cura per l'udito, ma non pensava che gli crescessero le **orecchie**!*

ORGANIZZARE [or-ga-niz-zà-re] *verbo*
• Preparare qualcosa facendo tutto il necessario perché riesca bene
*Gli animali stanno discutendo come **organizzare** la prossima festa.*

• Disporre, sistemare qualcosa in modo efficace
*La maestra ci insegna a **organizzare** meglio il nostro lavoro.*

ORGANIZZAZIONE [or-ga-niz-za-zió-ne] *nome*

• Preparazione di quanto è necessario per realizzare qualcosa

*In questi giorni siamo tutti impegnati nell'**organizzazione** della festa scolastica.*

• Collaborazione efficace tra le persone che fanno qualcosa insieme

*Grazie alla loro **organizzazione,** le formiche riescono a trasportare oggetti molto più grandi e pesanti di loro.*

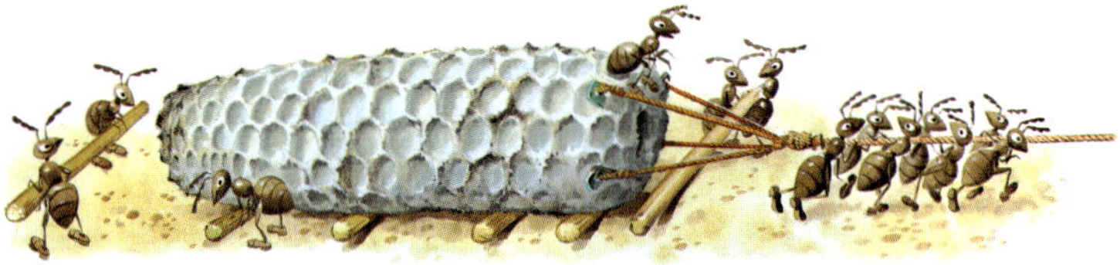

• Insieme di persone organizzate per uno scopo; associazione

*Io faccio parte di un' **organizzazione** di boy scout.*

ORIGINE [o-rì-gi-ne] *nome*

• Punto di partenza, momento iniziale di qualcosa

*Gli scienziati hanno fatto diverse ipotesi sull'**origine** dell'universo.*

• Causa

*Tigrotto è salito sull'ascensore bloccato per cercare di capire quale sia l'**origine** del guasto.*

• Provenienza

*La mia famiglia è di **origine** siciliana, ma io sono nato a Milano.*

ORLO [ór-lo] *nome*

• Limite estremo di qualcosa, bordo, margine

*L'auto uscì di strada, ma riuscì a fermarsi sull'**orlo** del burrone.*

• Bordo ripiegato e cucito di un tessuto

*La mamma ha accorciato una gonna e le sta rifacendo l'**orlo**.*

ORMA [ór-ma] *nome*

• Impronta lasciata sul terreno da piedi o da zampe

*Mascherina in fuga sta cercando di confondere le sue **orme**.*

ORO [ò-ro] *nome*

• Metallo prezioso di colore giallo lucente

*Ti ricordi quella fiaba che parla di un anello d'**oro** con poteri magici?*

OROLOGIO [o-ro-lò-gio] *nome*

• Strumento per misurare il tempo

*Per il mio ultimo compleanno mi hanno regalato un **orologio** che segna anche la data.*

ORSO [ór-so] *nome*

• Grosso mammifero con forti artigli e pelo molto folto

*L'**orso** bruno vive anche sulle nostre montagne, mentre gli **orsi** bianchi sono caratteristici delle zone polari.*

A B C D E F G H I L M N O P Q R S T U V Z

ORTO [òr-to] *nome*
- Terreno coltivato a verdure e ad alberi da frutto

*Con un piccolo **orto** si può avere sempre qualche verdura fresca.*

OSARE [o-sà-re] *verbo*
- Avere il coraggio di fare qualcosa

***Ha osato** combattere contro uno molto più forte di lui.*

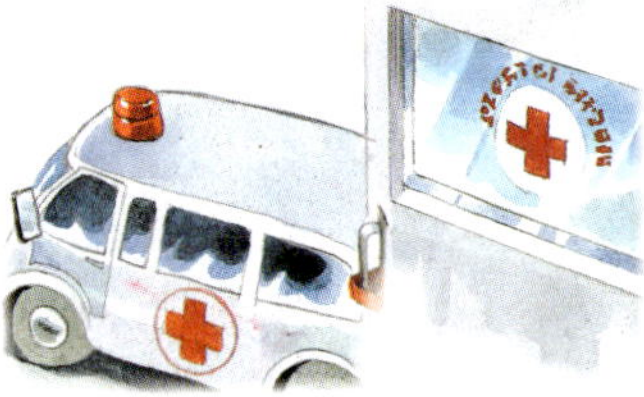

OSPEDALE [o-spe-dà-le] *nome*
- Edificio pubblico in cui vengono ricoverati e curati i malati

*All'**ospedale** arriva in ogni momento qualche ambulanza con a bordo un ferito o un malato.*

OSPITARE [o-spi-tà-re] *verbo*
- Accogliere e dare alloggio a qualcuno

*Durante le feste di Natale **abbiamo ospitato** dei parenti che venivano da fuori.*

OSSERVARE [os-ser-và-re] *verbo*
- Guardare, esaminare con attenzione

*A Leonstein piace **osservare** le stelle con il suo cannocchiale.*

- Rispettare, mantenere

*Se il babbo promette qualcosa, poi **osserva** sempre la parola data.*

OSSO [òs-so] *nome*

• Ciascuno degli elementi rigidi che formano lo scheletro dell'uomo e di molti animali

*Talpa ha trovato un **osso** gigante che sembra interessare molto i cani.*

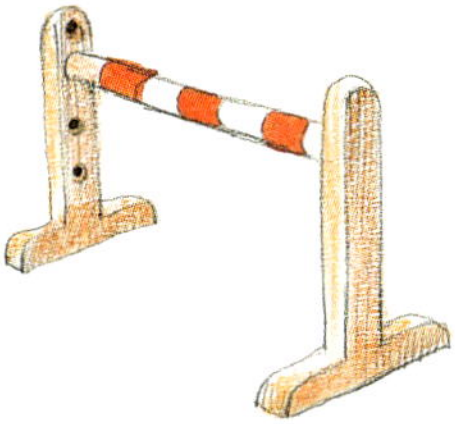

OSTACOLO [o-stà-co-lo] *nome*

• Tutto ciò che intralcia o costituisce una barriera, una difficoltà

*Nelle corse con gli **ostacoli** gli atleti devono saper trovare il ritmo giusto.*

OTTENERE [ot-te-né-re] *verbo*

• Riuscire ad avere ciò che si desidera o si chiede

***Ho ottenuto** dalla mamma il permeso di uscire a giocare.*

• Ricavare, trarre

*La benzina si **ottiene** dal petrolio.*

OVALE [o-và-le] *aggettivo*

• Che ha la forma di un cerchio schiacciato, del contorno di un uovo

*Nella nostra sala da pranzo c'è un tavolo **ovale**.*

OZIO [ò-zio] *nome*

• Il non far nulla per pigrizia o per abitudine

*A Oscar piace starsene in **ozio** sorseggiando una bibita fresca.*

A B C D E F G H I L M N O P Q R S T U V Z

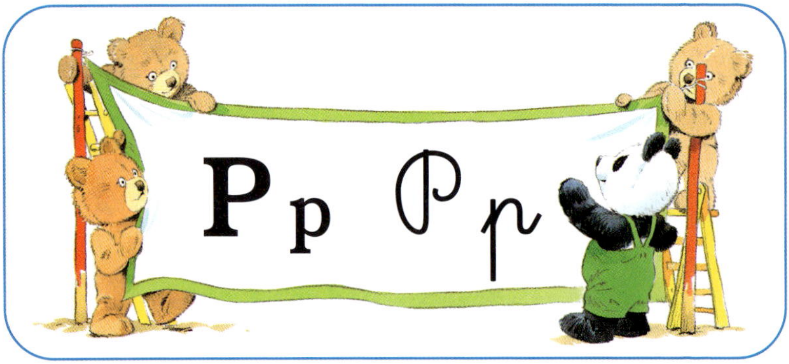

PACCO [pàc-co] *nome*

• Involucro di carta contenente uno o più oggetti e talvolta legato con corde o nastri

*Puzzola ha appena ricevuto un **pacco** e sta per aprirlo.*

PACE [pà-ce] *nome*

• Assenza di guerre, di scontri armati tra paesi e popoli

*Anche Soldatino ama la **pace** e ha voluto dimostrarlo mettendo un fiore sulla punta del suo fucile.*

• Concordia

*Bisogna cercare di vivere in **pace** con tutti.*

• Quiete, tranquillità

*Il babbo è nato in un paesino e dice che quel che più gli manca qui in città è la **pace** della campagna.*

PADELLA [pa-dèl-la] *nome*

• Repiente da cucina basso e tondo con manico lungo, usato specialmente per friggere

*Aspetta che l'olio sia ben caldo prima di buttare il pesce in **padella**!*

PADRE [pà-dre] *nome*

• Uomo che ha uno o più figli

*Mio nonno è il **padre** di mio **padre** e di mia zia.*

PAESAGGIO [pa-e-sàg-gio] *nome*

• L'aspetto di un luogo, di un territorio che si abbraccia con lo sguardo

*Dalla cima del colle si può ammirare il **paesaggio** della campagna.*

• Territorio, ambiente naturale con particolari caratteristiche

*Il Sahara è famoso per il suo **paesaggio** desertico.*

PAESE [pa-é-se] *nome*

• Piccolo centro abitato, villaggio

*Sulla riva del mare c'era un piccolo **paese** di pescatori.*

• Stato, nazione

*L'Italia è uno dei **paesi** che fanno parte dell'Unione Europea.*

• Regione, territorio

*Molti uccelli d'inverno migrano nei **paesi** caldi.*

PAGARE [pa-gà-re] *verbo*

• Dare una somma di denaro in cambio di merci o servizi

*La signora Coniglietti sta **pagando** la cassetta di pere che ha comprato.*

PAGINA [pà-gi-na] *nome*

• Ciascuna facciata dei fogli di un libro, di un giornale, di un quaderno e anche ciò che vi è scritto

*Questo dizionario ha oltre quattrocento **pagine**.*

PAGLIACCIO [pa-gliàc-cio] *nome*

• Buffone del circo

*I **pagliacci** del circo, per far ridere, fanno le cose più pazze.*

PALAZZO [pa-làz-zo] *nome*

• Edificio grandioso abitato un tempo da sovrani e nobili e oggi usato per lo più come sede di musei ed edifici pubblici

*Nell'antico **palazzo** reale della città c'è ancora la sala del trono.*

• Edificio a molti piani, diviso in appartementi o uffici

*Mio cugino abita in un **palazzo** di dieci piani.*

PALLA [pàl-la] *nome*

• Oggetto di forma rotonda

*Mi piace giocare a **palle** di neve.*

• Sfera di cuoio o di gomma che si usa in molti giochi e sport

*Nessuno è bravo come Foca a tenere una **palla** in equilibrio sul naso.*

PALLONE [pal-ló-ne] *nome*

• Grossa palla di gomma o di cuoio che si usa in molti giochi sportivi

Anche a mio papà piace ogni tanto dare due calci al ***pallone****.*

PALO [pà-lo] *nome*

• Lunga asta di legno, cemento o metallo che viene conficcata in parte nel terreno

Il gatto è salito in cima al ***palo****, ma adesso ha paura a scendere, perciò è venuto a salvarlo Pardy con l'elicottero.*

PANCHINA [pan-chì-na] *nome*

• Sedile per più persone collocato all'aperto in giardini, piazze, stazioni ecc.

Sulle ***panchine*** *dei giardini si siedono soprattutto le persone anziane.*

PANCIA [pàn-cia] *nome*

• La parte del corpo umano e animale in cui stanno lo stomaco e l'intestino

Ippopò ha fatto una cura dimagrante, ma guardandosi allo specchio si accorge che la sua ***pancia*** *non è affatto diminuita.*

PANE [pà-ne] *nome*

- Alimento che si ottiene cuocendo al forno un impasto di farina e acqua

*Alla mattina mi piace far colazione con delle fette di **pane** imburrato.*

PANNA [pàn-na] *nome*

- La parte grassa del latte

*Che buono il gelato al cioccolato con sopra la **panna** montata!*

PANNOCCHIA [pan-nòc-chia] *nome*

- La grossa spiga del mais

*Le **pannocchie** si possono mangiare lessate o abbrustolite.*

PANORAMA [pa-no-rà-ma] *nome*

- Veduta di un ampio paesaggio

*Dalla vetta della montagna si gode uno splendido **panorama**.*

PANTALONI [pan-ta-ló-ni] *nome*

- Indumento che ricopre le gambe e il corpo fino alla vita

*I miei **pantaloni** preferiti sono i jeans.*

PARACADUTE [pa-ra-ca-dù-te] *nome*

- Specie di grande ombrello che si aggancia a un corpo per frenarne la caduta

*Credo che non avrei mai il coraggio di lanciarmi da un aereo col **paracadute**!*

PARAGONARE [pa-ra-go-nà-re] *verbo*
- Mettere a confronto due cose o persone per ossevarne somiglianze, differenze, caratteristiche

*I nostri prezzi, **paragonati** a quelli degli altri, sono inferiori.*

PARARE [pa-rà-re] *verbo*
- Bloccare, evitare

*Gli antichi soldati usavano lo scudo per **parare** i colpi.*

- Nel calcio e in altri sport, bloccare o respingere il pallone per evitare che entri in porta

*Il portiere Polipò è bravissimo a **parare**, ma a fine partita si sente sfinito!*

PARCO [pàr-co] *nome*
- Vasto giardino pubblico o privato con molti alberi

*Nei **parchi** cittadini ci sono quasi sempre degli spazi in cui i bambini possono fare diversi tipi di giochi.*

PARETE [pa-ré-te] *nome*
- Muro che divide le stanze di un edificio

*Le **pareti** che dividono i locali del nostro appartamento sono così sottili che da una stanza all'altra si sente tutto.*

PARLARE [par-là-re] *verbo*

• Comunicare qualcosa con le parole; conversare, chiacchierare

*Tigrotto sta **parlando** al telefono con un suo vecchio amico.*

PARTE [pàr-te] *nome*

• Ognuno degli elementi di cui è composto un tutto

*Abbiamo diviso la torta in **parti** uguali.*

• Zona; lato; direzione

*Ripariamoci dietro questo muro: il vento soffia dall'altra **parte**.*

PARTECIPARE [par-te-ci-pà-re] *verbo*

• Essere presente o intervenire in un'attività, in un'iniziativa

*La tartaruga dice che vuole **partecipare** alla raccolta dei lamponi.*

PARTENZA [par-tèn-za] *nome*

• L'atto e il momento di partire

*Ormai si è fatto tardi, bisogna rimandare a domani la **partenza**.*

• Inizio di una gara di corsa

*Ghiro si è addormentato alla **partenza** e gli altri sono partiti senza di lui.*

PARTIRE [par-tì-re] *verbo*

- Allontanarsi da un luogo per andare in un altro

Partiamo *da qui per andare a Genova.*

- Mettersi in moto

*Il treno **è partito** e Jumbo saluta gli amici venuti alla stazione.*

- Avere inizio

*Dalla piazza principale della città **partono** sei strade.*

PARTITA [par-tì-ta] *nome*

- Gara sportiva o di gioco

*Preferite fare una **partita** di calcio o una **partita** a carte?*

PASSAGGIO [pas-sàg-gio] *nome*

- Il passare per un luogo

*Siamo andati ad assistere al **passaggio** del corteo mascherato.*

- Luogo per cui si passa o si può passare

*Per arrivare al fiume ci aprimmo un **passaggio** tra i cespugli.*

- Trasporto come ospite sul veicolo di un altro

*Mi ha dato un **passaggio** fino a casa sulla sua auto.*

- Nello sport, lancio della palla a un compagno di squadra

*Bongo voleva fare un **passaggio**... ma non ad Alanera!*

PASSARE [pas-sà-re] *verbo*

• Andare attraverso un luogo

*Il contadino **passa** tra i solchi spargendo i semi.*

• Cambiare condizione, attività, argomento eccetera

*Ha perso tutti i suoi soldi ed **è passato** dalla ricchezza alla miseria.*

• Trascorrere

*Ghiro **passa** a letto, dormendo, la maggior parte del suo tempo.*

• Oltrepassare, superare

*Arrivammo al fiume e lo **passammo** a nuoto.*

PASSEGGERO [pas-seg-gè-ro] *aggettivo*

• Che dura poco

*È un dolore **passeggero**, tra un po' non sentirai più niente.*

nome

• Chi viaggia a bordo di un mezzo di trasporto

*Il treno era mezzo vuoto e tutti i **passeggeri** hanno potuto viaggiare comodamente.*

PASSEGGIATA [pas-seg-già-ta] *nome*

• Camminata per svago o breve gita

*Domenica siamo andati a fare una **passeggiata** al lago.*

PASSIONE [pas-sió-ne] *nome*

• Amore intenso per qualcuno; forte interesse per qualcosa

*Papà Coniglietti ha una grande **passione** per le gare automobilistiche.*

PASSO [pàs-so] *nome*

• Ognuno dei movimenti che si compiono con le gambe camminando

*Si diresse verso casa con **passi** veloci.*

• Modo di camminare, andatura

*I soldati sfilarono a **passo** di marcia.*

• Passaggio

*Qui non si può posteggiare: c'è un **passo** carraio.*

PASTA [pà-sta] *nome*

• Alimento da cuocere formato da un impasto a base di acqua, farina e altri ingredienti

*Le topine e Topo Bigio stanno facendo la **pasta** per i maccheroni.*

• Piccolo dolce

*L'ospite ha portato un vassoio di **paste** alla crema e al cioccolato.*

A B C D E F G H I L M N O P Q R S T U V Z

PASTO [pà-sto] *nome*

• L’atto del mangiare, specialmente a ore abituali della giornata

Durante la raccolta delle mele Porcelli e Maialino consumano il loro ***pasto*** *sotto un albero.*

• L’insieme dei cibi che si consumano

Ho fatto un ***pasto*** *molto abbondante.*

PASTORE [pa-stó-re] *nome*

• Chi custodisce e porta al pascolo le greggi

I ***pastori*** *fanno una vita solitaria e un po’ selvaggia.*

PATATA [pa-tà-ta] *nome*

• Ortaggio di cui si mangiano i tuberi molto nutrienti

Le ***patate*** *lesse non mi piacciono molto, ma vado matto per quelle fritte e arrosto.*

PATTO [pàt-to] *nome*

• Accordo stabilito tra due o più parti

Non ci si può fidare di lui perché non rispetta i ***patti****.*

PATTUMIERA [pat-tu-miè-ra] *nome*

• Recipiente per raccogliere la spazzatura

Non è un po’ strano che Corvo Linguaccia vada in giro per i prati spingendo una ***pattumiera*** *con le rotelle?*

PAURA [pa-ù-ra] *nome*

- Sensazione di forte timore e preoccupazione che si prova di fronte a un pericolo reale o immaginario

Ma guarda dove si è cacciato Paf per ***paura*** *del dentista!*

PAUSA [pàu-sa] *nome*

- Intervallo, sosta di breve durata

Siamo tutti stanchi: facciamo una ***pausa*** *di dieci minuti.*

PAZIENZA [pa-zièn-za] *nome*

- Capacità di sopportare serenamente difficoltà, fatiche, fastidi, lunghe attese eccetera

All'Ufficio Postale c'è una lunga coda: ci vorrà molta ***pazienza****.*

PAZZO [pàz-zo] *aggettivo*

- Malato di mente, folle

La povera donna è diventata ***pazza*** *dal dolore per la morte del figlio.*

- Che si comporta in modo insensato

Ippopò dice a Bull che è stato ***pazzo*** *a usare la pompa per spegnere il sigaro di Linguaccia.*

- Eccessivo, sconsiderato

Appena guadagna qualche soldo si mette a fare spese ***pazze****.*

A B C D E F G H I L M N O P Q R S T U V Z

PECORA [pè-co-ra] *nome*

• Mammifero allevato in tutto il mondo per la carne, il latte e la lana che produce

*Con il latte di **pecora** si fa il formaggio pecorino.*

PEDALARE [pe-da-là-re] *verbo*

• Muovere i pedali della bicicletta

*Le coccinelle **pedalano** insieme sulla loro bicicletta speciale.*

PEGGIORARE [peg-gio-rà-re] *verbo*

• Rendere peggiore

*Se ti comporti così, **peggiorerai** la tua situazione.*

• Diventare peggiore; aggravarsi

*La confusione in questa classe non fa che **peggiorare**.*

PELLE [pèl-le] *nome*

• Rivestimento esterno del corpo umano e animale

*Ho preso troppo sole e mi sono scottato la **pelle**.*

PELLICCIA [pel-lìc-cia] *nome*

• Pelle di animale ricoperta da pelo lungo e fitto

*Gli orsi hanno una **pelliccia** molto folta che li difende dal freddo.*

PELO [pé-lo] *nome*

• Ognuno dei sottili filamenti che crescono sulla pelle dell'uomo e dei mammiferi

*I gatti si puliscono il **pelo** con la lingua.*

PENETRARE [pe-ne-trà-re] *verbo*

• Entrare dentro, introdursi

*Talpa **è penetrato** nella vecchia miniera d'oro alla ricerca di un tesoro.*

PENNA [pén-na] *nome*

• Ciascuno degli elementi che ricoprono il corpo degli uccelli mantenendolo caldo e che, nelle ali e nella coda, servono per il volo

*Lea è molto fiera del suo cappello con la **penna**.*

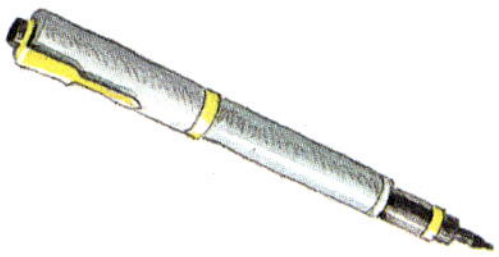

• Strumento per scrivere a mano che utilizza l'inchiostro

*La **penna** che ho comprato scrive molto bene.*

PENNELLO [pen-nèl-lo] *nome*

• Attrezzo formato da un mazzo di peli fissati all'estremità di un manico, usato per dipingere, verniciare e spalmare sostanze liquide

*Tinta stava passando il **pennello** sulla porta quando Porcelli l'ha aperta all'improvviso.*

PENSARE [pen-sà-re] *verbo*

• Formare idee nella mente, riflettere

*Ho letto sul giornale un articolo che mi ha fatto molto **pensare**.*

• Rivolgere la mente a qualcuno o a qualcosa

*Teddy vuole scrivere un libro e sta **pensando** alla frase iniziale.*

• Immaginare

***Pensa** come sarebbe bello se oggi fossimo già in vacanza!*

• Provvedere

***Pensi** tu ad avvisarlo che arriviamo più tardi?*

• Avere una certa opinione di qualcosa o di qualcuno

*Che ne **pensi** del film che abbiamo visto ieri sera?*

PENTIRSI [pen-tìr-si] *verbo*

• Provare rimorso o dispiacere per come si è agito

*Lea sta cominciando a **pentirsi** di essere venuta in campagna indossando quel cappello con i fiori.*

PENTOLA [pén-to-la] *nome*

• Recipiente da cucina, con due manici e coperchio, usato per cuocere i cibi

*Nella **pentola** rossa sta cuocendo la pasta.*

PERDERE [pèr-de-re] *verbo*

• Non avere più qualcosa o qualcuno, restarne privo

*La nonna si lamenta che sta **perdendo** la memoria.*

• Lasciar uscire il contenuto

*Porcelli non si è accorto che il suo sacco di grano **perde**.*

• Venire vinto, sconfitto

*La mia squadra **ha perso** le ultime partite.*

PERDONARE [per-do-nà-re] *verbo*

• Rinunciare a punire qualcuno per una sua colpa

*Per questa volta ti **perdono**, ma non dirmi più bugie!*

PERICOLO [pe-rì-co-lo] *nome*

• Situazione da cui può venire un danno; grave rischio

*La strada era franata e dei cartelli avvisavano del **pericolo**.*

PERICOLOSO [pe-ri-co-ló-so] *aggettivo*

- Da cui può venire un danno; rischioso

*Piumino non sa che è **pericoloso** avvicinare una fiamma all'alcol?*

- Che può recare danno, fare del male

*I coccodrilli sono molto più **pericolosi** degli squali.*

PERMESSO [per-més-so] *nome*

- Autorizzazione a fare qualcosa

*I bambini, dopo aver fatto i compiti, hanno chiesto alla mamma il **permesso** di uscire a giocare e la mamma lo ha concesso.*

PERSONA [per-só-na] *nome*

- Essere umano, individuo

*La sua famiglia è composta da cinque **persone**.*

PESANTE [pe-sàn-te] *aggettivo*

- Che ha un peso notevole, superiore alla media

*Il bagaglio di Franz è così **pesante** che lui non ce la fa più.*

- Che richiede molta fatica e resistenza fisica

*Quello dei minatori è un **lavoro** molto pesante.*

PESCA[1] [pé-sca] *nome*
- L'attività di pescare

*Teddy si dedica alla **pesca** con buoni risultati.*

PESCA[2] [pè-sca] *nome*
- Il frutto del pesco

*La **pesca** è un frutto molto sugoso.*

PESCARE [pe-scà-re] *verbo*
- Prendere pesci o altri animali acquatici con la rete, l'amo o altri strumenti

*Domenica prossima il babbo mi porta a **pescare** con lui.*

PESCE [pé-sce] *nome*
- Ogni animale acquatico che respira con le branchie ed è provvisto di pinne per nuotare

*Il **pesce** nuotava a fior d'acqua.*

PESTARE [pe-stà-re] *verbo*
- Schiacciare con i piedi, calpestare

*Bambini, state attenti a non **pestare** l'erba del prato!*

- Battere

*Faceva freddo e tutti **pestavano** i piedi per terra per riscaldarli.*

- Picchiare

*In questa partita di hockey tutti **pestano** tutti.*

PETTINARE [pet-ti-nà-re] *verbo*

- Sistemare, ordinare i capelli o il pelo con il pettine

*Volpino tiene molto alla sua coda e ogni giorno la **pettina** con cura.*

PETTO [pèt-to] *nome*

- La parte anteriore del torace

*Il soldato fu ferito al **petto** da una pallottola.*

PEZZO [pèz-zo] *nome*

- Parte separata o staccata di un materiale solido

*Ippopò ha tagliato un **pezzo** di torta per Topo Bigio.*

- Ognuno degli elementi che formano una macchina, un arnese o qualsiasi altro insieme unitario

*Il meccanico ha smontato il motore e controllato tutti i **pezzi**.*

- Tratto di spazio o di tempo

*Ti va di accompagnarmi o di fare assieme un **pezzo** di strada?*

PIACERE[1] [pia-cé-re] *verbo*

- Essere gradito, procurare soddisfazione; garbare

*Il formaggio con i buchi è un alimento che **piace** molto ai topini.*

PIACERE[2] [pia-cé-re] *nome*

• Sensazione gradevole, soddisfazione, godimento

*Mi fa molto **piacere** che tu sia venuto a trovarmi.*

• Favore, cortesia

*Mi faresti il **piacere** di andare a imbucare questa lettera?*

PIANGERE [piàn-ge-re] *verbo*

• Versare lacrime

*Polipò **piange** dal dolore perché Spino lo ha abbracciato.*

PIANOFORTE [pia-no-fòr-te] *nome*

• Strumento musicale a tastiera

*Alla sorellina di Teddy, il suono del **pianoforte** fa venire la voglia di ballare.*

PIANTA [piàn-ta] *nome*

• Organismo vegetale

*Senza le **piante** non sarebbe possibile la vita sulla Terra.*

• Parte inferiore del piede

*Camminando scalzo, mi son fatto un taglio alla **pianta** del piede.*

PIANTARE [pian-tà-re] *verbo*

• Mettere nel terreno un seme, un germoglio o una piccola pianta perché si sviluppi

*Il giardiniere sta **piantando** dei nuovi alberelli.*

PIATTO [piàt-to] *aggettivo*

• Che ha una superficie piana

*Le barche da lago in genere hanno il fondo **piatto**.*

nome

• Recipiente rotondo e poco profondo in cui si servono e si mangiano i cibi

*Igor era così affamato che adesso si mangia pure il **piatto**!*

• Cibo preparato in un certo modo

*Le lasagne sono un **piatto** tipico della cucina emiliana.*

PIAZZA [piàz-za] *nome*

• Spazio libero piuttosto ampio, circondato da edifici, all'interno di un centro abitato

*Al centro della **piazza** principale c'era una grande fontana.*

PICCHIARE [pic-chià-re] *verbo*

• Battere con forza

*Il Signor Porcelli sta **picchiando** sulla parete per dire a papà Coniglietti di smetterla di **picchiare** col martello.*

• Prendere a botte

*Lo **hanno picchiato** perché faceva la spia.*

PICCOLO [pìc-co-lo] *aggettivo*

• Non grande per dimensioni, quantità, durata

Jumbo è arrabbiato perché gli hanno dato un cappello troppo ***piccolo****.*

• Di bassa statura

Il marito è piuttosto alto, la moglie invece è ***piccola****.*

• Di giovane età

Sei ancora troppo ***piccolo*** *per poter fare queste cose!*

PIEDE [piè-de] *nome*

• La parte terminale delle gambe

Queste scarpe sono troppo corte, mi schiacciano la punta del ***piede****.*

PIENO [piè-no] *aggettivo*

• Che è completamente riempito o occupato

Il boccale è ***pieno*** *di birra fino all'orlo.*

• Che abbonda di qualcosa

Il tuo compito è ***pieno*** *di errori.*

PIETRA [piè-tra] *nome*

• Massa o pezzo di roccia

La casa in cui abito è di ***pietra****.*

PIGIAMA [pi-già-ma] *nome*

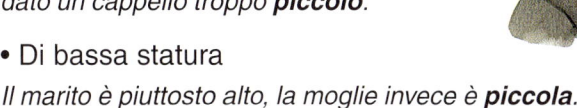

• Indumento che si mette per andare a letto, formato da giacca e pantaloni

Puf e Paf questa notte dormiranno con il ***pigiama*** *di papà.*

PIGRO [pì-gro] *aggettivo*

• Che ha poca voglia di muoversi, di lavorare e cerca di evitare ogni fatica e impegno

*È così **pigro** che al mattino non vorrebbe mai alzarsi dal letto.*

PILOTA [pi-lò-ta] *nome*

• Chi guida un veicolo, e specialmente un aereo o un'auto da corsa

*I **piloti** sulla pista facevano sorpassi spericolati.*

PINNA [pìn-na] *nome*

• Ciascuna delle alette che nel corpo dei pesci servono al movimento e all'equilibrio

*Il pesciolino diede un colpo di **pinna** e guizzò via.*

• Specie di calzatura di gomma che si applica ai piedi per nuotare più velocemente

*Ranocchio sa nuotare molto bene, ma ha voluto anche lui provare le **pinne**.*

PINO [pì-no] *nome*

• Albero sempre verde con foglie ad ago

*Ci sono molte varietà di **pino**: quello qui accanto è il **pino** silvestre che cresce nelle zone fredde.*

PIOGGIA [piòg-gia] *nome*
- Caduta di gocce d'acqua dal cielo

*La **pioggia** sporca di nuovo l'auto che Tigrotto stava finendo di pulire.*

PIRAMIDE [pi-rà-mi-de] *nome*
- Grande edificio con base quadrata e lati triangolari

*Coccodrill si è messo a giocare a nascondino tra le **piramidi** di Egitto.*

PISCINA [pi-scì-na] *nome*
- Grande vasca in cui si può nuotare

*Vado a nuotare in **piscina** ogni venerdì.*

PISTA [pì-sta] *nome*
- Sentiero o strada di terra battuta formati dal passaggio continuo di animali, persone o veicoli

*La carovana avanzava nel deserto lungo la **pista**.*

- Percorso di neve battuta su cui passano gli sciatori

*Lo sciatore uscì per sbaglio dalla **pista** e finì nella neve fresca.*

- Circuito su cui si svolgono corse sportive

*Le **piste** di atletica negli stadi sono lunghe quattrocento metri.*

- Lunga striscia asfaltata sulla quale gli aerei decollano o atterrano

*L'aereo di Von Fox si prepara a scendere sulla **pista** di atterraggio.*

PIUMA [più-ma] *nome*
- Penna corta, leggera e morbida degli uccelli

*Le **piume** d'oca si usano anche per imbottire i giacconi.*

POLIZIA [po-li-zì-a] *nome*
- Corpo di agenti pubblici che lo stato impiega per far rispettare la legge e mantenere l'ordine

*Da quando è entrato nella **polizia**, Bull si sente piuttosto importante.*

POLLICE [pòl-li-ce] *nome*
- Il primo e più grosso dito della mano

*Premette il **pollice** sul pulsante e suonò il campanello.*

POLLO [pól-lo] *nome*
- Il gallo e la gallina

*Gallo Sperone e Chioccia si offendono abbastanza se li si chiama **polli**.*

POLMONE [pol-mó-ne] *nome*
- Ciascuno dei due organi della respirazione

*L'aria pura di montagna fa bene ai **polmoni**.*

POLTRONA [pol-tró-na] *nome*
- Ampio e comodo sedile, in genere imbottito e con braccioli

*Al babbo di Teddy piace stare seduto a leggere in **poltrona**.*

POMERIGGIO [po-me-rìg-gio] *nome*

• La parte della giornata compresa tra il mezzogiorno e la sera

*Il **pomeriggio**, quando posso, vado a giocare ai giardini.*

POMPA [póm-pa] *nome*

• Macchina che serve ad aspirare o a comprimere liquidi o gas

*Non è stata una buona idea affidare a Bongo la **pompa** della benzina.*

POMPIERE [pom-piè-re] *nome*

• Vigile del fuoco

*Il **pompiere** è salito sulla scala per spegnere più da vicino l'edificio in fiamme.*

PONTE [pón-te] *nome*

• Costruzione che permette a una strada di superare un corso d'acqua, uno stretto di mare o una vallata

*Tigrotto è salito sul **ponte** per guardare navigare la sua barchetta di carta.*

PORRE [pór-re] *verbo*

• Mettere, collocare, posare

*Porcelli **pone** le pere nel cesto man mano che le raccoglie.*

• Rivolgere

*Posso **porti** una domanda?*

PORTA [pòr-ta] *nome*

• Apertura da cui è possibile entrare in un edificio o in un locale e anche il serramento di legno o altro materiale che chiude e apre tale apertura

*Le bottiglie del latte sono accanto alla **porta**.*

• Nel calcio e in altri sport, ognuno dei due spazi agli estremi del campo, limitati da pali e dentro i quali i giocatori devono mandare la palla per ottenere un punto

*Come può vincere la nostra squadra se nessuno tira mai in **porta**?*

PORTO [pòr-to] *nome*

• Punto riparato della riva del mare, di un lago o di un fiume, attrezzato per permettere alle navi di sostare e imbarcare e sbarcare merci e passeggeri

*Nel **porto** c'è continuo movimento e le attività non si fermano mai.*

PORZIONE [por-zió-ne] *nome*

• Quantità di un cibo che, a tavola, viene data a ciascuno

*Piumino dice che la sua **porzione** di torta è più piccola di quelle di Puf e Paf.*

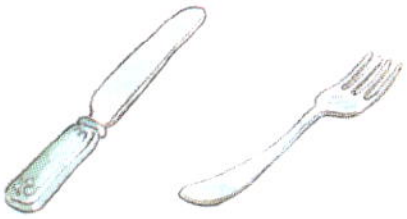

POSATA [po-sà-ta] *nome*

• Ciascuno degli strumenti (coltelli, forchette, cucchiai) che si usano per mangiare

*La mia sorellina non sa ancora usare bene le **posate**.*

POSIZIONE [po-si-zió-ne] *nome*

• Luogo in cui si trova una cosa o una persona

*Bisogna cambiare la **posizione** di questo mobile, qui non sta bene.*

• Posto occupato in una classifica

*Dopo la nuova sconfitta la squadra è finita nelle ultime **posizioni**.*

• Modo in cui è disposto il corpo di una persona o una sua parte

*Per guardare dentro la macchina capovolta, Ranocchio si è messo anche lui in quella **posizione**.*

POSSEDERE [pos-se-dé-re] *verbo*

• Essere proprietario di qualcosa, averlo a disposizione

*La sua famiglia **possiede** una casa al mare.*

• Avere una certa dote o qualità

*Quella ragazza **possiede** una voce meravigliosa.*

POSSIBILE [pos-sì-bi-le] *aggettivo*

• Che può essere, può accadere o si può fare

*Ora devo partire, ma tornerò il più presto **possibile**.*

POSTA [pò-sta] *nome*

• Servizio pubblico che si occupa di spedire e consegnare lettere e pacchi

*Mi hanno spedito un pacco per **posta**, ma non è ancora arrivato.*

• Corrispondenza

*Mi avvisi, per favore, se arriva della **posta** per me?*

POSTINO [po-stì-no] *nome*

• Impiegato delle poste che consegna la corrispondenza casa per casa

*Il **postino** Tartaruga sta facendo il suo giro giornaliero per distribuire la posta.*

POSTO [pó-sto] *nome*

• Luogo o posizione in cui sta una persona o una cosa

*Dove sono le chiavi? Non le ho trovate al solito **posto**.*

• Spazio libero

*Il parcheggio è pieno, non c'è più un **posto**.*

• Luogo, località

*Ci siamo conosciuti in un **posto** di vacanza.*

• Impiego, lavoro

*La sua azienda ha chiuso e lui ha perso il **posto**.*

• Sedile

*Papà ci porterà tutti a teatro e ha già prenotato i **posti**.*

POZZO [póz-zo] *nome*

- Profondo scavo nel terreno fatto per raggiungere dell'acqua sotterranea o per raccogliere l'acqua piovana

*Teddy ha calato il secchio per vedere se in fondo al **pozzo** c'è ancora acqua.*

- Scavo praticato nel terreno allo scopo di estrarre dei minerali

*Ho visto in televisione dei **pozzi** petroliferi che bruciavano.*

PRANZO [pràn-zo] *nome*

- Il pasto che si fa a metà della giornata

*Prima del **pranzo** Toc Toc fa un lungo discorso ai suoi nipoti.*

PRATO [prà-to] *nome*

- Terreno coperto di erba

*Porcelli sta radendo l'erba del **prato** davanti a casa sua.*

A B C D E F G H I L M N O P Q R S T U V Z

PRECIPITARE [pre-ci-pi-tà-re] *verbo*

• Cadere dall'alto con velocità e violenza

*Von Fox **è precipitato** col suo aereo nel granaio delle topine.*

PRECISO [pre-cì-so] *aggettivo*

• Esatto

*«Che ore sono?» «Sono le otto **precise**.»*

PREDA [prè-da] *nome*

• Animale cacciato, catturato o ucciso

*La volpe è riuscita a entrare nel pollaio e ora si lancia sulla **preda**.*

PREMERE [prè-me-re] *verbo*

• Schiacciare, pigiare, spingere

*Per accendere il televisore devi **premere** questo pulsante.*

PREMIO [prè-mio] *nome*

• Ricompensa che si dà a qualcuno per i suoi meriti o perché ha vinto una gara o un gioco

*Pardy ha ricevuto un **premio** per le sue imprese come pilota di elicottero.*

PRENDERE [prèn-de-re] *verbo*

• Pigliare, afferrare

*Graffia **prende** dallo scaffale un libro... sui topi!*

• Colpire, cogliere

*La tua domanda mi **prende** alla sprovvista.*

• Catturare

*La polizia **ha preso** il ladro mentre scappava con la refurtiva.*

• Portare via, rubare

*In autobus un ladro gli **ha preso** il portafoglio.*

• Ricevere, ottenere, guadagnare

*Ha fatto un compito perfetto e **ha preso** un bel voto.*

PREOCCUPATO [pre-oc-cu-pà-re] *aggettivo*

• Che è in ansia, in pensiero per qualcosa o per qualcuno

*Robinson è **preoccupato** perché l'iceberg si sta sciogliendo.*

PREPARARE [pre-pa-rà-re] *verbo*

• Sistemare qualcosa in modo che sia pronto per l'uso; organizzare ciò che è necessario per qualcosa

*Quando le topine **preparano** un dolce, Ippopò passa sempre di lì.*

• Mettere qualcuno in grado di affrontare una prova, allenarlo

*L'allenatore **prepara** la squadra per la prossima partita.*

A B C D E F G H I L M N O P Q R S T U V Z

PREPOTENTE [pre-po-tèn-te]
aggettivo
• Che vuole imporre a ogni costo la sua volontà, anche con la forza
*Nella mia classe c'è un ragazzo **prepotente** di cui gli altri hanno paura.*

PRESENTE [pre-sèn-te] *aggettivo*
• Che si trova in un dato luogo
*Ogni giorno la maestra fa l'appello degli alunni **presenti** in classe.*

PREVEDERE [pre-ve-dé-re] *verbo*

• Immaginare in anticipo quel che accadrà
*Gli indovini dicono di poter **prevedere** il futuro guardando dentro una palla di vetro.*

PREZIOSO [pre-zió-so] *aggettivo*
• Di grande valore
*L'oro è un metallo **prezioso**.*

PREZZO [prèz-zo] *nome*
• Somma di denaro necessaria per acquistare qualcosa
*In questo negozio i **prezzi** sono molto alti.*

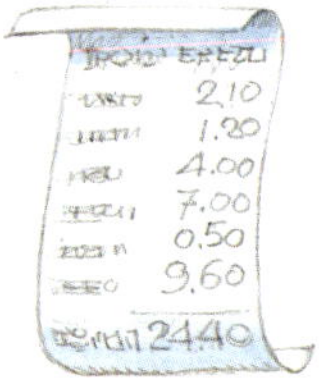

PRIGIONE [pri-gió-ne] *nome*
• Luogo in cui viene rinchiuso chi deve scontare una pena; carcere
*È finito in **prigione** per aver commesso un furto.*

PRINCIPALE [prin-ci-pà-le] *aggettivo*

• Più importante

*La **principale** occupazione di Mister Dollar è quella di contare i suoi soldi.*

PRIVO [prì-vo] *aggettivo*

• Che manca di qualcosa

*Corvo Linguaccia osserva con occhi tristi la sua testa ormai **priva** delle belle piume che aveva in gioventù.*

PROBABILE [pro-bà-bi-le] *aggettivo*

• Che è molto possibile, anche se non sicuro

*È **probabile** che domani torni il bel tempo.*

PROBLEMA [pro-blè-ma] *nome*

• In matematica, domanda la cui risposta va trovata attraverso calcoli e ragionamenti

*Robotto sta aiutando Leonstein a risolvere un difficile **problema**.*

• Questione, situazione difficile da risolvere

*Il **problema** della disoccupazione è sempre più drammatico.*

PRODOTTO [pro-dót-to] *nome*

• Tutto ciò che la natura produce spontaneamente o che l'uomo ricava da un'attività lavorativa

*Maialino aiuta il babbo a raccogliere i **prodotti** del loro frutteto.*

A B C D E F G H I L M N O P Q R S T U V Z

PROFESSIONE [pro-fes-sió-ne] *nome*

• Attività lavorativa, specialmente di tipo intellettuale

*Mio zio fa di **professione** il medico.*

PROFILO [pro-fì-lo] *nome*

• La linea del volto osservato di fianco

*Rinocò pensa di essere più carino di **profilo**.*

PROFONDO [pro-fón-do] *aggettivo*

• Che ha una notevole distanza tra la superficie e il fondo

*In questo punto il lago è molto **profondo**.*

• Non superficiale

*È caduto e si è fatto una ferita **profonda** alla gamba.*

• Molto intenso

*Tra Teddy e la sua mamma c'è un amore **profondo**.*

PROFUMO [pro-fù-mo] *nome*

• Odore gradevole

*Dalla cucina arriva un **profumo** che fa venire l'acquolina in bocca.*

• Liquido profumato

*Puzzola è venuto ad acquistare un **profumo** da mamma Coniglietti.*

PROGRESSO [pro-grès-so] *nome*

• Miglioramento

*Quel ragazzo si impegna nello studio e sta facendo **progressi**.*

PROIBIRE [proi-bì-re] *verbo*
• Vietare
*Questo cartello **proibisce** di lasciare rifiuti in giro.*

NON ABBANDONARE
I RIFIUTI
NELL'AMBIENTE!

PROMETTERE [pro-mét-te-re] *verbo*
• Impegnarsi a fare o dare qualcosa o a comportarsi in un certo modo
*Tigrotto **ha promesso** a Spino un regalo se lo aiuta a lavare l'auto.*

PRONTO [prón-to] *aggettivo*
• Preparato per essere consumato o usato immediatamente
*La mamma ci ha chiamato a tavola, perché il pranzo è **pronto**.*

• Che è in grado di fare subito qualcosa
*Il treno è **pronto** a partire e il macchinista sale sulla locomotrice.*

• Rapido, immediato
*Il malato sta molto meglio e si prevede una sua **pronta** guarigione.*

PROPOSTA [pro-pó-sta] *nome*
• Offerta o suggerimento che si presenta a qualcuno
*Che ne dici della sua **proposta** di andare in vacanza assieme?*

PROSEGUIRE [pro-se-guì-re] *verbo*
• Continuare
*La caccia al tesoro degli scouts **è proseguita** per tutto il giorno.*

PROTEGGERE [pro-tèg-ge-re] *verbo*

- Riparare

Le topine hanno trovato un barattolo di vetro che le ***protegge*** *dalla pioggia.*

- Difendere, aiutare

È giusto ***proteggere*** *i più deboli.*

PROTESTARE [pro-te-stà-re] *verbo*

- Esprimere con forza che si è contro qualcosa

Il pubblico del teatro ***protestava*** *per il ritardo dello spettacolo.*

PROVARE [pro-và-re] *verbo*

- Fare esperienza diretta di qualcosa, verificarlo

Prova *queste scarpe per vedere se ti vanno bene.*

- Tentare

Settepunti sta ***provando*** *a navigare su un guscio di noce.*

- Dimostrare

L'accusato del furto è riuscito a ***provare*** *la sua innocenza.*

- Sentire dentro di sé

Quando l'amico dovette partire, ***provò*** *un gran dispiacere.*

PROVOCARE [pro-vo-cà-re] *verbo*

- Essere la causa di qualcosa

Un brutto incendio ***ha provocato*** *la distruzione della casa di Caprone.*

PROVVISTA [prov-vì-sta] *nome*

• Ciò che si è messo da parte per necessità future; scorta, rifornimento

*Le topine hanno preparato una **provvista** di spremute per l'inverno.*

PRUDENTE [pru-dèn-te] *aggettivo*

• Che agisce stando attento ad evitare il più possibile pericoli o errori

*Chioccia non è molto **prudente** a confidare i suoi segreti a Linguaccia.*

PRURITO [pru-rì-to] *nome*

• Sensazione fastidiosa di irritazione alla pelle che provoca il bisogno di grattarsi

*A molte persone la lana sulla pelle provoca **prurito**.*

PUGNO [pù-gno] *nome*

• Mano chiusa

*Il bandito stringeva un'arma in **pugno**.*

• Colpo dato con la mano chiusa

*Bongo ha dato a Scimpa un **pugno** che lo ha lasciato a terra tramortito.*

A
B
C
D
E
F
G
H
I
L
M
N
O
P
Q
R
S
T
U
V
Z

PULIRE [pu-lì-re] *verbo*
• Liberare dallo sporco, dalla polvere
*Mamma Coniglietti **ha pulito** nella lavatrice la biancheria di tutta la famiglia.*

PULIZIA [pu-li-zì-a] *nome*
• L'essere, il tenersi pulito
*A Maialino piace sporcarsi, ma piace anche la **pulizia**.*

PUNGERE [pùn-ge-re] *verbo*
• Bucare leggermente la pelle con una punta sottile
*Una vespa mi **ha punto** sul collo e mi fa molto male.*

PUNIRE [pu-nì-re] *verbo*
• Colpire con una pena o un castigo
*Il giudice sta leggendo la condanna con cui **ha punito** il colpevole.*

PUNTA [pùn-ta] *nome*
• Estremità sottile e pungente di qualcosa
*Quando maneggi un ago, attento a non prenderlo dalla **punta**!*

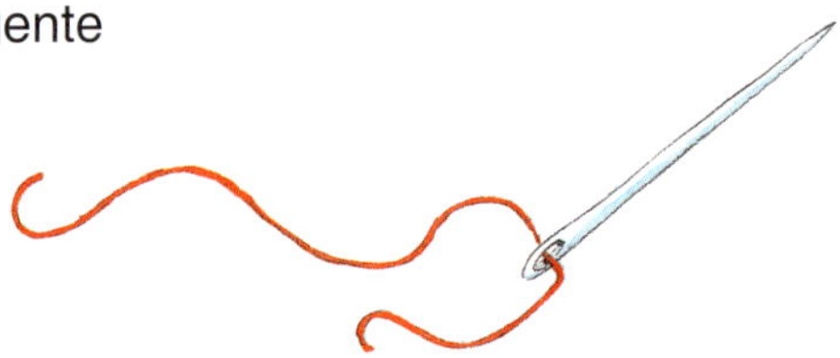

• Estremità di qualcosa
*Per non fare rumore camminavo in **punta** di piedi.*

PUNTURA [pun-tù-ra] *nome*

- Ferita superficiale provocata nella pelle da un oggetto appuntito

*Le **punture** delle vespe e delle api possono essere molto dolorose.*

PUPAZZO [pu-pàz-zo] *nome*

- Fantoccio

*La sorellina di Teddy porta sempre con sé un **pupazzo** di stoffa.*

PURO [pù-ro] *aggettivo*

- Non mescolato con altre sostanze, privo di elementi estranei

*Non c'è niente di più dissetante di un bicchiere di acqua **pura**.*

- Semplice

*Devi credermi, ti ho detto la **pura** verità.*

- Che non ha colpe o peccati, innocente, onesto

*Quel ragazzo ha un animo **puro**, non farebbe mai del male.*

PUZZARE [puz-zà-re] *verbo*

- Mandare un cattivo odore

*Il letame, cioè gli escrementi di alcuni animali, è molto utile per l'agricoltura… Peccato solo che **puzzi** un po'!*

QUADERNO [qua-dèr-no] *nome*
• Insieme di fogli per scrivere cuciti insieme e protetti da una copertina
*Oggi la maestra ci ha fatto scrivere sul **quaderno** una poesia.*

QUADRATO[1] [qua-drà-to] *nome*
• Figura geometrica composta da quattro lati uguali che formano quattro angoli retti
*La piazza del mio paese ha la forma di un **quadrato** perfetto.*

QUADRATO[2] [qua-drà-to] *aggettivo*
• Che ha quattro lati uguali e quattro angoli retti
*Il tavolo della cucina è **quadrato**.*

QUADRO [quà-dro] *nome*
• Dipinto, in genere circondato da una cornice
*In questo **quadro** si può vedere un antenato di Maialino... dopo una zuffa!*

QUALITÀ [qua-li-tà] *nome*

• Ogni caratteristica che permette di giudicare una persona o una cosa e che serve a distinguerla dalle altre

*In quel negozio ho comprato una stoffa di ottima **qualità**.*

• Pregio, dote

*Marco è un ragazzo che ha molte **qualità**.*

QUERCIA [quèr-cia] *nome*

• Albero con fusto alto e frutti ovali detti ghiande

*Il legno di **quercia** è molto duro e resistente.*

QUESTIONE [que-stió-ne] *nome*

• Problema da risolvere

*La **questione** dei rifiuti da smaltire sta diventando sempre più seria.*

QUIETE [qui-è-te] *nome*

• Calma, tranquillità, pace

*Robinson si gode la **quiete** dei campi.*

QUOTIDIANO[1] [quo-ti-dià-no] *aggettivo*

• Di ogni giorno, giornaliero

*Delle spese **quotidiane** si occupa la mamma.*

QUOTIDIANO[2] [quo-ti-dià-no] *nome*

• Giornale che si pubblica ogni giorno

*Maialino si guadagna qualche soldo andando a vendere i **quotidiani** per le strade.*

RABBIA [ràb-bia] *nome*

• Violenta irritazione, ira, collera

Quando capì di essere stato imbrogliato, fu preso da una gran ***rabbia****.*

RACCHETTA [rac-chét-ta] *nome*

• Attrezzo per giocare a tennis e a ping-pong

Oggi costruiscono delle ***racchette*** *da tennis sempre più leggere.*

RACCOGLIERE [rac-cò-glie-re] *verbo*

• Prendere su, sollevare da terra

Mi è caduto il tovagliolo, me lo puoi ***raccogliere*** *per favore?*

• Cogliere i frutti della terra, i prodotti agricoli

La famiglia di Teddy è andata nel bosco a ***raccogliere*** *i funghi.*

• Mettere insieme, radunare

Raccolse *le sue cose, le mise in valigia e partì.*

RACCONTARE [rac-con-tà-re] *verbo*

- Narrare, riferire fatti reali o immaginari

Ogni tanto il babbo ci ***racconta*** *di quando lui era giovane.*

RADERE [rà-de-re] *verbo*

- Tagliare via i peli o i capelli col rasoio

Oggi tutti i clienti del barbiere si sono fatti ***radere*** *a zero.*

RADICE [ra-dì-ce] *nome*

- Parte inferiore della pianta, che penetra nel terreno e assorbe le sostanze necessarie al suo nutrimento

Grosse ***radici*** *partivano come tentacoli dalla base del grande albero.*

RADIO [rà-dio] *nome*

- Apparecchio che riceve trasmissioni radiofoniche

Bongo si porta dietro una piccola ***radio*** *per ascoltare le ultime notizie.*

- Stazione che trasmette programmi radiofonici

Alcune ***radio*** *private trasmettono solo musica.*

A B C D E F G H I L M N O P Q R S T U V Z

RAFFREDDORE [raf-fred-dó-re] *nome*

• Infiammazione del naso e della gola

*Teddy e Spino hanno preso tutti e due un brutto **raffreddore**.*

RAGAZZO [ra-gàz-zo] *nome*

• Giovane, adolescente

*Ormai non è più un bambino, è diventato un **ragazzo**.*

RAGGIO [ràg-gio] *nome*

• Fascio sottile di luce

*Dalle nubi filtrò un **raggio** di sole.*

• Ciascuna delle sottili bacchette d'acciaio della ruota della bicicletta

*Maialino ha fatto un incidente in bicicletta, storcendo i **raggi** della ruota anteriore.*

RAGGIUNGERE [rag-giùn-ge-re] *verbo*

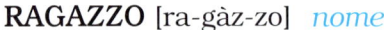

• Arrivare a fianco di chi ci precede

*Topo Bigio ha perso l'autobus e ha chiesto a Tartaruga di **raggiungerlo** al più presto.*

• Arrivare in un luogo

*Gli scalatori **raggiunsero** la vetta.*

• Arrivare a un dato livello

*Ieri la temperatura **ha raggiunto** i 35 gradi all'ombra.*

RAGNATELA [ra-gna-té-la] *nome*

• La tela a rete che il ragno tesse per catturare gli insetti di cui si nutre

*Ragnoni fa la guardia alla **ragnatela** in attesa che ci cada qualche insetto.*

RAGNO [rà-gno] *nome*

• Insetto con otto zampe

*Alcune specie di **ragni** sono velenose e molto pericolose.*

RALLENTARE [ral-len-tà-re] *verbo*

• Rendere più lento, meno veloce

*Sono un po' stanco, per favore potete **rallentare** un po' il passo?*

• Diminuire la velocità

*Il camionista ha dovuto **rallentare,** perché il fondo della strada è ghiacciato.*

RAMO [rà-mo] *nome*

• Parte dell'albero che dal tronco si allunga verso l'esterno e che porta le foglie, i fiori e i frutti

*I **rami** del melo erano carichi di frutti ormai maturi.*

• Ciascuna delle parti in cui può dividersi un fiume, un lago, una strada, una ferrovia

*Il fiume Po, prima di arrivare alla foce, si divide in cinque **rami**.*

RANA [rà-na] *nome*

• Animale anfibio di colore verde che vive negli stagni

*La **rana** gracida nello stagno.*

RAPIDO [rà-pi-do] *aggettivo*

• Molto veloce

*Dente Aguzzo è stato il più **rapido** nella gara di canoa.*

RARO [rà-ro] *aggettivo*

• Non frequente, non comune, difficile da trovare

*Un tempo sui nostri monti c'erano molti lupi, ma ora sono **rari**.*

RASTRELLO [ra-strèl-lo] *nome*

• Attrezzo agricolo costituito da un'asta munita di denti fissata a un lungo manico

*I contadini, dopo aver falciato l'erba dei campi, col **rastrello** l'ammucchiavano in covoni.*

RAZZO [ràz-zo] *nome*

• Fuoco d'artificio

*Zip ha montato un **razzo** sulla sua auto per andare più veloce.*

• Missile

*È stato lanciato nello spazio un **razzo** interplanetario.*

RE [ré] *nome*

• Capo di uno stato monarchico, di un regno

*Il leone è chiamato il **re** degli animali e il suo regno è la foresta.*

REAGIRE [re-a-gì-re] *verbo*

• Rispondere con una propria azione a una violenza o a un'offesa di altri

Teddy ha preso al laccio Asinello che ***reagisce*** *scalciando.*

REALE [re-à-le] *aggettivo*

• Che esiste nella realtà, che è vero e non inventato

La storia raccontata in questo film si basa su fatti ***reali****.*

REALIZZARE [re-a-liz-zà-re] *verbo*

• Mettere in pratica, trasformare in realtà

Volpino ***ha realizzato*** *finalmente il suo sogno di diventare astronauta.*

REATO [re-à-to] *nome*

• Atto o comportamento che va contro la legge

Chi ruba commette un ***reato****.*

RECENTE [re-cèn-te] *aggettivo*

• Avvenuto o fatto da poco tempo

Sui giornali vengono pubblicate le notizie più ***recenti****.*

RECIPIENTE [re-ci-pièn-te] *nome*

• Contenitore, specialmente per liquidi

Un tempo i ***recipienti*** *erano quasi tutti di vetro o di terracotta, mentre oggi sono per lo più di plastica.*

RECITARE [re-ci-tà-re] *verbo*

• Ripetere ad alta voce qualcosa che si è imparato a memoria

Gli amici si sono riuniti ad ascoltare Caprone che ***recita*** *poesie.*

• Fare una parte in uno spettacolo teatrale o in un film

Ieri sera ho visto un film in cui ***recita*** *il mio attore preferito.*

RECLAMARE [re-cla-mà-re] *verbo*

• Protestare, lamentarsi

Un cliente dell'albergo ***ha reclamato*** *perché la sua stanza era sporca.*

• Chiedere, pretendere qualcosa a cui si pensa di aver diritto

Dopo il fallo in area, i nostri giocatori ***hanno reclamato*** *un rigore.*

REGALARE [re-ga-là-re] *verbo*

• Dare in regalo, donare

Cartina ***ha regalato*** *a Foglietto un accappatoio di carta assorbente.*

REGALO [re-gà-lo] *nome*

• Ciò che viene regalato, dono

Il ***regalo*** *di Cartina è piaciuto molto a Foglietto.*

REGIONE [re-gió-ne] *nome*

• Zona della Terra, territorio con particolari caratteristiche geografiche

Le ***regioni*** *polari sono ricoperte di ghiacci tutto l'anno.*

• Ognuno dei venti grandi territori in cui è diviso lo stato italiano

*Sono nato in Lombardia, ma la **regione** in cui vivo è la Toscana.*

REGOLA [rè-go-la] *nome*

• Norma che stabilisce come comportarsi e ciò che si deve fare in una certa situazione o attività

*Nella classe di Sapienza la **regola** è che bisogna alzare la mano per chiedere di parlare.*

REMARE [re-mà-re] *verbo*

• Usare i remi per spostare una barca

*Le due formiche **remano** assieme sulla loro barca fatta con un baccello.*

RENDERE [rèn-de-re] *verbo*

• Ridare, restituire

*Per favore, mi **rendi** la penna che ti ho prestato?*

RESISTERE [re-sì-ste-re] *verbo*

• Opporsi validamente, non cedere

*I difensori della città assediata **resistettero** agli attacchi nemici.*

• Sopportare, reggere bene qualcosa

*È una persona forte, che sa **resistere** alla fatica.*

RESPIRARE [re-spi-rà-re] *verbo*

• Far entrare e uscire l’aria dai polmoni

Gli gnomi cercano di aiutare a ***respirare*** *lo scoiattolo che stava per annegare.*

RESTITUIRE [re-sti-tu-ì-re] *verbo*

• Ridare, rendere

Devo ***restituire*** *a un mio amico il libro che mi ha prestato.*

RESTO [rè-sto] *nome*

• Ciò che resta, che avanza

Mangerò dopo il ***resto*** *della torta, perché adesso non ho più fame.*

• Somma di denaro che deve avere indietro chi ha pagato qualcosa con un biglietto di valore superiore al suo prezzo

Se spendo 3 euro e pago con un biglietto da 5, quanto sarà il ***resto****?*

RETE [ré-te] *nome*

• Arnese per prendere pesci, uccelli o altri animali, formato da un insieme di fili intrecciati a maglia

Maialino cerca di catturare le farfalle con la sua piccola ***rete****.*

• Struttura formata da fili intrecciati metallici o di altro materiale

Le gabbie dei polli e dei conigli sono chiuse da una ***rete*** *metallica.*

• Barriera rettangolare di corde intrecciate che divide a metà il campo di tennis e di pallavolo
*Camel è più forte da fondo campo, ma sotto **rete** nessuno batte Sniff.*

• Nel calcio e in altri sport, la maglia di corda che chiude la porta (ma si chiama rete la porta stessa e anche il gol)
*Con un forte tiro l'attaccante ha mandato il pallone in **rete**.*

• Insieme di strade, di linee di comunicazione o di linee di distribuzione del gas, dell'acqua, dell'elettricità eccetera
*Per un guasto sulla **rete** elettrica siamo rimasti al buio.*

• Emittente radiotelevisiva
*Stasera c'è un bel film su una **rete** privata.*

RETTILE [rèt-ti-le] *nome*
• Animale a sangue freddo privo di zampe o con zampe molto corte
*I coccodrilli sono i **rettili** più grandi e feroci che ci siano.*

RETTO [rèt-to] *aggettivo*
• Diritto, senza curve
*Da qui al paese ci sono due chilometri in linea **retta**.*

A B C D E F G H I L M N O P Q R S T U V Z

RIBELLARSI [ri-bel-làr-si] *verbo*

• Mettersi a combattere contro un'autorità, un potere

*Il popolo **si ribellò** al feroce tiranno.*

• Opporsi, reagire

*Struzzo **si ribella** al dottore che vuol fargli prendere la medicina.*

RICAVARE [ri-ca-và-re] *verbo*

• Trarre, estrarre qualcosa da qualcos'altro

*Pinocchio **è stato ricavato** da un pezzo di legno.*

• Ottenere, guadagnare

*Dal suo lavoro riesce a **ricavare** appena di che vivere.*

RICCO [rìc-co] *aggettivo*

• Che possiede molto denaro, molti beni

*Mister Dollar è molto **ricco**, ma pensa solo ad arricchirsi di più.*

• Che ha grande abbondanza di qualcosa

*L'Italia è **ricca** di bellezze artistiche e naturali.*

RICERCA [ri-cér-ca] *nome*

• L'azione di cercare qualcuno o qualcosa

*Camel è alla **ricerca** di un'oasi, ma forse si è perduto nel deserto.*

RICHIESTA [ri-chiè-sta] *nome*

• Domanda per ottenere qualcosa

*Le hostess sono pronte a soddisfare le **richieste** dei passeggeri.*

RICONOSCERE [ri-co-nó-sce-re] *verbo*

• Identificare qualcuno o qualcosa come già noto

*Bracco pensa che nessuno lo **riconosca** se va in giro camuffato da albero.*

• Ammettere, confessare

***Ha riconosciuto** i propri errori e promesso che d'ora in poi si comporterà bene.*

RICORDARE [ri-cor-dà-re] *verbo*

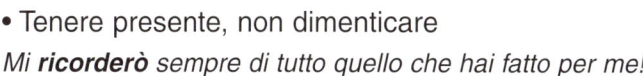

• Avere presente nella memoria

*Tutti **ricordano** molto bene che sul cavalletto prima c'era un quadro, ma non **ricordano** quale.*

• Richiamare alla memoria propria o di altri

*Ti **ricordo** che mi avevi promesso di portarmi al cinema.*

• Tenere presente, non dimenticare

*Mi **ricorderò** sempre di tutto quello che hai fatto per me!*

RICORDO [ri-còr-do] *nome*

• Ciò che si ricorda

*Invecchiando si vive di **ricordi**.*

• Oggetto che fa ricordare qualcuno o qualcosa

*Pardy tiene ancora questo giocattolo come **ricordo** della sua infanzia.*

RIDARE [ri-dà-re] *verbo*

• Dare di nuovo

*Ho perso il tuo numero di telefono, potresti **ridarmelo**?*

• Restituire, rendere

*Non mi **ha** ancora **ridato** il libro che gli ho prestato un anno fa.*

RIDERE [rì-de-re] *verbo*

• Manifestare allegria, divertimento con una particolare espressione della faccia ed emettendo i tipici suoni brevi e ripetuti

*Tigrotto è scoppiato a **ridere** per la barzelletta che gli hanno raccontato.*

RIDICOLO [ri-dì-co-lo] *aggettivo*

• Che fa ridere (in genere senza volerlo)

*La signora Chioccia non si accorge che a volte si veste in modo un po' **ridicolo**.*

RIEMPIRE [ri-em-pì-re] *verbo*

• Rendere pieno, colmare

*Ti ho chiesto un goccio di vino, ma tu mi **hai riempito** il bicchiere.*

RIFIUTARE [ri-fiu-tà-re] *verbo*

• Respingere, non accettare

*Topo Bigio è deluso perché la topina **ha rifiutato** il suo dono.*

• Negare, non concedere

*Perché **hai rifiutato** un aiuto a un amico come lui?*

RIFUGIO [ri-fù-gio] *nome*

• Luogo che offre riparo e protezione

*D'inverno gli orsi cercano un **rifugio** tranquillo dove dormire.*

RIGIDO [rì-gi-do] *aggettivo*

• Severo

*I soldati devono osservare una **rigida** disciplina.*

• Non elastico, duro

*La pietra è un materiale **rigido**.*

• Molto freddo

*Anche quando il clima si fa **rigido**, Robinson non smette di viaggiare.*

RIGUARDO [ri-guàr-do] *nome*

• Cura, attenzione

*Ti ammali spesso, devi avere più **riguardo** della tua salute.*

• Rispetto

*Il bambino ha mancato di **riguardo** alla maestra, rispondendole male.*

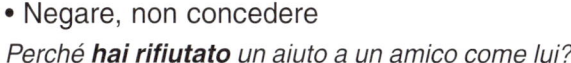

RIMANERE [ri-ma-né-re] *verbo*

- Fermarsi, trattenersi in un posto

*La nonna ha deciso di **rimanere** a pranzo da noi.*

- Continuare a stare o ritrovarsi in una certa condizione

*Von Fox **è rimasto** appeso all'insegna con il suo paracadute.*

- Avanzare, restare

*Dopo quella spesa mi **sono rimasti** solo pochi soldi.*

RIMEDIO [ri-mè-dio] *nome*

- Mezzo, provvedimento capace di eliminare o limitare qualcosa di negativo

*Il governo sta cercando dei **rimedi** per combattere il carovita.*

- Medicinale o cura in grado di combattere e guarire una malattia

*Il medico gli ha dato un **rimedio** contro la tosse.*

RIMPROVERARE [rim-pro-ve-rà-re] *verbo*

- Sgridare

*Sapienza **rimprovera** Mascherina perché ha rubato di nuovo.*

RINCHIUDERE [rin-chiù-de-re] *verbo*

- Chiudere dentro

*Igor **è stato rinchiuso** in una gabbia perché ha combinato troppi disastri.*

RINGHIERA [rin-ghiè-ra] *nome*

• Protezione per impedire le cadute, posta al bordo di balconi, terrazze, scale

*Piumino, Puf e Paf giocano a scivolare lungo la **ringhiera**.*

RINGRAZIARE [rin-gra-zià-re] *verbo*

• Dire grazie a qualcuno per qualcosa che ha fatto per noi

*Ti **ringrazio** per tutto l'aiuto che mi hai dato.*

RINOCERONTE [ri-no-ce-rón-te] *nome*

• Grosso mammifero africano e asiatico, con pelle molto spessa e uno o due corni sul muso

*Il **rinoceronte** sembra lento e pesante, ma quando si arrabbia è molto veloce.*

RINUNCIARE [ri-nun-cià-re] *verbo*

• Rifiutare qualcosa a cui si ha diritto o che viene offerto

***Ha rinunciato** a quell'offerta di lavoro perché non gli conviene.*

• Decidere di non fare più qualcosa che si stava per fare

*Topo Sniff pensava di uscire dalla sua tana, ma ora pensa di **rinunciare**.*

• Fare a meno di qualcosa

*Per smettere di ingrassare, ha deciso di **rinunciare** ai dolci.*

A B C D E F G H I L M N O P Q R S T U V Z

RIPARARE [ri-pa-rà-re] *verbo*

• Proteggere, difendere

*Per fortuna il topino ha trovato un fungo che lo **ripara** dalla pioggia.*

• Aggiustare, rimettere in buono stato

*Sapienza sta cercando di **riparare** da solo il suo lavandino rotto.*

RIPETERE [ri-pè-te-re] *verbo*

• Fare o dire di nuovo qualcosa

*Certi pappagalli imparano a **ripetere** le parole che ascoltano.*

RIPIDO [rì-pi-do] *aggettivo*

• Che è in forte pendenza

*Eravamo tutti affaticati, perché la salita era molto **ripida**.*

RIPOSARE [ri-po-sà-re] *verbo*

• Interrompere la fatica, recuperare le energie

*Sono stanco, andrò qualche giorno in montagna a **riposare**.*

• Dormire

*Quando il ghiro è nella sua cesta a **riposare**, guai a chi lo sveglia!*

• Dare riposo

*Hai studiato troppo, ora hai bisogno di **riposare** la mente.*

RIPOSO [ri-pò-so] *nome*

• Interruzione di un'attività per eliminare la stanchezza e recuperare le forze

Dopo aver letto il giornale, Ippopò ha bisogno di un po' di ***riposo****.*

RISCHIO [rì-schio] *nome*

• Possibilità di subire un danno; pericolo

Senza la mappa Talpa correrebbe il ***rischio*** *di non trovare più l'uscita della miniera.*

RISERVA [ri-sèr-va] *nome*

• Scorta che viene messa da parte per utilizzarla al momento opportuno

Non c'è più niente da mangiare: sono finite anche le ***riserve*** *di viveri.*

RISO[1] [rì-so] *nome*

• L'atto del ridere

Un proverbio dice che "il ***riso*** *fa buon sangue" e cioè che il buonumore fa bene alla salute.*

RISO[2] [rì-so] *nome*

• Piccola pianta coltivata di cui si mangiano i semi (chicchi) dopo averli cotti

Panda è felice quando può mangiarsi un bel piatto di ***riso****.*

RISOLVERE [ri-sòl-ve-re] *verbo*

• Trovare la soluzione di qualcosa

L'investigatore Bracco sta cercando di ***risolvere*** *uno strano mistero.*

RISPARMIARE [ri-spar-mià-re] *verbo*

• Limitare il consumo di qualcosa

Con le lampadine a basso consumo si ***risparmia*** *elettricità.*

• Limitare le spese

Questo mese dobbiamo cercare di ***risparmiare****.*

• Mettere da parte

È riuscito a ***risparmiare*** *qualche soldo per la vecchiaia.*

RISPETTARE [ri-spet-tà-re] *verbo*

• Trattare con rispetto, non offendere

La maestra ci dice sempre che dobbiamo ***rispettare*** *gli altri.*

• Evitare di maltrattare, rovinare o sciupare

Violetta ha imparato a ***rispettare*** *i fiori e la natura.*

RISPONDERE [ri-spón-de-re] *verbo*

• Replicare con parole a quanto viene detto o richiesto da altri

Cinghia ha chiesto a Porcelli se ha visto Robinson e Porcelli gli ***ha risposto****: «Guarda, è laggiù!».*

RISTORANTE [ri-sto-ràn-te] *nome*
- Locale pubblico in cui si possono consumare pasti completi

*Tommy, Barbetta e Bully hanno aperto un **ristorante** un po' speciale…*

RITAGLIO [ri-tà-glio] *nome*
- Pezzo tagliato via da qualcosa

*In soffitta ho trovato una scatola piena di vecchi **ritagli** di giornale.*

RITARDO [ri-tàr-do] *nome*
- L'arrivare più tardi di quanto era previsto o stabilito

*Topo Bigio sta correndo più che può per non arrivare in **ritardo** all'appuntamento.*

RITIRARE [ri-ti-rà-re] *verbo*

- Levare, riprendere

*I panni stesi al sole sono asciutti, si può andare a **ritirarli**.*

- Prendere, farsi consegnare

*I passeggeri sbarcati dall'aereo vanno a **ritirare** i loro bagagli.*

RITRATTO [ri-tràt-to] *nome*
- Fotografia, disegno o pittura che raffigura una persona

*Orso Pittore osserva il **ritratto** che sta facendo a sua sorella.*

RIUNIONE [riu-nió-ne] *nome*

• Incontro di più persone in un luogo per un certo scopo

Barbetta sta facendo il suo discorso alla ***riunione*** *dei cani.*

RIUSCIRE [riu-scì-re] *verbo*

• Ottenere un certo risultato

Tigrotto è dovuto andare sotto il camion per ***riuscire*** *a ripararlo.*

• Avere un certo esito

La festa della scuola ***è riuscita*** *molto bene.*

• Essere in grado di fare qualcosa

Era così spaventata che non ***riusciva*** *a parlare.*

RIVA [rì-va] *nome*

• Striscia di terra bagnata dalle acque del mare, di un lago o di un fiume

A Ranocchio piace sdraiarsi a riposare in ***riva*** *al fiume.*

RIVALE [ri-và-le] *nome*

• Chi è in gara o in lotta con altri; concorrente, avversario

I due ***rivali*** *si sono sfidati a duello.*

RIVINCITA [ri-vìn-ci-ta] *nome*

• Nuova partita in cui chi ha perso ha la possibilità di rifarsi

*Ho perso la prima partita, ma adesso facciamo la **rivincita**.*

RIVOLTA [ri-vòl-ta] *nome*

• Violenta e improvvisa ribellione di massa contro un'autorità.

*La Rivoluzione Francese iniziò come una **rivolta** popolare.*

ROBA [rò-ba] *nome*

• Cosa o insieme di cose

*Abbiamo la casa piena di tanta **roba** inutile.*

ROBUSTO [ro-bù-sto] *aggettivo*

• Forte e muscoloso; grosso e tozzo

*Non sempre la signora Rinocò trova vestiti adatti alla sua corporatura **robusta**.*

• Solido, resistente

*Gli scalatori salivano la montagna aggrappati a una **robusta** fune.*

ROCCIA [ròc-cia] *nome*

• Massa dura e compatta di minerali che forma gran parte della crosta terrestre

*Gli operai stanno scavando una galleria nella **roccia** della montagna.*

• Masso di pietra che esce dal terreno o dall'acqua

*Il torrente di montagna scendeva in mezzo alle **rocce** formando piccole cascate.*

ROMPERE [róm-pe-re] *verbo*
• Spaccare, fare a pezzi
*Il ciclista è caduto su una vetrata e l'**ha rotta**.*

RONZIO [ron-zì-o] *nome*
• Rumore prodotto da alcuni insetti quando volano
*Non riusciva ad addormentarsi infastidito dal **ronzio** di una mosca.*

ROSA [rò-sa] *nome*
• Pianta spinosa con fiori più o meno profumati e di vario colore; il fiore stesso di questa pianta
*Andò in giardino e colse una **rosa**.*

ROSICCHIARE [ro-sic-chià-re] *verbo*
• Consumare a poco a poco con i denti
*Dente Aguzzo **rosicchia** dei rami per fare i paletti per la sua tenda.*

ROTAIA [ro-tà-ia] *nome*
• Ciascuna delle due strisce d'acciaio su cui scorrono le ruote di treni e tram
*Il ferroviere controlla le **rotaie** prima del passaggio del treno.*

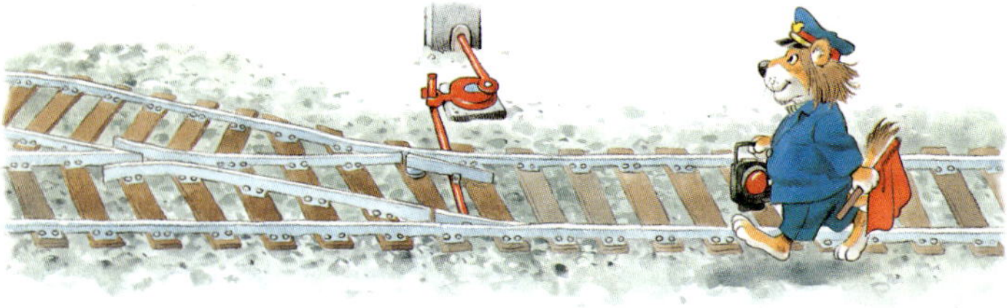

ROTELLA [ro-tèl-la] *nome*

• Piccola ruota usata in vari attrezzi e meccanismi

Tigrotto controlla se a Robotto manca una ***rotella****.*

ROTOLARE [ro-to-là-re] *verbo*

• Muoversi o cadere girando su se stesso

Maialino fa ***rotolare*** *una balla di fieno e Tip Tap ci balla sopra.*

ROTOLO [rò-to-lo] *nome*

• Materiale avvolto su se stesso in modo da formare un cilindro

Consumiamo un ***rotolo*** *di carta igienica alla settimana.*

ROTONDO [ro-tón-do] *aggettivo*

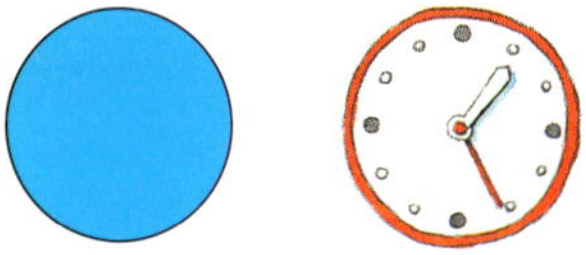

• Che ha la forma di un cerchio o di una sfera

Il bollino azzurro e l'orologio a muro hanno la stessa forma ***rotonda****.*

ROTTURA [rot-tù-ra] *nome*

• Spaccatura

La casa si è allagata in seguito alla ***rottura*** *di un tubo.*

• Guasto

A causa della ***rottura*** *dei freni il Comandante si arrangia come può.*

ROVESCIARE [ro-ve-scià-re] *verbo*

• Rivoltare, capovolgere
*Un'ondata improvvisa **rovesciò** la nostra barca.*

• Far cadere
*Ma perché scappano tutti **rovesciando** le sedie?*

• Versare giù o fuori
*Attento, versa bene il vino, lo stai **rovesciando** tutto sulla tovaglia!*

ROVINARE [ro-vi-nà-re] *verbo*

• Danneggiare, guastare gravemente
*Caprone **ha rovinato** tutto il fienile finendoci contro con la scavatrice.*

• Mandare in fallimento, in miseria
*Con le sue spese folli **ha rovinato** la famiglia.*

RUBARE [ru-bà-re] *verbo*

• Prendere di nascosto o senza permesso qualcosa che appartiene ad altri
*Solo adesso Topo Bigio si accorge che gazza gli **ha rubato** l'orologio.*

RUBINETTO [ru-bi-nét-to] *nome*

• Congegno che regola l'uscita di un liquido o di un gas

Ricordati di chiudere il ***rubinetto*** *del gas prima di uscire.*

RUGGITO [rug-gì-to] *nome*

• Verso caratteristico del leone e di altri animali feroci

Il ***ruggito*** *del leone può far accapponare la pelle.*

RUMORE [ru-mó-re] *nome*

• Qualsiasi suono non musicale, specialmente se sgradevole e fastidioso

Pim, Pum, Pam fanno più ***rumore*** *che possono, ma Ghiro non si sveglia.*

RUOTA [ruò-ta] *nome*

• Elemento girevole a forma di cerchio che permette a un veicolo di spostarsi

L'invenzione della ***ruota*** *è stata una delle più importanti della storia umana.*

RUSSARE [rus-sà-re] *verbo*

• Respirare rumorosamente nel sonno

Ghiro si è addormentato al cinema e ***russa*** *così forte che disturba tutti gli altri spettatori.*

SABBIA [sàb-bia] *nome*

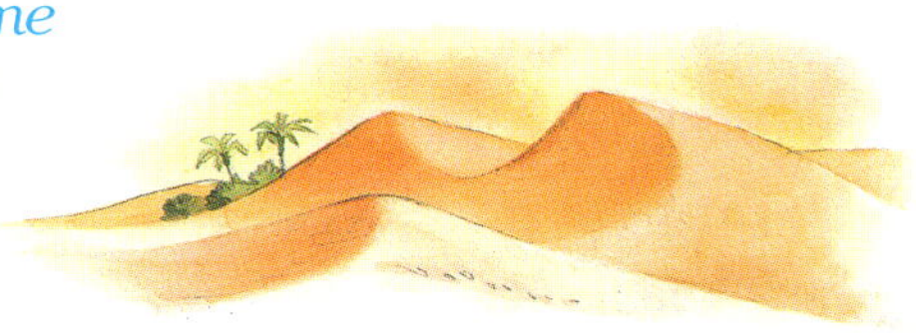

• Insieme di piccolissimi granelli di roccia

*Nei deserti il vento forma spesso dune di **sabbia**.*

SACCO [sàc-co] *nome*

• Contenitore di tela, carta o plastica, lungo e stretto, aperto in alto

*Babbo Natale è preoccupato perché si è bucato il **sacco** dei regali.*

• Gran quantità, molto

*Quest'anno per Natale ho ricevuto un **sacco** di regali.*

SALAME [sa-là-me] *nome*

• Alimento di carne di maiale tritata, salata e insaccata in forme cilindriche

*A me il **salame** piace molto, ma la mamma dice che non devo mangiarne troppo.*

SALE [sà-le] *nome*

- Sostanza bianca, estratta dal mare o da miniere, usata per dare sapore ai cibi o per conservarli

*Mi passi per favore il contenitore del **sale**?*

SALIRE [sa-lì-re] *verbo*

- Andare verso l'alto

*Jumbo sta **salendo** per le scale mentre Ippopò le sta scendendo: cosa succederà?*

- Montare sopra qualcosa

***Siamo saliti** sul treno poco prima che partisse.*

- Crescere, aumentare

*Le forti piogge hanno fatto **salire** il livello del fiume.*

SALITA [sa-lì-ta] *nome*

- Tratto di strada o di terreno che sale

*Alla fine della **salita** eravamo tutti stanchi e sudati.*

SALTO [sàl-to] *nome*

- Movimento del corpo con cui ci si stacca di slancio da terra per ricadere nello stesso punto, o in un punto distante, o più basso o più alto

*Ranocchio è un campione di **salto** in alto, mentre Pardy è più bravo nel **salto** con l'asta.*

A B C D E F G H I L M N O P Q R S T U V Z

SALUTARE [sa-lu-tà-re] *verbo*

• Rivolgere parole o gesti di cortesia a chi si incontra o si lascia

La locomotiva sta per partire e il macchinista ***saluta*** *chi è sul binario.*

SALUTE [sa-lù-te] *nome*

• Stato di benessere dell'organismo

Mangiare e bere troppo fa male alla ***salute****.*

• Condizione in cui si trova l'organismo di una persona

Dopo l'influenza, sono tornato presto in buona ***salute****.*

SALVARE [sal-và-re] *verbo*

• Tirare fuori qualcuno da un grave pericolo e specialmente sottrarlo alla morte

Il topino stava annegando, ma per fortuna è arrivato il riccio a ***salvarlo****.*

SANGUE [sàn-gue] *nome*

• Liquido di colore rosso che circola nelle arterie e nelle vene dell'uomo e di molti animali

Mi sono fatto un taglio al dito ed è uscito un po' di ***sangue****.*

SAPERE [sa-pé-re] *verbo*

• Conoscere

*Nel mondo d'oggi è importante **sapere** le lingue straniere.*

• Essere o venire a conoscenza di qualcosa

***Abbiamo saputo** la notizia dalla televisione.*

• Essere consapevole, rendersi conto di qualcosa

***Sa** di essersi comportato male ed è pentito.*

• Essere capace di fare qualcosa

*Oscar pensava di **saper** sciare molto bene...*

SAPONE [sa-pó-ne] *nome*

• Sostanza usata per lavare

*Mi piace lavarmi le mani con il **sapone** liquido.*

SAPORE [sa-pó-re] *nome*

• Sensazione che si prova nella bocca ingerendo un cibo, una bevanda o un'altra sostanza

*Coccodrill è felice perché non aveva mai provato il **sapore** della neve.*

SARTO [sàr-to] *nome*

• Chi taglia e confeziona abiti su misura

*Lupo Attila chiede al **sarto** se questi pantaloni erano per lui o per Ippopò.*

A B C D E F G H I L M N O P Q R S T U V Z

SASSO [sàs-so] *nome*

• Piccolo frammento di roccia; ciottolo, pietra

Igor è sempre così affamato che mangerebbe anche i ***sassi****.*

SAZIO [sà-zio] *aggettivo*

• Che ha soddisfatto completamente la fame, l'appetito

Dopo questa scorpacciata di marmellate, Teddy è davvero ***sazio****.*

SBAGLIARE [sba-glià-re] *verbo*

• Compiere un'azione in modo errato, non esatto

Teddy ***ha sbagliato*** *l'addizione.*

• Scegliere male

Dopo essere stato truffato dal Gatto e dalla Volpe, Pinocchio si accorse di ***aver sbagliato*** *amici.*

• Confondere una persona o una cosa con un'altra

Abbiamo sbagliato *autobus, è un altro quello che va alla stazione.*

SBRIGARSI [sbri-gàr-si] *verbo*

• Fare presto, affrettarsi

Mascherina, dopo il furto dell'uva, deve ***sbrigarsi*** *a scappare perché sta arrivando Porcelli con in mano il forcone.*

SBUCARE [sbu-cà-re] *verbo*
• Uscire fuori da una buca o da un luogo chiuso o riparato
*Codafolta saluta Giraffa la cui testa **è sbucata** dal fogliame.*

• Comparire all'improvviso
*Ma da dove **sei sbucato** fuori, che non ti avevo visto prima?*

SBUCCIARE [sbuc-cià-re] *verbo*
• Togliere la buccia
*Le arance si possono **sbucciare** anche con le mani.*

SCALA [scà-la] *nome*
• Struttura fissa o attrezzo spostabile che permettono di spostarsi, mediante una serie di gradini, da un livello a un altro posto più in alto o più in basso
*Maialino è salito sulla **scala** per addobbare l'albero di Natale.*

SCALDARE [scal-dà-re] *verbo*
• Far diventare caldo o più caldo
*Sto **scaldando** l'acqua per il tè.*

SCALINO [sca-lì-no] *nome*
• Ognuno dei ripiani di una scala su cui si appoggiano i piedi
*La signora Ippopò sale gli **scalini** cercando di essere più leggera possibile.*

SCAMBIARE [scam-bià-re]
verbo

• Prendere una persona o una cosa per un'altra
*Papà Coniglietti non **ha scambiato** Puf per Paf, solo che Paf si è abbassato e lo scapaccione lo ha preso Puf!*

• Dare o prendere una cosa in cambio di un'altra
*Ti va di **scambiare** il mio libro con il tuo?*

SCAPPARE [scap-pà-re] *verbo*

• Fuggire
*Zip passa quasi tutto il suo tempo a **scappare** da Graffia.*

• Sfuggire
*Il bicchiere mi **è scappato** di mano ed è caduto per terra.*

SCARICARE [sca-ri-cà-re] *verbo*

• Togliere il carico da un mezzo di trasporto
*Maialino aiuta papà Porcelli a **scaricare** i cocomeri dal carro.*

• Togliere le cartucce da un'arma o far esaurire la carica di un apparecchio elettrico
***Hai scaricato** la batteria del telefonino lasciandolo acceso.*

• Versare, gettare
*La fognatura **scarica** le sue acque nel fiume e lo inquina.*

SCARPA [scàr-pa] *nome*

• Calzatura che ricopre il piede fino alla caviglia

*Le **scarpe** da ginnastica sono molto comode.*

SCARTARE [scar-tà-re] *verbo*

• Togliere qualcosa dalla carta in cui è avvolto

*Che bello **scartare** i regali di Natale!*

• Eliminare o non accettare

*Abbiamo dovuto **scartare** molte delle mele acquistate, perché erano marce.*

SCATOLA [scà-to-la] *nome*

• Contenitore di cartone, di legno, di plastica o di metallo, in genere con coperchio

*Coccodrill si chiede chi gli avrà fatto lo scherzo di mandargli tutte queste **scatole** con dentro una sola caramella.*

SCAVALCARE [sca-val-cà-re] *verbo*

• Passare al di sopra e al di là di un ostacolo

*Mascherina **scavalca** il muro per andare a rubare un po' di frutta da un albero.*

A B C D E F G H I L M N O P Q R S T U V Z

SCAVARE [sca-và-re] *verbo*

• Formare una buca nel terreno

*Codafolta sta **scavando** una buca in cui mettere le provviste per l'inverno.*

• Rendere cavo

*Gli indiani **scavavano** dei tronchi col fuoco per fare le loro canoe.*

SCEGLIERE [scé-glie-re] *verbo*

• Prendere, decidere o indicare, tra varie cose o persone, quella che si preferisce

*Maialino è indeciso: non sa quale **scegliere** delle due torte.*

SCENA [scè-na] *nome*

• La parte del palcoscenico in cui recitano gli attori

*Quando l'attore entrò in **scena** si sentiva molto emozionato.*

• Ciascuno dei momenti in cui si sviluppa la vicenda rappresentata in un'opera teatrale o in un film

*La **scena** del film in cui muore il protagonista è molto commovente.*

• Spettacolo naturale o avvenimento reale

*Il paesaggio delle montagne offriva una **scena** incantevole.*

SCHERMO [schér-mo] *nome*

• Superficie bianca rettangolare su cui si proiettano le immagini di film o fotografie

*La luce si spense e sullo **schermo** comparvero le prime immagini.*

SCHERZO [schér-zo] *nome*

• Cosa che si dice o si fa non sul serio, ma per divertirsi o per prendere in giro qualcuno

*Scimpa ha fatto uno **scherzo** a Coccodrill e a Fettuccia, annodando le loro code.*

SCHIACCIARE [schiac-cià-re] *verbo*

• Premere o pestare con forza qualcosa fino ad appiattirlo, danneggiarlo o romperlo

*Ippopò si è seduto senza accorgersene su Cartina e Foglietto e li **ha schiacciati**.*

SCHIAFFO [schiàf-fo] *nome*

• Colpo dato sulla faccia con la mano aperta

*Ha risposto male alla mamma e si è preso uno **schiaffo**.*

SCHIENA [schiè-na] *nome*

• La parte posteriore del corpo umano, dalle spalle ai fianchi

*Qui non vediamo la faccia di Franz, perché lo vediamo di **schiena**.*

SCHIUMA [schiù-ma] *nome*

• Insieme di piccole bolle d'aria che si formano sulla superficie di un liquido che viene agitato o che bolle

*Versa lentamente la birra, altrimenti fa troppa **schiuma**.*

A B C D E F G H I L M N O P Q R S T U V Z

SCHIVARE [schi-và-re] *verbo*

- Evitare, scansare

*Oscar cerca di **schivare** i pomodori che gli lancia il pubblico.*

SCHIZZO [schìz-zo] *nome*

- Spruzzo, getto sottile e violento di acqua o di altro liquido

*Il castoro cerca di proteggersi dagli **schizzi** della canna.*

SCI [sci] *nome*

- Ciascuno dei due attrezzi per scivolare sulla neve formati da un'asse lunga e stretta

*Gli **sci** che si usano oggi sono più corti di quelli di una volta.*

- Lo sport che si pratica con questi attrezzi

*Lupo Attila è alla sua prima gara di **sci**... e si vede!*

SCIA [scì-a] *nome*

- Traccia di schiuma che una nave o un'imbarcazione lasciano sull'acqua dietro di sé

*I delfini nuotavano e giocavano nella **scia** della nave.*

SCIACQUARE [sciac-quà-re] *verbo*

• Passare nell'acqua una cosa già lavata per togliere sapone o detersivo

*Quando la signora Porcelli è ammalata, Maialino l'aiuta lavando e **sciacquando** i piatti.*

SCIAGURA [scia-gù-ra] *nome*

• Grave disgrazia, disastro

*Nella **sciagura** aerea sono morte molte persone.*

SCIARPA [sciàr-pa] *nome*

• Fascia di tessuto che si porta intorno al collo

*Il cugino di Zip porta sempre la **sciarpa** per evitare di prendersi qualche malanno.*

SCIMMIA [scìm-mia] *nome*

• Il mammifero più simile all'uomo, molto agile e dal corpo peloso

*Le **scimmie** saltano da un albero all'altro aggrappate alle liane.*

SCINTILLA [scin-tìl-la] *nome*

• Minuscolo frammento di materia infuocata o piccolo lampo luminoso provocato da una scarica elettrica

*A volte basta un **scintilla** per provocare un incendio.*

SCIOGLIERE [sciò-glie-re] *verbo*

• Disfare ciò che è legato, annodato

*Il nodo era così stretto che non si riusciva a **sciogliero**.*

• Liberare una persona o un animale da ciò che li lega

*Il cane si mise a fare grandi feste quando il padrone lo **sciolse** dalla catena.*

• Far diventare liquido, fondere

*Maialino trema tutto, ma il calore del suo corpo sta **sciogliendo** il ghiaccio.*

SCIUPARE [sciu-pà-re] *verbo*

• Ridurre in cattivo stato, rovinare

*La scavatrice guidata da Caprone è finita addosso alla biancheria stesa di mamma Coniglietti e la sta **sciupando** tutta.*

• Sprecare

*Non mi piace **sciupare** il mio tempo senza fare niente.*

SCIVOLARE [sci-vo-là-re] *verbo*

• Scorrere e spostarsi con facilità su una superficie liscia

*Il bambino si diverte a **scivolare** sul laghetto ghiacciato.*

• Cadere muovendosi su una superficie liscia

*La bambina **è scivolata** sul ghiaccio e ha preso una botta sul sedere.*

• Sfuggire alla presa

*La bottiglia mi **è scivolata** di mano ed è caduta.*

SCODELLA [sco-dèl-la] *nome*

• Tazza a coppa senza manico; ciotola

*Il caffelatte bollente fumava nella **scodella**.*

• Piatto fondo per minestre

*La zuppa era pronta e venne distribuita nelle **scodelle**.*

SCOIATTOLO [sco-iàt-to-lo] *nome*

• Piccolo mammifero con la coda lunga e folta

*Gli **scoiattoli** sono molto ghiotti di noci, ghiande, nocciole e noccioline.*

SCOLARO [sco-là-ro] *nome*

• Alunno, specialmente della scuola primaria o secondaria di primo grado

*Gli **scolari**, con zainetti e cartelle, stanno per entrare a scuola.*

SCOLPIRE [scol-pì-re] *verbo*

• Lavorare con lo scalpello un materiale duro per ricavarne delle figure o incidervi dei segni

*Lo scultore sta **scolpendo** un blocco di marmo, ma ancora non si capisce cosa ne verrà fuori.*

A B C D E F G H I L M N O P Q R S T U V Z

SCOMODO [scò-mo-do] *aggettivo*

• Non comodo, non confortevole

Jumbo trova che sia molto ***scomodo*** *camminare con le stampelle.*

SCOMPARIRE [scom-pa-rì-re] *verbo*

• Non essere più visibile, sparire

La nave si allontanò e ***scomparve*** *all'orizzonte.*

SCONFIGGERE [scon-fig-ge-re] *verbo*

• Vincere, battere

Scimpa, Bongo e Kangaru tentano inutilmente di ***sconfiggere*** *Polipò a tennis.*

SCONOSCIUTO [sco-no-sciù-to] *aggettivo*

• Non ancora conosciuto, ignoto

Ci siamo trovati in una zona della città che ci era ***sconosciuta****.*

SCONTENTO [scon-tèn-to] *aggettivo*

• Non contento, insoddisfatto

Ragnoni è ***scontento****, perché non è ancora entrato nessuno nella sua ragnatela.*

SCONTRO [scón-tro] *nome*

• Urto violento tra veicoli

Solo con una virata all'ultimo momento Von Fox è riuscito a evitare lo ***scontro*** *con Alanera.*

• Zuffa, battaglia, combattimento

Allo stadio ci sono stati degli ***scontri*** *tra tifosi e polizia.*

SCOPA [scó-pa] *nome*

• Arnese per spazzare i pavimenti

È inutile lavare il pavimento se prima non si passa la ***scopa****.*

SCOPERTA [sco-pèr-ta] *nome*

• L'arrivare a conoscere o a trovare ciò che prima era ignoto

La ***scoperta*** *degli antibiotici ha salvato molte vite umane.*

SCOPO [scò-po] *nome*

• Obiettivo, fine che si vuole raggiungere

Il padre consiglia il figlio allo ***scopo*** *di aiutarlo.*

SCOPPIO [scòp-pio] *nome*

• Rottura improvvisa e violenta

Zip ha dovuto fermarsi a causa dello ***scoppio*** *di un pneumatico.*

• Esplosione

La notte è stata illuminata dallo ***scoppio*** *dei fuochi d'artificio.*

SCOPRIRE [sco-prì-re] *verbo*

• Togliere da qualcosa ciò che lo copre, che lo nasconde

L'acqua sta bollendo e se non ***scopri*** *la pentola esce tutta.*

• Arrivare a conoscere ciò che prima era ignoto

Sono riuscito a scoprire il suo segreto.

SCORGERE [scòr-ge-re] *verbo*

• Vedere, riuscire a vedere

Robinson ***ha scorto*** *una nave all'orizzonte e spera che sia quella che verrà a salvarlo.*

SCORRAZZARE [scor-raz-zà-re] *verbo*

• Correre in qua e in là, specialmente per divertimento

A Robinson piace ***scorrazzare*** *in monopattino col suo amico leprotto.*

SCORTA [scòr-ta] *nome*

• La persona o le persone che accompagnano qualcuno con il compito di proteggerlo o sorvegliarlo

Il giudice minacciato dai banditi si muoveva sempre con la ***scorta****.*

• Provvista di qualcosa da utilizzare in futuro o in caso di necessità

Tartaruga ha munito di una ruota di ***scorta*** *il suo monopattino.*

SCOSSA [scòs-sa] *nome*

- Movimento improvviso e violento

*La **scossa** di terremoto ha fatto tremare la casa per qualche secondo.*

- Sensazione che si prova quando si viene colpiti da una scarica elettrica

*Volpino ha abbracciato troppo forte Robotto e ha preso la **scossa**.*

SCRITTA [scrìt-ta] *nome*

- Parola o frase scritta su un muro, su un cartello, su un'insegna e simili

*A Tasso Tinta avevano chiesto di dipingere una **scritta**... e lui ha obbedito!*

SCRIVERE [scrì-ve-re] *verbo*

- Tracciare lettere, parole, numeri

*Io ho imparato a **scrivere** quando avevo cinque anni.*

- Esprimere e comunicare pensieri e sentimenti per mezzo della scrittura

*Il giudice sta **scrivendo** una lettera a un collega.*

- Comporre un'opera letteraria, scientifica, musicale ecc.

*Mi piacerebbe **scrivere** una bella fiaba.*

A B C D E F G H I L M N O P Q R S T U V Z

A B C D E F G H I L M N O P Q R S T U V Z

SCULTURA [scul-tù-ra] *nome*

• L'arte e la tecnica dello scolpire

*Nessuno era abile nella **scultura** quanto Michelangelo.*

• Opera scolpita

*Tigrotto osserva un'antica **scultura** che rappresenta un suo antenato.*

SCUOLA [scuò-la] *nome*

• Attività organizzata per insegnare qualcosa

*Dopo la **scuola** elementare c'è la **scuola** media e quella superiore.*

• L'edificio in cui si svolge tale attività

*Nel mio quartiere stanno costruendo una nuova **scuola**.*

SCUOTERE [scuò-te-re] *verbo*

• Agitare, sbattere con forza

*Un vento furioso **scuoteva** i rami degli alberi.*

• Turbare, sconvolgere

*La disastrosa caduta in mongolfiera **ha** parecchio **scosso** Ranocchio e la sua compagna di avventura.*

SCURO [scù-ro] *aggettivo*

• Privo di luce, buio

*Era una notte **scura**, senza luna e senza stelle.*

• Di colore non chiaro che tende al nero
*La mamma è bionda, mentre il babbo ha i capelli **scuri**.*

SCUSA [scù-sa] *nome*
• Perdono che si chiede per aver commesso una colpa, un errore
*Il signore chiede **scusa** a Mamma Coniglietti di averla urtata.*

• Giustificazione o pretesto
*Dice che ha mal di testa, ma è solo una **scusa** per non studiare.*

SECCHIO [séc-chio] *nome*
• Recipiente rotondo con manico usato per contenere liquido o altri materiali
*È arrivato l'uomo delle pulizie, con scopa, straccio e **secchio**.*

SEDIA [sè-dia] *nome*
• Mobile per sedersi, formato in genere da un piano con spalliera che si appoggia su quattro gambe
*Nella nostra cucina c'è un piccolo tavolo con quattro **sedie** di legno.*

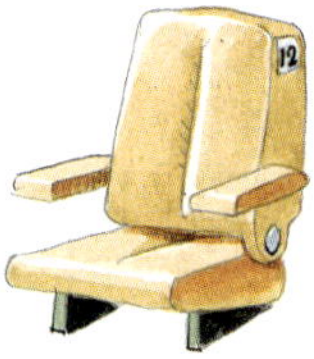

SEDILE [se-dì-le] *nome*

• Qualsiasi struttura o posto per sedersi

*I **sedili** del treno erano imbottiti.*

SEGA [sé-ga] *nome*

• Attrezzo o macchina per tagliare il legno, il metallo o altri materiali duri

*Quella che si vede qui a fianco è una **sega** elettrica.*

SEGNALE [se-gnà-le] *nome*

• Segno, disegno o simbolo che si usa per comunicare qualcosa

*Questo **segnale** stradale avvisa del pericolo di incendi.*

SEGNARE [se-gnà-re] *verbo*

• Notare, indicare qualcosa con un segno o dei segni

*La maestra **ha segnato** in rosso le parole scritte male.*

• Annotare, registrare

*Mister Dollar **segna** sul suo registro tutti i suoi guadagni.*

• Indicare

*L'orologio del campanile **segnava** il mezzogiorno.*

• Nello sport, realizzare un punto

*Un buon attaccante **segna** molti gol.*

SEGNO [sé-gno] *nome*
- Traccia, impronta visibile

*Piumino è entrato in casa con i piedi infangati e ha lasciato tutti i **segni** sul pavimento.*

- Elemento visibile che serve a distinguere

*Mamma Coniglietti ha deciso di mettere un **segno** a Paf per distinguerlo da Puf.*

- Gesto, cenno con cui si comunica qualcosa ad altri

*Si portò un dito alla bocca facendomi **segno** di tacere.*

SEGRETO [se-gré-to] *nome*
- Fatto, notizia che solo una o poche persone conoscono e che non si deve rivelare ad altri

*Se ti dico questo **segreto**, mi prometti di non parlarne a nessuno?*

SEGUIRE [se-guì-re] *verbo*
- Andare, venire dietro a qualcuno o a qualcosa

*Codafolta si chiede perché questo cagnone lo stia **seguendo**.*

- Stare attento a qualcosa; guardare, assistere a qualcosa con attenzione

*Il babbo sta **seguendo** una partita di calcio alla televisione.*

- Obbedire, osservare o imitare

*Se qualcuno si comporta male non devi **seguire** il suo esempio.*

SELLA [sèl-la] *nome*

• Sedile di cuoio che si mette sul dorso di cavalli e asini per poterli cavalcare più comodamente

*Il cavaliere montò in **sella** al cavallo.*

• Sedile di biciclette e motociclette

*La mia bicicletta ha una **sella** molleggiata.*

SEMAFORO [se-mà-fo-ro] *nome*

• Apparecchio che regola con segnali luminosi colorati il traffico stradale

*Teddy si è fermato al **semaforo** perché era rosso.*

SEMBRARE [sem-brà-re] *verbo*

• Avere un aspetto diverso da quel che realmente è

*Che belli questi fiori artificiali! **Sembrano** veri!*

• Dare una certa impressione

*Tinta è deluso, perché Cartina **sembra** scontenta del ritratto che le ha fatto.*

SEME [sé-me] *nome*

• Parte del frutto da cui può nascere una nuova pianta

*I **semi** del grano, cioè i chicchi, sono contenuti nella spiga.*

SEMINARE [se-mi-nà-re] *verbo*

• Spargere sul terreno i semi di una pianta

Oggi Porcelli sta ***seminando*** *il grano nel suo campo.*

SENSO [sèn-so] *nome*

• Ciascuna delle cinque facoltà che ci permettono di vedere, udire, sentire gli odori, i sapori o le caratteristiche fisiche degli oggetti

I pipistrelli hanno un ***senso*** *dell'udito molto sviluppato.*

• Sensazione fisica o sentimento dell'animo

D'estate, quando non c'è il ghiaccio, Foca e Tricheco provano un ***senso*** *di noia e di tristezza.*

• Significato

Potresti spiegarmi il ***senso*** *esatto di questa parola?*

• Direzione, verso

Ci siamo scontrati con un'auto che veniva in ***senso*** *opposto.*

SENTIERO [sen-tiè-ro] *nome*

• Strada stretta con fondo di terra in zone di campagna e di montagna

A molti piace andare in mountain bike per i ***sentieri*** *di montagna.*

A B C D E F G H I L M N O P Q R S T U V Z

SENTINELLA [sen-ti-nèl-la] *nome*

• Soldato armato che fa la guardia a qualcosa

*Soldatino sta facendo la **sentinella** alla gabbia in cui hanno chiuso Igor.*

SENTIRE [sen-tì-re] *verbo*

• Udire o ascoltare

*Jumbo **sente** Bongo che suona il tamtam e si chiede a chi sta mandando segnali.*

• Avvertire qualcosa con l'olfatto, il gusto o il tatto

*Passando vicino alla cucina, si **sentiva** un profumo delizioso.*

• Provare una particolare sensazione fisica

*Il mal di denti è passato, non **sento** più dolore.*

• Provare uno stato d'animo, un sentimento

*Marco è il mio migliore amico e **sento** per lui un grande affetto.*

SEPARARE [se-pa-rà-re] *verbo*

• Allontanare, dividere, tenere diviso

*Ecco cosa ci ha guadagnato Kangaru a cercar di **separare** i rivali!*

SERA [sé-ra] *nome*

• Parte del giorno tra il tramonto e l'inizio della notte

*Sta arrivando la **sera** e Robinson e Cinghia si sono seduti in un prato a guardare il tramonto.*

SERIO [sè-rio] *aggettivo*

• Che si comporta in modo corretto e dimostra senso di responsabilità

*Ti puoi fidare di lui, perché è una persona **seria**.*

• Importante o grave, preoccupante

*Quello dell'inquinamento è un problema molto **serio**.*

SERPENTE [ser-pèn-te] *nome*

• Rettile dal lungo corpo cilindrico privo di zampe

*In Italia, l'unico **serpente** velenoso è la vipera.*

SERRATURA [ser-ra-tù-ra] *nome*

• Congegno meccanico che, mosso da una chiave, apre e chiude porte, cancelli, cassetti eccetera

*Maggiortopo sta chiudendo la grossa **serratura** del lucchetto.*

SERVIRE [ser-vì-re] *verbo*

• Portare in tavola il cibo e le bevande

Se tutti hanno finito il primo piatto, posso ***servire*** *l'arrosto.*

• Avere una certa funzione

Le chiavi ***servono*** *per aprire le serrature.*

• Essere utile, necessario

Il barbiere aveva cercato di spiegare a Igor che quella poltrona gli ***serviva*** *molto.*

SEVERO [se-vè-ro] *aggettivo*

• Che non ammette errori e mancanze e li punisce duramente

La mia maestra a volte è ***severa****, ma poi ci perdona sempre.*

SFIORARE [sfio-rà-re] *verbo*

• Arrivare quasi a toccare o toccare appena

L'auto guidata da Tigrotto ***ha sfiorato*** *Maialino, che non ha attraversato la strada sulle strisce.*

SFONDARE [sfon-dà-re] *verbo*

• Rompere il fondo di qualcosa

Pum ***ha sfondato*** *il suo tamburo.*

• Abbattere un ostacolo con un urto violento

Per entrare nel covo dei banditi la polizia ***ha sfondato*** *la porta.*

SFUGGIRE [sfug-gì-re] *verbo*

• Evitare qualcosa o qualcuno

Teddy corre più che può per ***sfuggire*** *alle api inferocite.*

• Scappare inavvertitamente

Mentre correva gli ***è sfuggito*** *il palloncino che teneva in mano.*

SGRIDARE [sgri-dà-re] *verbo*

• Rimproverare

Mamma Coniglietti ***sgrida*** *papà Coniglietti perché ha giocato a palla con Piumino in salotto.*

SGUARDO [sguàr-do] *nome*

• L'atto di guardare, occhiata

Mi è passato davanti e non mi ha neanche rivolto uno ***sguardo****.*

• Modo di guardare, espressione degli occhi

Lo ***sguardo*** *minaccioso di Altolà blocca Mascherina che stava per rubare.*

SILENZIO [si-lèn-zio] *nome*

• Assenza di rumori, di suoni, di voci

Nel ***silenzio*** *della notte si sentivano soltanto gli ululati di Lupo Attila.*

• Lo stare zitti

La maestra è entrata in classe e ci ha pregato di fare ***silenzio****.*

A B C D E F G H I L M N O P Q R S T U V Z

SIMILE [sì-mi-le] *aggettivo*

• Che è quasi uguale a un'altra cosa o persona

Questi due cerbiatti sono molto ***simili****.*

SIMPATIA [sim-pa-tì-a] *nome*

• Sentimento di attrazione istintiva verso una persona

Tutti i nostri amici provano ***simpatia*** *per Soldatino, perché è un soldato che ama la pace.*

SINCERO [sin-cè-ro] *aggettivo*

• Che dice quello che veramente pensa e sente

Dimmi se ti piace o no, ma sii ***sincero****.*

SINTOMO [sìn-to-mo] *nome*

• Segno, indizio di qualcosa

Queste bolle che escono dalla bocca di Igor sono il ***sintomo*** *di quando mangia il sapone.*

SISTEMA [si-stè-ma] *nome*

• Insieme di elementi collegati tra loro in un complesso unico

I principali ***sistemi*** *montuosi dell'Italia sono le Alpi e gli Appennini.*

• Metodo, modo

Zip ha trovato un ***sistema*** *geniale per attraversare il fossato senza bagnarsi.*

SISTEMARE [si-ste-mà-re] *verbo*

• Mettere in ordine, mettere al proprio posto

*Teddy sta **sistemando** le sue cose nel suo ripiano.*

• Risolvere

*Con la sua abilità è riuscito a **sistemare** quella faccenda.*

SLACCIARE [slac-cià-re] *verbo*

• Sciogliere da ciò che tiene allacciato

***Slacciare** le scarpe è molto più semplice che allacciarle.*

SLITTA [slìt-ta] *nome*

• Veicolo con pattini al posto delle ruote per scivolare sulla neve o sul ghiaccio

*Tricheco ha dato un passaggio a Robinson sulla sua **slitta**.*

SMETTERE [smét-te-re] *verbo*

• Interrompere ciò che si sta facendo

*Se Asinello non la **smette** di ragliare in questo modo farà impazzire tutti quanti!*

A B C D E F G H I L M N O P Q R S T U V Z

SMONTARE [smon-tà-re] *verbo*

- Separare i vari pezzi che formano un meccanismo, una struttura

Tigrotto ***ha smontato*** *Robotto, ma ce la farà a rimontarlo?*

- Scendere da un cavallo o da un mezzo di trasporto

Ero *appena* ***smontato*** *dalla bicicletta, quando ti ho visto arrivare.*

SMORFIA [smòr-fia] *nome*

- Espressione del viso che esprime una sensazione o un sentimento negativo

La signora Porcelli ha fatto una ***smorfia*** *delusa perché Coccodrill ha mescolato gusti sbagliati.*

SNELLO [snèl-lo] *aggettivo*

- Sottile e slanciato

Le modelle hanno sempre una corporatura ***snella****.*

SOCCORSO [soc-cór-so] *nome*

- Intervento in aiuto di chi si trova in grave pericolo o bisogno

Per fortuna sta arrivando il bagnino in ***soccorso*** *di Teddy, che stava rischiando di annegare.*

SODDISFATTO [sod-di-sfàt-to] *aggettivo*

• Contento, perché ha avuto quello che desiderava o di cui aveva bisogno

Spino sembra proprio ***soddisfatto*** *del nuovo taglio di capelli che gli ha fatto il barbiere.*

SOFFIARE [sof-fià-re] *verbo*

• Mandar fuori con forza l'aria dalla bocca o dal naso

Ippopò ***soffia*** *nel trombone che era otturato da Tip Tap.*

• Detto del vento, tirare, spirare

Quando ***soffia*** *il vento, si sente molto di più il freddo.*

SOFFOCARE [sof-fo-cà-re] *verbo*

• Impedendire a qualcuno di respirare

Il dottor Spotty cerca di estrarre dalla gola di Struzzo la collana che ha ingoiato e che lo sta ***soffocando****.*

• Morire per mancanza d'aria

Ha rischiato di ***soffocare*** *tra le fiamme.*

SOFFRIRE [sof-frì-re] *verbo*

• Provare dolore, subire sofferenze, disagi

Fettuccia ***soffriva*** *tanto perché si era bagnato, ma ora Dente Aguzzo lo sta asciugando.*

A B C D E F G H I L M N O P Q R S T U V Z

SOGNO [só-gno] *nome*

- Vicenda o insieme di sensazioni che ci sembra di vivere durante il sonno

*Maggiortopo fa spesso questo **sogno** in cui lui è il padrone e Ippopò il cameriere.*

- Desiderio, speranza molto forte

*Il mio più grande **sogno** è di poter diventare attore.*

SOLCO [sól-co] *nome*

- Scavo nel terreno che appare come una lunga linea

*Tigrotto ara il campo col trattore, tracciando i **solchi**.*

SOLE [só-le] *nome*

- La stella più vicina alla Terra

*Senza il **sole** la vita sulla Terra sarebbe impossibile.*

- La luce solare

*La mia stanza è rivolta verso sud e quindi riceve molto **sole**.*

SOLIDO [sò-li-do] *aggettivo*

- Si dice di ogni materiale o oggetto duro e compatto

*L'acqua in cui Maialino faceva il bagno è ghiacciata ed è diventata **solida**.*

- Ben saldo e resistente

*Il ponte non è crollato con la piena, perché poggia su basi **solide**.*

SOLITO [sò-li-to] *aggettivo*
• Che è lo stesso delle altre volte, abituale, consueto
Mentre Bongo sta facendo il suo ***solito*** *riposino dopo pranzo, Scimpa gli ruba una banana.*

SOLLETICO [sol-lé-ti-co] *nome*
• Sensazione che si prova quando si viene sfiorati in certe parti del corpo
Io soffro il ***solletico*** *sotto le ascelle.*

SOLLEVARE [sol-le-và-re] *verbo*
• Spostare verso l'alto, alzare
Per Jumbo non è un problema ***sollevare*** *grossi pesi.*

SOLO [só-lo] *aggettivo*
• Senza compagnia, senza nessuno vicino
Certi giorni Piumino si sente ***solo*** *ed è triste.*

• Unico
Non lo conosco bene, anzi l'ho visto una ***sola*** *volta.*

SOLUZIONE [so-lu-zió-ne] *nome*
• Spiegazione, modo di risolvere qualcosa
Vi farò un indovinello e vediamo chi trova per primo la ***soluzione****.*

SOMIGLIARE [so-mi-glià-re] *verbo*

• Essere simile

Ognuna di queste coccinelle ***somiglia*** *molto alle altre sue compagne.*

SOMMA [sóm-ma] *nome*

• Il risultato dell'addizione e anche l'addizione stessa

Teddy sembra avere qualche difficoltà a fare questa ***somma****.*

• Quantità di denaro

Per comprare questa casa abbiamo speso una grossa ***somma****.*

SOMMERGERE [som-mèr-ge-re] *verbo*

• Coprire completamente d'acqua

L'acqua che esce dal tubo rotto sta ***sommergendo*** *la casa della famiglia Coniglietti.*

• Mandare a fondo

Un'ondata ***sommerse*** *la barca.*

SONNO [són-no] *nome*

• Lo stato di chi dorme

Io ho il ***sonno*** *leggero: basta un piccolo rumore a svegliarmi.*

• Bisogno, voglia di dormire

Topo Bigio aveva così tanto ***sonno*** *che si è addormentato nel frigorifero.*

SORDO [sór-do] *aggettivo*

• Che è privo dell'udito, che non sente i suoni

*Gnomo Mago ci vede molto bene, ma è un po' **sordo**.*

SORELLA [so-rèl-la] *nome*

• Ogni figlio di sesso femminile rispetto agli altri figli degli stessi genitori

*Piumino, oltre a Puf e Paf, ha anche una **sorella** più piccola.*

SORGENTE [sor-gèn-te] *nome*

• Acqua che esce dal sottosuolo o luogo in cui nasce un fiume

*Ai piedi della montagna c'è una **sorgente** di acqua freschissima.*

SORPASSO [sor-pàs-so] *nome*

• Manovra in cui un veicolo ne supera un altro che va nello stesso senso

*Molti incidenti sono causati da **sorpassi** imprudenti.*

SORPRESA [sor-pré-sa] *nome*

• Fatto che non ci si aspettava, che lascia stupiti

*L'arrivo di Robinson a notte fonda è stato una vera **sorpresa** per Ippopò e Maggiortopo.*

SORRIDERE [sor-rì-de-re] *verbo*

- Ridere in modo silenzioso allargando e sollevando leggermente gli angoli della bocca

Robinson ***sorride*** *felice per l'accoglienza festosa che gli hanno fatto al suo ritorno.*

SORVEGLIARE [sor-ve-glià-re] *verbo*

- Tenere sotto attento controllo qualcuno o qualcosa

Poiché Ragnoni sta dormendo e non ***sorveglia*** *la ragnatela, Ape Apina ne approfitta per bucarla dappertutto.*

SOSPETTO [so-spèt-to] *nome*

- Dubbio e timore che una persona abbia commesso o stia per commettere una cattiva azione

Mister Dollar guarda con ***sospetto*** *Mascherina che si aggira intorno alla sua banca.*

SOSTA [sò-sta] *nome*

- Fermata per lo più breve in un luogo

Durante il viaggio in autostrada abbiamo fatto solo una ***sosta****.*

- Interruzione, pausa

Dice che è stanco perché lavora tutto il giorno senza ***sosta****.*

SOSTEGNO [so-sté-gno] *nome*

• Tutto ciò che ha la funzione di sostenere

*Il **sostegno** dei salvagenti non basta a tenere a galla Jumbo, ma ci vuole anche il **sostegno** di Ranocchio.*

• Aiuto, appoggio

*Mi ha sempre dato il suo **sostegno** quando ne avevo bisogno.*

SOSTENERE [so-ste-né-re] *verbo*

• Tenere su, reggere, sorreggere

*Franz sta **sostenendo** con la fune Caprone che è caduto nel vuoto: ma per quanto tempo ancora riuscirà a resistere?*

• Affrontare

*Sta studiando molto perché deve **sostenere** un esame difficile.*

• Aiutare, appoggiare

*Non è mai troppo quel che si fa per **sostenere** un amico in difficoltà.*

• Mantenere

*Con il solo suo stipendio deve **sostenere** tutta la famiglia.*

• Affermare

*Lui **sostiene** di non avermi mai visto, ma invece sa bene chi sono.*

A B C D E F G H I L M N O P Q R S T U V Z

A B C D E F G H I L M N O P Q R S T U V Z

SOTTERRANEO [sot-ter-rà-ne-o] *aggettivo*

- Che sta sottoterra

*Talpa sta scavando una galleria **sotterranea** alla ricerca di un tesoro.*

nome

- Locale o insieme di locali situati al disotto del livello del terreno

*Nei **sotterranei** del castello c'era una prigione.*

SOTTILE [sot-tì-le] *aggettivo*

- Che ha uno spessore ridotto

*L'ago e il filo per cucire sono entrambi molto **sottili**.*

- Snello, magro

*Foglietto ha una figura molto **sottile**.*

SOTTOMARINO [sot-to-ma-rì-no] *aggettivo*

- Che sta sotto la superficie del mare

*In un documentario ho visto una grotta **sottomarina**.*

nome

- Nave da guerra che naviga sotto il livello del mare

*Solo il periscopio del **sottomarino** affiorava dall'acqua.*

SOVRANO [so-vrà-no] *nome*

- Capo di un regno, re

*Nel regno ci fu una grande festa in onore del nuovo **sovrano**.*

SPACCARE [spac-cà-re]
verbo

• Rompere, spezzare
Forse Bongo pensava che fosse una buona idea quella di ***spaccare*** *tutte le angurie per vedere se sono mature.*

SPADA [spà-da] *nome*

• Arma formata da una lama dritta e appuntita
Il topolino ha preso una ***spada*** *davvero troppo grossa per lui.*

SPALANCARE [spa-lan-cà-re]
verbo

• Aprire completamente
Questo film è noioso e tutti sbadigliano, ma Coccodrill, Ippopò e Bongo addirittura ***spalancano*** *la bocca.*

SPALLA [spàl-la] *nome*

• La parte del corpo che va da dove inizia il braccio a dove inizia il collo
Dove starà andando il topino Zip con una scala in ***spalla****?*

A B C D E F G H I L M N O P Q R S T U V Z

SPARGERE [spàr-ge-re] *verbo*

- Gettare o versare qua e là, tutt'intorno

*Puf e Paf stanno **spargendo** sul pavimento le piume dei cuscini.*

- Diffondere

*La stufa **sparge** calore.*

SPARIRE [spa-rì-re] *verbo*

- Scomparire, non esserci o non trovarsi più

*Tutti si chiedevano dove **fosse sparito** Bongo...*

SPAVENTO [spa-vèn-to] *nome*

- Forte e improvvisa paura

*Babau è riuscito a far prendere uno **spavento** persino a Igor.*

SPAZIO [spà-zio] *nome*

- L'universo al di fuori dell'atmosfera terrestre

*Ogni anno vengono lanciati nello **spazio** molti satelliti artificiali.*

- Estensione o posto libero

*La stanza è così piccola che c'è **spazio** solo per un lettino.*

- Distanza, intervallo

*Tra le file dei banchi c'è uno **spazio** di mezzo metro.*

SPAZZOLA [spàz-zo-la] *nome*

- Arnese su cui sono fissati corti peli o fili di vario materiale; si usa per togliere la polvere, lucidare, mettere in ordine i capelli ecc.

La mamma mi ha insegnato a lucidare le scarpe con la ***spazzola****.*

SPECCHIO [spèc-chio] *nome*

- Superficie che riflette le immagini

La giacca che Oscar si sta provando davanti allo ***specchio*** *gli va decisamente troppo stretta.*

SPECIALE [spe-cià-le] *aggettivo*

- Che ha catteristiche o funzioni particolari, che è fatto apposta per qualcosa

Questa tuta è fatta di un materiale ***speciale*** *che resiste al fuoco.*

- Notevole, fuori del comune

Polipò è un atleta davvero ***speciale****: riesce a praticare contemporaneamente cinque o sei sport.*

A B C D E F G H I L M N O P Q R S T U V Z

A B C D E F G H I L M N O P Q R S T U V Z

SPEGNERE [spè-gne-re o spé-gne-re] *verbo*

• Far smettere di bruciare

Bull ***ha spento*** *con la canna il sigaro di Corvo Linguaccia.*

• Far smettere di funzionare

L'ultimo che esce dalla stanza, per favore ***spenga*** *la luce.*

SPENDERE [spèn-de-re] *verbo*

• Dare del denaro per pagare qualcosa

Quanto ***avete speso*** *per la cena al ristorante?*

• Impiegare, consumare

Alla fine della corsa ero stanco perché ***avevo speso*** *molte energie.*

SPERARE [spe-rà-re] *verbo*

• Aspettare con fiducia e augurarsi che si realizzi ciò che si desidera

Cinghia ***spera*** *che qualche autista gli dia un passaggio.*

SPESA [spé-sa] *nome*

• Somma di denaro che si spende per qualcosa

La ***spesa*** *per l'affitto è alta.*

• L'acquisto abituale dei prodotti che servono per la vita di tutti i giorni

La sorellina di Teddy è andata con la mamma a fare la ***spesa****.*

SPETTACOLO [spet-tà-co-lo] *nome*

• Rappresentazione artistica o manifestazione sportiva che si svolge davanti a un pubblico

*A scuola ci hanno portato a vedere uno **spettacolo** teatrale.*

• Visione, vista, scena che colpisce profondamente

*Lo **spettacolo** dell'eclisse di sole riempie di stupore i nostri amici.*

SPETTATORE [spet-ta-tó-re] *nome*

• Chi assiste a uno spettacolo o a un avvenimento

*L'esibizione di Foca con il mappamondo ha attirato un buon numero di **spettatori**.*

SPEZZARE [spez-zà-re] *verbo*

• Rompere in due o più pezzi

*Il vento impetuoso **ha spezzato** l'albero su cui l'uccellino aveva fatto il suo nido.*

SPIACEVOLE [spia-cé-vo-le] *aggettivo*

• Che dà dispiacere o fastidio

*Il topino adesso si trova in una situazione decisamente **spiacevole**.*

A B C D E F G H I L M N O P Q R S T U V Z

SPIAGGIA [spiàg-gia] *nome*

• Fascia di costa bassa, ai bordi del mare o di un lago, ricoperta di sabbia o piccoli sassi

*Robinson e Ranocchio sono venuti in **spiaggia** a fare un bagno.*

SPIEGARE [spie-gà-re] *verbo*

• Chiarire, far capire o insegnare qualcosa ad altri

*Mi puoi **spiegare** come funziona questo apparecchio?*

SPIGOLO [spì-go-lo] *nome*

• La parte d'angolo in cui si incontrano due lati di un oggetto

*Ho preso una botta al fianco urtando contro uno **spigolo** del tavolo.*

SPILLO [spìl-lo] *nome*

• Specie di piccolo ago con un'estremità tonda

*Puoi usare uno **spillo** per tenere uniti questi due fogli.*

SPINA [spì-na] *nome*

• Parte dura e appuntita che sporge dal fusto e dai rami di alcune piante

*Mi sono graffiato le gambe e le braccia passando tra le **spine** dei rovi.*

• Arnese che si inserisce nella presa di corrente per collegarsi alla rete elettrica

*Robotto si sentiva un po' scarico e allora per ricaricarsi si è attaccato alla **spina**.*

SPINGERE [spìn-ge-re] *verbo*

• Fare forza su qualcosa o su qualcuno in modo da muoverlo o spostarlo

*Rinocò ha fretta di entrare al cinema e **spinge** tutti gli altri.*

• Stimolare, incitare

*Il padre promise un regalo al figlio per **spingerlo** a studiare di più.*

SPINTA [spìn-ta] *nome*

• Pressione, forza o urto capace di spostare o far muovere qualcosa

*Il Comandante spera che basti una sola **spinta** di Jumbo per mettere in mare la sua barca.*

SPOGLIARE [spo-glià-re] *verbo*

• Togliere i vestiti di dosso

*La mamma **spoglia** il bambino prima di fargli il bagno.*

SPOLVERARE [spol-ve-rà-re] *verbo*

• Ripulire dalla polvere

*La signora delle pulizie **spolvera** dappertutto.*

SPORCARE [spor-cà-re] *verbo*

• Rendere sporco, macchiare

*Saltando nelle pozzanghere **hai sporcato** le scarpe di fango.*

SPORCO [spòr-co] *aggettivo*

• Non pulito, sudicio, macchiato

Teddy ha giocato a pallone sul terreno fangoso e torna a casa tutto ***sporco****.*

SPORGERE [spòr-ge-re] *verbo*

• Metter fuori

La topina ***sporge*** *la testa dalla finestra per vedere chi la chiama.*

• Venire in fuori

A poca distanza da riva un grande scoglio ***sporgeva*** *dall'acqua.*

SPORT [spòrt] *nome*

• Insieme di esercizi fisici e gare che si fanno per migliorare la forza e l'agilità del corpo o per svago

Il babbo è ingrassato da quando ha smesso di fare dello ***sport****.*

SPORTIVO [spor-tì-vo] *aggettivo*

• Di sport, che riguarda lo sport

Il babbo legge sempre le cronache ***sportive*** *del giornale.*

• Che pratica degli sport

Pardy e Maialino sono due ragazzi ***sportivi****.*

SPOSTARE [spo-stà-re] *verbo*

• Trasferire, mettere in un altro posto

Dobbiamo ***spostare*** *questo armadio in un'altra stanza.*

• Cambiare di orario, di data, rimandare

A causa della pioggia, ***abbiamo spostato*** *di un'ora la partenza.*

SPRECARE [spre-cà-re] *verbo*

• Usare male, consumare in modo inutile

*Tasso Tinta dovrebbe insegnare ai suoi alunni che non si **sprecano** in questo modo i colori.*

SPUNTARE [spun-tà-re] *verbo*

• Venire fuori con la punta, sporgere un po' fuori

*Solo il muso della lontra **spunta** dall'acqua.*

• Cominciare ad apparire

*Ci siamo alzati all'alba, mentre stava **spuntando** il sole.*

SPUTARE [spu-tà-re] *verbo*

• Lanciar fuori dalla bocca

*Maggiortopo **sputa** la bibita disgustosa preparata da Robotto.*

SQUADRA [squà-dra] *nome*

• Gruppo di atleti che gareggiano per la stessa società sportiva o nazione

*Le due **squadre** di hockey sono pronte a iniziare la partita.*

• Gruppo di persone che svolgono assieme un lavoro

*Una **squadra** di pompieri è riuscita a spegnere l'incendio.*

A B C D E F G H I L M N O P Q R S T U V Z

SQUALO [squà-lo] *nome*

• Grosso pesce con la bocca larga munita di denti aguzzi

*Tutti hanno paura degli **squali**, ma in realtà è molto raro che aggrediscano l'uomo.*

SQUILLO [squìl-lo] *nome*

• Suono forte, acuto e breve

*Papà Coniglietti aveva chiesto a Piumino di svegliarlo alle tre, ma non si aspettava che Piumino lo svegliasse con uno **squillo** di tromba.*

STABILE [stà-bi-le] *aggettivo*

• Che non si muove, saldo, fisso

*Quel tavolo non è **stabile** perché ha una gamba più corta delle altre.*

• Che non cambia, costante

*Negli ultimi giorni la temperatura è stata abbastanza **stabile**.*

STABILIRE [sta-bi-lì-re] *verbo*

• Fissare, decidere

***Ha stabilito** di partire domani.*

STACCARE [stac-cà-re] *verbo*

• Levare via quel che è attaccato, unito

*Teddy è rimasto con la mano appiccicata al tronco e non riesce più a **staccarla**.*

STAGIONE [sta-gió-ne] *nome*

• Ciascuno dei quattro periodi di tre mesi in cui è diviso l'anno

*Ogni **stagione** ha le sue bellezze e i suoi… giochi!*

STAGNO [stà-gno] *nome*

• Piccolo lago di acqua ferma e poco profonda

*La chioccia ha portato i suoi pulcini a vedere come nuotano gli anatroccoli nello **stagno**.*

STALLA [stàl-la] *nome*

• Luogo chiuso in cui si mette al riparo il bestiame

*Al ritorno dal pascolo le mucche furono rinchiuse nella **stalla**.*

STAMPARE [stam-pà-re] *verbo*

• Imprimere sulla carta parole o immagini usando una tecnica che permette di riprodurne un gran numero di copie

*Nella tipografia Orsetti guardano soddisfatti il libro che hanno appena finito di **stampare**.*

STANCO [stàn-co] *aggettivo*

• Affaticato, privo di forze

*Robinson si è fermato a riposare, perché era molto **stanco**.*

• Che non ha più voglia di fare qualcosa o non ce la fa più a sopportare qualcosa; stufo

*Sono **stanco** di ripeterti ogni giorno le stesse cose.*

STANZA [stàn-za] *nome*

• Locale di un'abitazione, camera

*Quando vengono i miei amici, andiamo a giocare nella mia **stanza**.*

STARE [stà-re] *verbo*

• Restare o trovarsi in un certo luogo o in una data situazione o condizione

*Oggi **sono stato** in casa tutto il giorno perché non **sto** bene.*

• Essere, trovarsi

*La chiave dell'armadio **sta** in questo cassetto.*

• Abitare

*Il mio migliore amico tra poco verrà a **stare** qui vicino.*

• Poter essere contenuto

*In questa valigia ci **stanno** un sacco di vestiti.*

STATUA [stà-tua] *nome*

• Scultura che rappresenta figure umane o animali

*Questa **statua** rappresenta un antenato di Cinghia.*

STAZIONE [sta-zió-ne] *nome*

• L'edificio e gli impianti dove sostano, partono e arrivano i mezzi di trasporto pubblici

*Le piccole **stazioni** ferroviarie di campagna sono molto tranquille.*

• Impianto, emittente che trasmette programmi radiofonici o televisivi

*Con la mia radio riesco ad ascoltare molte **stazioni** radiofoniche.*

STECCATO [stec-cà-to] *nome*

• Recinto fatto con tavole di legno

*Gli operai stanno verniciando di azzurro lo **steccato**.*

STELLA [stél-la] *nome*

• Corpo celeste che splende di luce propria perché costituito da materia infuocata

*Questa notte il cielo era limpido e si vedevano molte **stelle**.*

A B C D E F G H I L M N O P Q R S T U V Z

STENDERE [stèn-de-re]
verbo

- Distendere, allungare o allargare

*Mamma Coniglietti **ha steso** ad asciugare anche Foglietto, perché si era tutto bagnato.*

- Sdraiare

*Gli infermieri sollevarono il ferito e lo **stesero** sulla barella.*

STIVALE [sti-và-le] *nome*

- Calzatura alta che arriva sino al ginocchio

*Ranocchio oggi indossa una divisa da fantino, dagli **stivali** al berretto.*

STOFFA [stòf-fa] *nome*

- Tessuto

*Nel negozio di tessuti c'erano **stoffe** di ogni genere.*

STORIA [stò-ria] *nome*

- Lo svolgimento delle vicende umane nel corso del tempo e anche lo studio e la narrazione di queste vicende

*La **storia** dell'umanità ha inizio con l'invenzione della scrittura.*

- Racconto, favola

*Porcelli si è addormentato mentre stava leggendo una **storia** a Maialino.*

- Faccenda, questione

*Non parliamo più di questa **storia**.*

STRACCIARE [strac-cià-re] *verbo*

• Fare a pezzi un oggetto di carta o di stoffa

*Polipò cerca di infilarsi il maglione, ma finirà per **stracciarlo**.*

STRADA [strà-da] *nome*

• Striscia di terreno spianato per il passaggio di persone e veicoli che si spostano da un luogo a un altro

*La **strada** saliva e scendeva passando tra le colline.*

• Percorso, cammino che si deve fare per arrivare in un posto

*Scusi, potrebbe indicarmi la **strada** per andare alla stazione?*

STRANIERO [stra-niè-ro] *aggettivo*

• Che è di un altro Paese, di un'altra nazione

*Qui sotto puoi vedere le bandiere di quattro Paesi **stranieri**.*

STRANO [strà-no] *aggettivo*
- Diverso dal normale, insolito o bizzarro

*Non è un po' **strana** la zebra che ha dipinto Tasso Tinta?*

STRAORDINARIO [stra-or-di-nà-rio] *aggettivo*
- Che non avviene di consueto, ma solo in rare e particolari occasioni

*Per le feste le ferrovie hanno organizzato molti treni **straordinari**.*

- Eccezionale, grandissimo, bellissimo

*L'altra sera abbiamo visto un film **straordinario**.*

STRAPPARE [strap-pà-re] *verbo*
- Togliere qualcosa tirandolo via con forza

*Lupo Attila sta **strappando** le cipolle dal terreno.*

- Stracciare, lacerare

*Mentre raccoglieva le cipolle Lupo Attila **ha strappato** i pantaloni.*

STREGA [stré-ga] *nome*
- Nelle favole, donna maligna dotata di poteri magici

*Ecco la **strega** malefica mentre sta preparando il veleno che metterà nella mela per Biancaneve.*

STRETTO [strét-to] *aggettivo*
• Poco largo, poco ampio
*A Giraffa hanno regalato un pigiama troppo **stretto** e troppo corto.*

• Premuto, serrato con forza
*Hai fatto un nodo così **stretto** che non riesco più a scioglierlo.*

STRILLO [strìl-lo] *nome*
• Grido forte e molto acuto
*Si sentivano gli **strilli** dei bambini che giocavano nel cortile.*

STRINGERE [strìn-ge-re] *verbo*
• Premere, tenere stretto
*La sua mamma **stringe** Teddy tra le braccia.*

• Ridurre le misure di un indumento
*Questa giacca mi è troppo larga, bisogna **stringerla** un po'.*

STRISCIA [strì-scia] *nome*
• Pezzo lungo e stretto di materiale vario
*Abbiamo tagliato un foglio facendo delle **strisce** di carta.*

STRISCIARE [stri-scià-re] *verbo*
• Muoversi su una superficie toccandola con tutta la lunghezza del corpo disteso
*Fettuccia si muove **strisciando** anche se non è un vero serpente.*

STRUMENTO [stru-mén-to] *nome*
• Arnese, attrezzo, apparecchio
*Le due api stanno suonando degli **strumenti** musicali a fiato.*

STUDIARE [stu-dià-re] *verbo*
• Dedicarsi a imparare qualcosa
*Sto **studiando** la musica con una maestra di piano.*

STUDIO [stù-dio] *nome*
• Impegno dedicato a imparare, a conoscere qualcosa
*A Volpino non piace molto lo **studio** e spesso sta pensando ad altro.*

STUPIDO [stù-pi-do] *aggettivo*
• Poco intelligente, sciocco, imbecille
*Guardate che cosa sta facendo l'investigatore Bracco: ma non vi sembra un po' **stupido**?*

STUPORE [stu-pó-re] *nome*
• Grande sorpresa e meraviglia
*La notizia che ci hai dato ci riempie di **stupore**.*

SUBIRE [su-bì-re] *verbo*
• Ricevere, sopportare qualcosa di negativo o di poco piacevole
*La nostra squadra di calcio **ha subito** una pesante sconfitta.*

SUCCEDERE [suc-cè-de-re] *verbo*

• Accadere, avvenire, verificarsi

Sii prudente, se non vuoi che ti ***succeda*** *qualcosa di male.*

• Prendere il posto di un altro

Quando il vecchio re morì, gli ***successe*** *il figlio.*

SUCCESSO [suc-cès-so] *nome*

• Risultato positivo, buona riuscita, vittoria

Battendo Bongo con un rigore, Scimpa ha assicurato il ***successo*** *alla sua squadra.*

• Accoglienza, giudizio favorevole

Quella nuova trasmissione ha avuto molto ***successo****.*

SUCCHIARE [suc-chià-re] *verbo*

• Aspirare un liquido con le labbra strette

Il bebè ***succhia*** *il latte dal biberon.*

• Tenere in bocca qualcosa per farlo sciogliere

Ranocchio succhia un ***ghiacciolo*** *che ha staccato dalla fontana.*

SUCCO [sùc-co] *nome*

• Il liquido che si ottiene spremendo alcuni frutti e verdure

I ***succhi*** *che mi piacciono di più sono quelli di pera e di pesca.*

SUDORE [su-dó-re] *nome*

- Liquido che esce dalla pelle quando fa molto caldo o si compiono sforzi

*Con questo caldo Tartaruga deve asciugarsi continuamente il **sudore**.*

SUFFICIENTE [suf-fi-cièn-te] *aggettivo*

- Che basta

*Abbiamo mezzo chilo di pasta: per cinque persone è **sufficiente**.*

SUOLA [suò-la] *nome*

- La parte della scarpa che appoggia a terra

*La **suola** del vecchio scarpone si è tutta scucita.*

SUONO [suò-no] *nome*

- Ogni prodotto di qualcosa che vibra e che il nostro orecchio può udire

*Il **suono** del violino è uno dei più dolci che ci siano.*

SUPERARE [su-pe-rà-re] *verbo*

- Andare oltre, sorpassare

*Per **superare** un avversario, Maialino sta rischiando di cadere.*

- Battere, vincere

*È così furbo che è molto difficile **superarlo** in astuzia.*

SUPERFICIE [su-per-fi-cie] *nome*

- Parte esterna, strato esterno di qualcosa

Solo la testa e la coda di Gelsomina escono dalla ***superficie*** *dell'acqua.*

SUPERIORE [su-pe-rió-re] *aggettivo*

- Che sta sopra, più in alto

La casa in cui viviamo è a due piani: al piano inferiore c'è la cucina e la sala, mentre al piano ***superiore*** *ci sono le camere da letto.*

- Maggiore o migliore

Giraffa ha una statura molto ***superiore*** *a quella dei suoi amici e questo a volte le causa qualche problema.*

SVAGO [svà-go] *nome*

- Divertimento, passatempo

La pesca e il cinema sono gli ***svaghi*** *preferiti di mio papà.*

SVEGLIA [své-glia] *nome*

- L'ora a cui ci si deve svegliare

Domattina la ***sveglia*** *è alle sei, perché vogliamo fare una gita in montagna.*

- Orologio che suona a un'ora stabilita per svegliare chi dorme

Ricordati di caricare la ***sveglia*** *per domani mattina alle sette.*

SVEGLIARE [sve-glià-re]
verbo

• Far smettere di dormire qualcuno

*Spino si è alzato di notte e sta cercando di fare meno rumore possibile per non **svegliare** Ghiro.*

SVELTO [svèl-to] *aggettivo*

• Pronto, rapido, veloce

*Cinghia scappa via **svelto** dopo aver rubato una mela al supermercato, ma ha combinato un tale disastro che lo scopriranno subito.*

SVENTOLARE
[sven-to-là-re] *verbo*

• Agitare nell'aria qualcosa che si tiene in mano

*Teddy **sventola** un tovagliolo per far rinvenire Ippopò che è svenuto dopo aver visto il conto.*

• Muoversi al vento

*Sull'albero maestro della nave pirata **sventolava** la bandiera nera.*

SVILUPPO [svi-lùp-po] *nome*

• Crescita, progresso

*La diffusione dei computer è un effetto dello **sviluppo** tecnologico.*

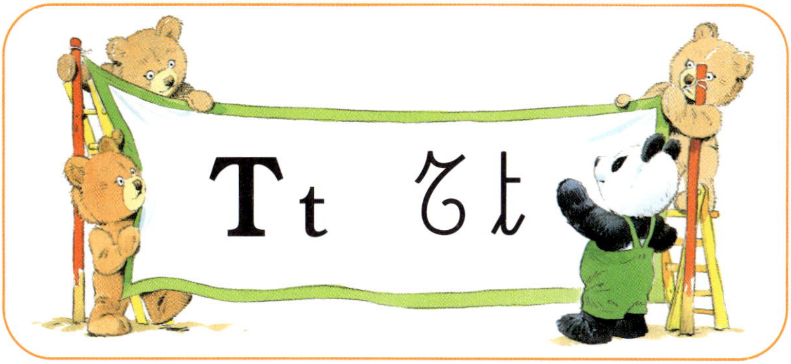

TACERE [ta-cé-re] *verbo*

• Non dire nulla, stare zitto

*Gli ho fatto tante domande, ma lui ha continuato a **tacere**.*

• Smettere di parlare, fare silenzio

*Bambini, vi prego, **tacete** un momento!*

TAGLIARE [ta-glià-re] *verbo*

• Dividere qualcosa in più parti o staccarne una parte dal resto o accorciarlo per mezzo di uno strumento con lama

*Teddy sta **tagliando** la carta per fare dei pupazzetti.*

TAGLIO [tà-glio] *nome*

• Ferita o incisione prodotta da un oggetto tagliente

*Mentre giocava a ritagliare figurine con le forbici, Foglietto si è fatto un **taglio** alla gamba destra.*

A B C D E F G H I L M N O P Q R S T U V Z

TAMBURO [tam-bù-ro] *nome*

- Strumento costituito da una cassa cilindrica alle cui basi sono tese delle pelli che si percuotono con le mani o con bacchette

*Suonare il **tamburo** è una delle occupazioni preferite da Robotto.*

TANA [tà-na] *nome*

- Buca naturale o scavata che serve da rifugio agli animali selvatici

*Le lepri hanno l'abitudine di scavare lunghe **tane** sottoterra.*

TAPPETO [tap-pé-to] *nome*

- Tessuto molto spesso che si stende sul pavimento

*Coccodrill nel suo negozio vende bellissimi **tappeti**.*

TAPPO [tàp-po] *nome*

- Oggetto per chiudere bottiglie e altri recipienti

*Oggi la maggior parte dei **tappi** sono di plastica.*

TARDARE [tar-dà-re] *verbo*

- Arrivare con ritardo, fare qualcosa in ritardo rispetto al termine stabilito

*Il papà di Teddy **ha tardato** ad arrivare alla stazione e ha perso il treno.*

TASCA [tà-sca] *nome*

- Specie di sacchetto cucito all'esterno o all'interno dei vestiti e in cui si tengono piccoli oggetti

*Topo Bigio si è accorto che non gli è rimasto più un soldo nelle **tasche**.*

TAVOLA [tà-vo-la] *nome*

- Asse di legno rettangolare

*Il falegname costruisce il mobile unendo delle **tavole** di legno.*

- Il tavolo su cui si mangia

*Ragazzi, la cena è pronta, venite a **tavola**!*

TAVOLO [tà-vo-lo] *nome*

- Mobile formato da un piano orizzontale sostenuto in genere da quattro gambe

*Il nostro **tavolo** da pranzo è in legno di noce.*

TAXI [tà-xi] *nome*

- Automobile che trasporta le persone a pagamento

*Per andare alla stazione abbiamo preso il **taxi**.*

TAZZA [tàz-za] *nome*

- Piccolo recipiente per bevande rotondo e con manico

*Le **tazze** da tè sono più grandi di quelle da caffè.*

A B C D E F G H I L M N O P Q R S T U V Z

TECNICA [tè-cni-ca] *nome*

- L'insieme delle regole pratiche da seguire e delle capacità da avere per svolgere un'attività

Quel calciatore è ancora giovane, ma ha già una buona ***tecnica****.*

- Metodo, sistema

La ***tecnica*** *di salvataggio di Pardy è un po' strana, però è servita a mettere in salvo le topine.*

TELA [té-la] *nome*

- Tipo di tessuto

Queste scarpe da tennis sono di ***tela****.*

TELAIO [te-là-io] *nome*

- Macchina per tessere che produce i tessuti intrecciando i fili di cotone o di altra fibra

La topina è molto brava a tessere con il ***telaio*** *a mano.*

- Struttura di sostegno di specchi, vetri, finestre o di macchine, automobili, biciclette eccetera

Il ***telaio*** *di questa finestra è di legno.*

TELEFONARE [te-le-fo-nà-re] *verbo*

- Chiamare per telefono, comunicare qualcosa per telefono

Ippopò ***ha telefonato*** *a Maggiortopo che non tornerà a casa per cena.*

TELEFONO [te-lè-fo-no] *nome*

• Apparecchio che permette di comunicare con persone lontane

Oggi non saremmo più capaci di vivere senza ***telefono****.*

TELEVISIONE [te-le-vi-sió-ne] *nome*

• Sistema per trasmettere le immagini a distanza

L'invenzione della ***televisione*** *ha cambiato la nostra vita.*

• I programmi trasmessi con questo sistema

Io guardo la ***televisione*** *soprattutto al pomeriggio.*

• Televisore

Accendi la ***televisione****, che c'è un programma che mi interessa.*

TELEVISORE [te-le-vi-só-re] *nome*

• Apparecchio per ricevere le trasmissioni della televisione

Chi ha dimenticato acceso il ***televisore****?*

TELO [té-lo] *nome*

• Pezzo di tela o altro tessuto, per lo più rettangolare

La merce sul camion era riparata da un ***telo*** *impermeabile.*

TEMERE [te-mé-re] *verbo*

• Avere paura, timore di qualcuno o di qualcosa

Tartaruga ***teme*** *di avvicinarsi troppo alla casa del coccodrillo.*

• Preoccuparsi

Andrà tutto bene, non ***temere****!*

TEMPESTA [tem-pè-sta] *nome*

• Violenta bufera con forte vento e pioggia

*Nonostante la **tempesta** in arrivo, Foca e Tricheco hanno deciso di partire lo stesso per il loro viaggio in mongolfiera.*

TEMPO [tèm-po] *nome*

• Il passare dei minuti, delle ore, dei giorni, degli anni

*A volte il **tempo** vola, mentre quando ci si annoia non passa mai.*

• Quantità di minuti, ore, giorni o anni necessaria per fare qualcosa o perché qualcosa sia terminato

*Dammi il **tempo** di vestirmi e sono da te.*

• Epoca, età, periodo, momento

*Al **tempo** dei miei nonni non c'era la televisione a colori.*

• Parte di uno spettacolo, di un film, di una partita sportiva

*Sta per iniziare il secondo **tempo** della partita di calcio.*

• L'insieme delle condizioni dell'atmosfera

*Le previsioni del **tempo** dicono che pioverà tutta la settimana.*

TEMPORALE [tem-po-rà-le] *nome*

• Violenta e improvvisa caduta di pioggia, con forte vento, lampi e tuoni

*Durante il **temporale**, l'ape è riuscita per fortuna a trovare una foglia sotto cui ripararsi dalla pioggia.*

TENDA [tèn-da] *nome*

• Telo che si stende sopra o davanti a qualcosa per nasconderlo o ripararlo

*Le **tende** davanti alle finestre riparano dalla vista e dal sole.*

• Riparo smontabile formato da teli impermeabili sostenuti da una struttura di pali

*I coniglietti sono in vacanza nella **tenda** di Dente Aguzzo.*

TENERE [te-né-re] *verbo*

• Stringere, sostenere qualcosa o qualcuno in modo che resti fermo o non sfugga

*Maialino **tiene** in mano un asciugamano.*

• Conservare qualcosa in un certo posto

*Il latte, il burro e molti alimenti si **tengono** in frigorifero.*

• Prendere qualcosa per sé o conservarlo per altri

*Mentre tu sei via, ti **tengo** io il posto.*

TENERO [tè-ne-ro] *aggettivo*

• Non duro, morbido, molle

*La carne è più **tenera** se non viene cotta troppo.*

• Affettuoso, dolce

*Sembra severo, ma in realtà ha un cuore **tenero**.*

A B C D E F G H I L M N O P Q R S T U V Z

TENNIS [tèn-nis] *nome*

- Gioco che si svolge tra due o quattro giocatori che con una racchetta si rimandano una pallina oltre la rete che divide in due un campo rettangolare

Che duro per Sniff giocare a ***tennis*** *con Camel!*

TENTARE [ten-tà-re] *verbo*

- Provare, sperimentare qualcosa o cercare di realizzarlo

Ho tentato *di aprire questa scatoletta, ma non ci riesco.*

TERMINARE [ter-mi-nà-re] *verbo*

- Portare a termine, finire, concludere

Maialino pensa di ***aver terminato*** *la raccolta delle mele, ma gliene manca una.*

- Giungere al termine, concludersi, finire

La scuola sta per ***terminare*** *e tra poco cominceranno le vacanze.*

TERMINE [tèr-mi-ne] *nome*

- Fine, conclusione di qualcosa

Siamo ormai arrivati al ***termine*** *del viaggio.*

- Limite estremo di tempo entro il quale si può fare qualcosa

Sta per scadere il ***termine*** *per iscriversi ai corsi di nuoto.*

- Parola, vocabolo

Il libretto di istruzioni del computer è pieno di ***termini*** *tecnici.*

TERRA [tèr-ra] *nome*

• Il pianeta su cui viviamo (si scrive con l'iniziale maiuscola)
La maestra mostra con il mappamondo come è fatta la ***Terra****.*

• Parte della superficie terrestre non coperta da acque
Dopo una settimana di navigazione avvistarono una ***terra****.*

• Suolo, terreno, pavimento
Rinocò ha urtato Camel, facendolo cadere a ***terra****.*

• Territorio, regione, paese
Gli emigranti hanno spesso nostalgia della propria ***terra****.*

• Il materiale che forma lo strato superficiale della crosta terrestre e contiene gli elementi necessari alla crescita delle piante
Prima di seminare, Porcelli lavora la ***terra*** *con l'aratro.*

TERRIBILE [ter-rì-bi-le] *aggettivo*

• Che provoca terrore, spavento,
Nella fiaba di Pollicino c'è un orco ***terribile*** *che sta per divorarlo.*

• Enorme, tremendo, insopportabile
Solo l'ombra di una palma ripara un po' dal caldo ***terribile*** *del sole.*

TESORO [te-sò-ro] *nome*

• Grande quantità di denaro, oro o cose preziose

*I pirati hanno trovato nel baule un ricco **tesoro**.*

TESTA [tè-sta] *nome*

• Parte superiore del corpo umano e anteriore del corpo degli animali

*«Cari bambini, questa è la **testa**!»*

• Mente

*Chi ti ha messo in **testa** queste cose?*

TETTO [tét-to] *nome*

• Copertura di un edificio

*Il **tetto** di questa casa è fatto di tegole di terracotta.*

TIEPIDO [tiè-pi-do] *aggettivo*

• Leggermente caldo

*Quella di oggi è stata una **tiepida** giornata di primavera.*

TIGRE [tì-gre] *nome*

• Grosso felino che vive in Asia

*Le **tigri** rischiano di scomparire per la distruzione delle foreste in cui vivono.*

TIMIDO [tì-mi-do] *aggettivo*

• Che si mostra timoroso, insicuro e impacciato con gli altri

*È un ragazzo molto **timido**, che arrossisce se gli fai una domanda.*

TIMORE [ti-mó-re] *nome*

- Preoccupazione, ansia, paura

*Bracco ha **timore** di essersi dimenticato qualcosa, ma non riesce a ricordarsi cosa.*

TIPO [tì-po] *nome*

- Genere, specie, qualità

*Che **tipo** di formaggio desideri mangiare?*

- Persona, individuo

*Il tuo amico è un **tipo** davvero simpatico.*

TIRARE [ti-rà-re] *verbo*

- Far muovere verso di sè o spostare, trascinare

*Per **tirare** su l'acqua dal pozzo, Zip è stato aiutato da Fettuccia.*

- Aspirare

***Tirò** una boccata dalla pipa.*

- Gettare, lanciare

*Sapevate che anche gli orsi polari a volte si divertono a **tirare** le palle di neve?!*

TIRO [tì-ro] *nome*

- Lancio di un oggetto; nei giochi con la palla, lancio della palla

*L'attaccante ha segnato un gol con un **tiro** al volo.*

TITOLO [tì-to-lo] *nome*

- Nome, parola o frase che indica il contenuto, l'argomento di uno scritto, di un'opera, di un film

*Robotto sta scrivendo il **titolo** di questo libro.*

TOCCARE [toc-cà-re] *verbo*

- Venire a contatto con qualcosa sfiorandolo o premendolo con la mano o con altra parte del corpo

*Igor vorrebbe mangiare la candela, ma ha paura di **toccarla** finché è accesa.*

- Raggiungere, arrivare

*Tasso Tinta è scivolato dal tetto, ma, prima di **toccare** terra, ha trovato qualcosa che l'ha salvato.*

- Prendere, usare o spostare cose d'altri

*Chi **ha toccato** le carte che erano sulla mia scrivania?*

TOGLIERE [tò-glie-re] *verbo*

- Levare, portare via

*Violetta spolverando ha fatto cadere uno dei vasi: ora pensa che sarà meglio **toglierli** dal davanzale.*

- Liberare da qualcosa

*Abbiamo fatto tutto il possibile per **togliere** quel ragazzo dai guai.*

TOLLERARE [tol-le-rà-re] *verbo*

- Sopportare con pazienza

*Perché **tolleri** che ti facciano una simile ingiustizia?*

- Resistere senza danno a qualcosa

*I pinguini possono vivere nell'Antartide, perché **tollerano** molto bene il freddo.*

- Accettare, ammettere

*Nella mia scuola **è tollerato** un ritardo massimo di dieci minuti.*

TOPO [tò-po] *nome*

- Piccolo mammifero con pelo corto, muso appuntito e lunga coda sottile

*Il **topo** bianco e il **topo** nero si guardano l'un l'altro sorpresi.*

TORBIDO [tór-bi-do] *aggettivo*

- Poco limpido, poco trasparente

*Quando il fiume è in piena le sue acque diventano **torbide**.*

TORMENTARE [tor-men-tà-re] *verbo*

- Causare forti dolori fisici

*Gazza Ladra è a letto ammalata e non riesce a dormire, perché la **tormenta** un forte mal di testa.*

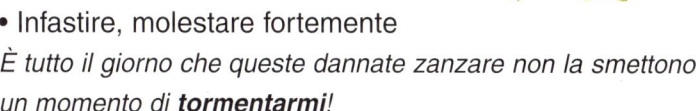

- Infastire, molestare fortemente

*È tutto il giorno che queste dannate zanzare non la smettono un momento di **tormentarmi**!*

TORNARE [tor-nà-re] *verbo*

- Ritornare, rientrare nel luogo da cui si era andati via

*Mascherina è uscito di prigione: che dite, ci **tornerà** presto?*

- Venire di nuovo, ricomparire

*Sembrava ormai guarita, ma stamattina le **è tornata** la febbre.*

- Ridiventare

*Dopo la burrasca il mare **è tornato** calmo.*

TORRE [tór-re] *nome*

- Costruzione alta e stretta

*Accanto alla chiesa si alza la **torre** del campanile.*

TORRENTE [tor-rèn-te] *nome*

- Corso d'acqua più piccolo e breve di un fiume

*Nei **torrenti** di montagna nuotano e saltano le trote.*

TORTA [tór-ta] *nome*

- Dolce cotto al forno, in genere di forma rotonda

*Mia nonna prepara **torte** squisite.*

TOTALE [to-tà-le] *aggettivo*

- Completo, assoluto

*Nella casa abbandonata il silenzio era **totale**.*

- Intero, complessivo

*Se io spendo due euro e tu ne spendi tre, quant'è la **spesa** totale?*

TOVAGLIA [to-và-glia] *nome*

- Panno o telo di plastica o di carta che si stende sulla tavola prima di mangiare

*Per non sporcarsi, Rinocò ha pensato di usare la **tovaglia** come tovagliolo.*

TRACCIA [tràc-cia] *nome*

- Segno lasciato sul terreno dal passaggio di un oggetto, un veicolo, una persona o un animale; impronta, orma, solco

*Il cacciatore seguì le **tracce** dell'orso.*

- Segno di un fatto avvenuto

*Sul pavimento e sulla faccia di Lupo Attila si vedono chiaramente le **tracce** della baldoria di ieri sera.*

TRAFFICO [tràf-fi-co] *nome*

- Movimento di veicoli in una strada o in una città

*Anche Panda soffre le conseguenze del **traffico** eccessivo nelle città.*

TRAGUARDO [tra-guàr-do] *nome*

- Linea d'arrivo di una gara di corsa

*Chi secondo voi arriverà per primo al **traguardo,** tra questo gruppo di corridori?*

TRANQUILLO [tran-quìl-lo] *aggettivo*

• Non agitato, calmo, quieto

*Oggi il mare è **tranquillo**, ideale per fare un bagno.*

• Silenzioso, poco frequentato

*Cerchiamo un posto **tranquillo** dove poter chiacchierare in pace.*

• Sereno, senza preoccupazioni

*Vedrai che andrà tutto bene, puoi stare **tranquillo**.*

TRAPPOLA [tràp-po-la] *nome*

Congegno a molla o di altro tipo usato per catturare animali

*Sniff si era dimenticato di aver teso una **trappola** a Gatto Graffia.*

TRASCINARE [tra-sci-nà-re] *verbo*

• Tirarsi dietro qualcosa facendolo strisciare per terra

***Abbiamo trascinato** la barca sulla spiaggia fino alla riva.*

• Condurre con sforzo in un luogo qualcuno che non vuole andarci

*Camel deve **trascinare** a scuola il figlio, che non ha nessuna voglia di andarci.*

TRASCORRERE [tra-scòr-re-re] *verbo*

• Passare un periodo di tempo

*Ranocchio **trascorre** molte ore a pescare in riva al fiume.*

• Detto del tempo, passare

***È trascorso** già un anno dall'ultima volta che ci siamo visti!*

TRASFORMARE [tra-sfor-mà-re] *verbo*

• Cambiare del tutto in parte la forma, l'aspetto, la funzione o il carattere di qualcosa o qualcuno

*Guardando una sua vecchia foto il leone vede come il tempo lo **ha trasformato**.*

TRASMISSIONE [tra-smis-sió-ne] *nome*

• Passaggio, diffusione, comunicazione

*La **trasmissione** dell'influenza avviene per contagio.*

• Programma trasmesso per radio o televisione

*I nostri amici stanno guardando una **trasmissione** in cui c'è Tartaruga.*

TRASPARENTE [tra-spa-rèn-te] *aggettivo*

• Che lascia passare la luce e vedere chiaramente attraverso

*Dietro il vetro **trasparente** della finestra si vede la faccia di Teddy.*

A B C D E F G H I L M N O P Q R S T U V Z

TRASPORTARE [tra-spor-tà-re] *verbo*

• Portare da un luogo a un altro

*Scimpa sta **trasportando** a casa col suo carretto un bel po' di banane.*

TRATTARE [trat-tà-re] *verbo*

• Comportarsi in un certo modo con gli altri; usare in un certo modo un oggetto

*Mister Dollar pensa di poter **trattare** tutti dall'alto in basso solo perché è ricco.*

• Accogliere, servire in un certo modo i propri clienti

*In quel ristorante ci **hanno** sempre **trattato** molto bene.*

TRATTENERE [trat-te-né-re] *verbo*

• Tenere fermo, bloccare qualcuno

*Il topino vorrebbe andarsene, ma qualcosa lo **trattiene**.*

• Far restare qualcuno più a lungo in un luogo

*Ieri pomeriggio sono andato a trovare i nonni e mi **hanno** **trattenuto** a cena da loro.*

• Frenare, controllare

*Scimpa ha vinto un premio alla lotteria e non riesce a **trattenere** la sua esultanza.*

TRAVESTIRSI [tra-ve-stìr-si] *verbo*

• Vestirsi e truccarsi in modo da sembrare qualcun'altro

*Coccodrill pensava forse che, **travestendosi** da neonato, nessuno lo avrebbe riconosciuto?*

TRAVOLGERE [tra-vòl-ge-re] *verbo*

• Investire, abbattere o trascinare con violenza impetuosa

*Jumbo è caduto sulla neve, provocando una valanga che **travolge** gli altri sciatori.*

TRECCIA [tréc-cia] *nome*

• Intreccio di tre ciocche di capelli

*La mia compagna di banco porta le **trecce** come Violetta.*

TREMARE [tre-mà-re] *verbo*

• Avere il corpo scosso da brevi e rapidi movimenti causati da paura, freddo, febbre o altro

*Ragnoni **trema** di paura all'idea che Igor si liberi dalla sua ragnatela.*

• Oscillare, sussultare

*La casa **ha tremato** per la scossa di terremoto.*

A B C D E F G H I L M N O P Q R S T U V Z

TRENO [trè-no] *nome*

- Veicolo su rotaie formato da una serie di vagoni trainati da una locomotiva

*Viaggiare in **treno** mi piace di più che viaggiare in automobile.*

TRIBUNALE [tri-bu-nà-le] *nome*

- Luogo dove si svolgono i processi

*Mascherina è in **tribunale**, davanti al giudice che dovrà giudicarlo.*

TRISTE [trì-ste] *aggettivo*

- Addolorato, infelice

*Cartina è **triste**, perché Foglietto le ha scarabocchiato tutta la gonna.*

- Che dà tristezza

*Com'è **triste** questa musica!*

- Doloroso, spiacevole

*Abbiamo ricevuto una **triste** notizia.*

TROMBA [tróm-ba] *nome*

Strumento musicale a fiato, per lo più di ottone

*La **tromba** ha un suono molto squillante.*

TRONCO [trón-co] *nome*

- Il fusto dell'albero da cui partono i rami

*I **tronchi** segati degli alberi vengono usati come legname.*

TRONO [trò-no] *nome*

• Sedile su cui siedono sovrani e papi nelle cerimonie ufficiali

La regina Leonessa era seduta sul ***trono****.*

TRUCCO [trùc-co] *nome*

• L'operazione di modificare o migliorare l'aspetto del viso con prodotti di bellezza

La signora Rinocò si è fatta un ***trucco*** *molto vistoso e oggi porta anche la parrucca!*

• Inganno, imbroglio

È riuscito con un ***trucco*** *a entrare allo stadio senza biglietto.*

• Gioco di prestigio

Il mago con un ***trucco*** *ha fatto uscire un coniglio dal cappello.*

TUBO [tù-bo] *nome*

Cilindro vuoto usato come conduttura in cui far passare liquidi e gas

Fettuccia è entrato nel ***tubo*** *e Settepunti lo aspetta dall'altra parte.*

TUFFARSI [tuf-fàr-si] *verbo*

• Lanciarsi in acqua

A Ranocchio piace molto ***tuffarsi*** *e lo fa di continuo.*

• Lanciarsi

Il portiere ***si è tuffato*** *sulla palla impedendole di entrare in rete.*

A
B
C
D
E
F
G
H
I
L
M
N
O
P
Q
R
S
T
U
V
Z

TURBARE [tur-bà-re] *verbo*

- Disturbare, sconvolgere

*La partita di calcio **è stata turbata** da scontri tra tifosi.*

- Inquietare, mettere in ansia, in agitazione,

*Bull ha un orecchio che non vuol più abbassarsi e la cosa lo **turba** un po'.*

TURISTA [tu-rì-sta] *nome*

- Chi viaggia nel tempo libero per divertirsi e per conoscere località e cose nuove

*In Italia vengono molti **turisti** stranieri.*

TUTA [tù-ta] *nome*

- Indumento che si indossa sopra gli abiti per proteggerli dallo sporco o direttamente sul corpo per svolgere particolari attività

*Tigrotto fa il meccanico e mette sempre la **tuta** quando lavora.*

TUTTO [tùt-to] *aggettivo*

- Intero, completo

*Ho cominciato il libro ma non l'ho ancora letto **tutto**.*

- Nessuno escluso

*Alla sua festa sono venuti **tutti** i suoi amici.*

- Ogni, qualsiasi

***Tutte** le volte che mi incontra mi fa grandi feste.*

UBBIDIRE [ub bi-dì-re] *verbo*

• Fare ciò che viene ordinato o consigliato

Hanno detto a Tigrotto di pulire i vetri di questo grattacielo e lui ***ha ubbidito****, anche se ciò gli fa parecchia paura.*

UBRIACO [u-bri-à-co] *aggettivo*

• Che ha bevuto troppo alcol e quindi ragiona e si muove con difficoltà

Oscar cammina barcollando perché è ***ubriaco*** *o perché ha preso una botta in testa?*

UCCELLO [uc-cèl-lo] *nome*

• Animale con il corpo coperto di penne e dotato di ali

Che bello sarebbe poter volare come gli ***uccelli****!*

UDIRE [u-dì-re] *verbo*

• Sentire i suoni per mezzo dell'orecchio

L'astuto Bracco non ***ode*** *che Teddy sta arrivando, ma potrà finalmente scoprire chi corre in bicicletta nel parco.*

UFFICIO [uf-fì-cio] *nome*

• Luogo in cui lavorano impiegati e dirigenti

*Quando papà torna a casa dall'****ufficio*** *è sempre molto stanco.*

UGUALE [u-guà-le] *aggettivo*

• Che ha le stesse caratteristiche, identico

Mamma Coniglietti e la signora Porcelli hanno comperato per caso un cappello ***uguale****.*

• Che ha lo stesso valore, equivalente

Due più due è ***uguale*** *a quattro, tre più tre è* ***uguale*** *a sei.*

ULTIMO [ùl-ti-mo] *aggettivo*

• Che viene dopo tutti gli altri

*L'orsetta è l'****ultima*** *di questa fila.*

• Che è il più recente nel tempo

*L'****ultimo*** *film che ho visto mi è piaciuto moltissimo.*

• Che è il più lontano nello spazio

*Il suo appartamento è all'****ultimo*** *piano del palazzo.*

UMORE [u-mó-re] *nome*

• Stato d'animo

Puf e Paf oggi sono di ottimo ***umore*** *perché la scuola è finita.*

UNGHIA [ùn-ghia] *nome*

• Lamella che ricopre la punta delle dita dell'uomo e di molti animali

Quando le mie ***unghie*** *sono troppo lunghe la mamma me le taglia.*

UNICO [ù-ni-co] *aggettivo*

• Che è il solo che esiste

*Brucoblu è l'****unico*** *bruco al mondo con le ruote!*

• Strordinario, insuperabile

Quel tuo amico è veramente di una simpatia ***unica****!*

UNIRE [u-nì-re] *verbo*

• Congiungere, accostare o mescolare due o più cose in modo che diventino un tutt'uno

Per fare la pasta del pane bisogna ***unire*** *l'acqua alla farina.*

• Legare in un rapporto

Robinson e Cinghia ***sono uniti*** *da una grande amicizia... e ora anche da un golf!*

• Collegare, mettere in comunicazione

Stanno costruendo una nuova strada che ***unirà*** *le due città.*

UOMO [uò-mo] *nome*

• Essere umano

*Gli **uomini** primitivi vivevano molto spesso nelle caverne.*

• Individuo adulto di sesso maschile

*In quel negozio vendono vestiti da **uomo**.*

URBANO [ur-bà-no] *aggettivo*

• Della città, che riguarda la città

*I vigili **urbani** hanno soprattutto il compito di regolare il traffico.*

URGENTE [ur-gèn-te] *aggettivo*

• Che deve essere fatto o soddisfatto al più presto

*Struzzo ha chiuso il suo negozio per una necessità **urgente**: doveva andare alla partita con Tigrotto!*

URLO [ùr-lo] *nome*

• Grido forte e lungo

*Le **urla** dei tifosi riempivano lo stadio.*

URTARE [ur-tà-re] *verbo*

• Scontrarsi, andare a sbattere contro qualcuno o qualcosa

*Rinocò ha perso il controllo della sua automobile e **ha urtato** un palo della luce.*

USARE [u-sà-re] *verbo*
- Servirsi di qualcosa, adoperare, impiegare

Per costruire la loro casa, le coccinelle ***usano*** *i fiammiferi.*

USCIRE [u-scì-re] *verbo*
- Andare o venire fuori da un luogo

Questa mattina ***è uscito*** *di casa molto presto.*

- Andare fuori dal percorso normale

L'auto è scivolata sull'asfalto bagnato ed ***è uscita*** *di strada.*

- Scaturire, traboccare

Dalla ferita ***usciva*** *molto sangue.*

- Venire fuori da un gruppo di persone, abbandonarlo

È uscito *dalla squadra perché ha litigato con i suoi compagni.*

USO [ù-so] *nome*
- L'usare qualcosa, impiego

*I soldati vengono addestrati all'****uso*** *delle armi.*

- Capacità, possibilità di usare qualcosa

*Dopo l'incidente ha perso l'****uso*** *di un braccio.*

UTILE [ù-ti-le] *aggettivo*
- Che serve a uno scopo; efficace, vantaggioso

Per Lupo Attila è molto ***utile*** *avere davanti Jumbo, perché gli evita di sprofondare nella neve.*

A B C D E F G H I L M N O P Q R S T U V Z

A B C D E F G H I L M N O P Q R S T U V Z

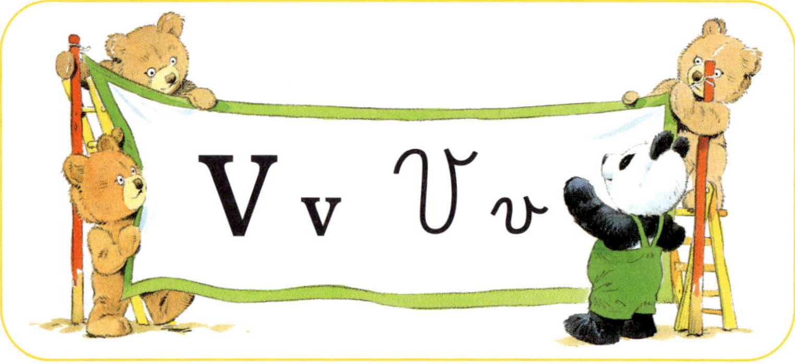

VACANZA [va-càn-za] *nome*

- Periodo in cui vengono sospese le attività lavorative e scolastiche

*I nostri amici sono tutti in **vacanza** e si divertono come matti!*

VALERE [va-lé-re] *verbo*

• Avere un certo valore o prezzo

Nella mia collezione di francobolli ce n'è uno raro che ***vale*** *molto.*

• Essere valido, regolare

Il gol non ***vale*** *se l'arbitro ha fischiato prima del tiro.*

• Servire, essere utile

I consigli che gli ho dato non ***sono valsi*** *a nulla.*

VALIGIA [va-lì-gia] *nome*

• Contenitore con manico che si usa per trasportare in viaggio vestiti e oggetti personali

Partiamo domani e la mamma sta facendo le ***valigie****.*

VALLE [vàl-le] *nome*

• Specie di solco scavato da ghiacciai o fiumi in mezzo a montagne o colline

La casa di Franz è laggiù, in fondo alla ***valle****.*

VALORE [va-ló-re] *nome*

• Costo, prezzo di qualcosa

Qual è il ***valore*** *di questa casa?*

• Pregio, importanza

Tinta deve aver pensato che, appendendo il suo quadro storto, ne aumentava il ***valore****.*

• Coraggio

I soldati si difesero con ***valore****.*

A B C D E F G H I L M N O P Q R S T U V Z

VANTAGGIO [van-tàg-gio] *nome*

- Condizione favorevole rispetto ad altri

Certo che essere molto alti, nel basket, è un bel ***vantaggio****!*

- Utilità, convenienza

L'ammalato ha tratto molto ***vantaggio*** *da questa cura.*

- In giochi e sport, distacco dagli avversari (in punti, minuti, metri o altro)

La mia squadra è prima in classifica con tre punti di ***vantaggio****.*

VANTARSI [van-tàr-si] *verbo*

- Gloriarsi delle proprie doti, dei propri successi

Brucoblu ***si vanta*** *con Tip Tap di essere il bruco più veloce del mondo.*

VARIO [và-rio] *aggettivo*

- Formato da elementi diversi

Non puoi mangiare solo patatine: l'alimentazione deve essere ***varia****.*

- Numerosi e diversi

Alla riunione c'erano ***varie*** *persone che non avevo mai visto.*

VASCA [và-sca] *nome*

- Recipiente per acqua e altri liquidi, di varia forma e grandezza a seconda dell'uso

A Piumino, Puf e Paf piace fare il bagno assieme nella ***vasca****.*

VASO [và-so] *nome*

• Recipiente di forme e materiali diversi

*Maggiortopo è entrato nel **vaso** per ripararlo, ma ora non sa più come uscirne.*

VASTO [và-sto] *aggettivo*

• Molto ampio ed esteso

*Pardy deve consegnare una lettera a Gelsomina e la sta cercando da giorni, ma il mare è così **vasto**!*

VECCHIO [vèc-chio] *aggettivo*

• Che non è più giovane e ha molti anni

*Il nonno e la nonna di Teddy sono piuttosto **vecchi**, però sono ancora molto in gamba.*

• Che non è nuovo ma risale a un passato più o meno lontano

*Al babbo piace ascoltare le **vecchie** canzoni di quando era giovane.*

• Di prima, di un tempo

*Dopo un lungo viaggio Robinson è tornato alla sua **vecchia** casa.*

VEDERE [ve-dé-re] *verbo*

• Percepire con gli occhi

*Il figlio di Camel guarda in tutte le direzioni, ma non **vede** altro che sabbia.*

• Guardare, leggere

***Hai** già **visto** il giornale di oggi?*

• Assistere

*Il babbo è uscito per andare a **vedere** la partita.*

• Provare, tentare, cercare

***Vedi** se riesci a convincerlo tu, io non ci sono riuscito.*

VEGETALE [ve-ge-tà-le] *aggettivo*

• Delle piante

*Gli alberi sono i più grandi rappresentanti del mondo **vegetale**.*

nome

• Pianta

*Le alghe sono **vegetali** che vivono nell'acqua.*

VELA [vé-la] *nome*

• Telo molto robusto che, fissato agli alberi di barche e navi, trasmette a queste la spinta che riceve dal vento

*Robinson si è costruito un carretto a **vela** per viaggiare più in fretta.*

VELENO [ve-lé-no] *nome*

• Sostanza che penetrando nell'organismo provoca danni molto gravi o anche la morte

*Alcuni funghi contengono un **veleno** mortale.*

VELOCE [ve-ló-ce] *aggettivo*

• Che si sposta con rapidità o che viene fatto in un tempo breve

Grazie al suo monopattino,
*Tartaruga è un postino molto **veloce**.*

VENIRE [ve-nì-re] *verbo*

• Andare nel luogo in cui si trova la persona che parla o a cui si parla

*Ti va di **venire** domani qui da me?*

• Sorgere nella mente

*Toc Toc sta aspettando che gli **venga** l'ispirazione per una nuova poesia.*

• Provenire, derivare

*La tramontana è un vento che **viene** da nord.*

• Riuscire

*Guarda come **è venuta** bene questa foto che ti ho fatto!*

VENTO [vèn-to] *nome*

• Movimento di masse d'aria

*Nelle giornate di **vento** Cartina e Foglietto hanno bisogno di aiuto!*

VERDURA [ver-dù-ra] *nome*

• Ogni tipo di vegetali che viene consumato come alimento

*La carota è, tra tutte le **verdure**, quella che piace di più a Piumino.*

VERGOGNA [ver-gó-gna] *nome*

• Senso di colpa per aver commesso un'azione cattiva o senso di imbarazzo per qualcosa che pensiamo ci farà giudicare male o prendere in giro dagli altri

*Attila prova una gran **vergogna** perché gli sono caduti di nuovo i pantaloni.*

• Cosa indegna, intollerabile

*È una **vergogna** trattare così un povero vecchio!*

VERME [vèr-me] *nome*

• Piccolo animale dal corpo allungato, molle e privo di zampe

*Il lombrico è un **verme** che rende più fertili i terreni in cui vive.*

VERO [vé-ro] *aggettivo*

• Che corrisponde alla realtà dei fatti

Ha detto che io gli ho dato un pugno, ma non è ***vero****.*

• Genuino, autentico, non artificiale

Questi fiori di plastica sono fatti così bene che sembrano ***veri****.*

• Sincero, profondo

Aiutandomi mi ha dimostrato che la sua è una ***vera*** *amicizia.*

VERSARE [ver-sà-re] *verbo*

• Far uscire un liquido da un recipiente per metterlo in un altro o per spargerlo su qualcosa

Piumino ***versa*** *il latte nella tazza.*

• Pagare o depositare una somma di denaro

Il babbo è andato in banca a ***versare*** *i soldi per l'affitto della casa.*

VERSO [vèr-so] *nome*

• Direzione, senso

L'automobile che ci ha investito veniva dal ***verso*** *opposto.*

• Ogni singola riga di una poesia

Ti leggerò una poesia molto breve, di soli quattro ***versi****.*

• Grido caratteristico di un animale

Gli animali stanno facendo la gara di chi ha il ***verso*** *più forte e più bello.*

VESTIRSI [ve-stìr-si] *verbo*
- Mettersi abiti di un certo tipo

*Oggi forse pioverà e Violetta non ha ancora deciso come **vestirsi**.*

VESTITO [ve-stì-to] *nome*

- Indumento che si indossa sopra la biancheria, abito

*Sulle due grucce ci sono un **vestito** da donna e un **vestito** da uomo.*

VETRINA [ve-trì-na] *nome*

- Parte del negozio chiusa da vetri e che dà sulla strada, in cui vengono esposte le merci in vendita

*Talpa aveva proprio bisogno di un paio di occhiali: è entrato dalla **vetrina** anziché dalla porta!*

- La lastra di vetro che protegge questa parte del negozio

*Se la **vetrina** fosse stata infrangibile, Talpa non l'avrebbe rotta.*

VETRO [vé-tro] *nome*
- Materiale duro, fragile e per lo più trasparente che si ottiene fondendo ad alta temperatura sabbia e altre sostanze

*Il bicchiere non si è rotto cadendo, perché è di **vetro** infrangibile.*

VETTURA [vet-tù-ra] *nome*
- Automobile, autovettura

*Quando l'ho visto, era alla guida di una **vettura** sportiva.*

VIA [vì-a] *nome*

• Strada

*La casa di mio nonno si trova sulla **via** principale del paese.*

• Percorso, itinerario, cammino

*Ti mostrerò la **via** più corta per andare da qui fino in centro.*

• Mezzo di trasporto o di comunicazione

*La lettera arriverà prima se la spedisci per **via** aerea.*

VIAGGIO [vi-àg-gio] *nome*

• L'andare da un luogo a un altro piuttosto lontano; giro attraverso luoghi e paesi diversi dal proprio

*Zip è partito per un lungo **viaggio** e per questo si porta dietro tanti bagagli.*

VICINO [vi-cì-no] *aggettivo*

• Che è a breve distanza

*Poiché la buca è **vicina**, Bracco è quasi sicuro di non sbagliare il tiro.*

• Non lontano nel tempo futuro

*È dicembre, il Natale è ormai **vicino**.*

VIETARE [vie-tà-re] *verbo*

• Proibire a qualcuno di fare qualcosa

*Dato che al cinema è vietato fumare, Bull ha deciso di **vietare** a Corvo Linguaccia di fumare.*

VISITA [vì-si-ta] *nome*

• L'andare a trovare qualcuno

*Ippopò è venuto a fare una **visita** alle topine: non sarà che ha sentito il profumo della loro torta?*

• L'andare a vedere un luogo per studio, turismo, lavoro o altro

*La **visita** all'Acquario di Genova è stata molto interessante.*

• Esame diretto di un paziente da parte di un medico

*Ma sarà davvero utile a Robotto la **visita** del Dottor Spotty?*

VISO [vì-so] *nome*

• Faccia, volto

*Non riesco a ricordarmi il suo nome, ma il suo **viso** l'ho già visto.*

VISTA [vì-sta] *nome*

• Capacità o possibilità di vedere

*Fettuccia è molto curioso e ha la **vista** lunga.*

• Ciò che si può vedere da un luogo; panorama

*Dalla terrazza dell'albergo si godeva un bella **vista** del lago.*

VITA [vì-ta] *nome*

• La condizione degli animali e delle piante, cioè degli esseri capaci di crescere e riprodursi

Il deserto è un ambiente poco adatto alla ***vita****.*

• L’esistenza di una persona e quello che avviene durante essa

Ha lasciato il suo paese da giovane e poi ha avuto una ***vita*** *molto avventurosa.*

• Modo di vivere

A Cinghia piace fare una ***vita*** *spensierata e non si preoccupa se non ha soldi.*

• Ciò che è necessario materialmente per vivere

Si è sempre guadagnato la ***vita*** *lavorando.*

VITELLO [vi-tèl-lo] *nome*

• Il piccolo della vacca fino a un anno di età

La signora Porcelli dà il biberon al ***vitello*** *nato da poco.*

VITTIMA [vìt-ti-ma] *nome*

• Chi perde la vita o subisce gravi danni in seguito a un incidente, a una guerra, a un disastro

Il povero Oscar è stato ***vittima*** *di un incidente.*

• Chi è perseguitato o subisce un’ingiustizia, un torto, un inganno

A scuola abbiamo parlato delle ***vittime*** *delle persecuzioni razziali e politiche.*

VITTORIA [vit-tò-ria] *nome*

• Successo in un conflitto, in una gara, in un gioco

La squadra di Scimpa ha riportato la ***vittoria*** *nella gara di canottaggio.*

VIVERE [vì-ve-re] *verbo*

• Avere vita, restare in vita

Le donne ***vivono*** *in media più a lungo degli uomini.*

• Abitare in un certo luogo

Son passati tre anni da quando sono venuto a ***vivere*** *a Roma.*

• Trascorrere, passare

Robinson ***ha vissuto*** *l'ultimo anno sempre lontano da casa.*

VIZIO [vì-zio] *nome*

• Cattiva abitudine

Corvo Linguaccia ha il ***vizio*** *di fumare molto e il Dottor Spotty non approva.*

VOCE [vó-ce] *nome*

• Suono che la nostra bocca emette quando si parla o si canta

Prima ancora di vederlo l'ho riconosciuto dalla ***voce****.*

• Notizia vaga, non sicura, chiacchiera

Si è sparsa la ***voce*** *che te ne vuoi andar via, ma è vero?*

VOGLIA [vò-glia] *nome*

• Desiderio di qualcosa

*Oggi Ghiro non aveva nessuna **voglia** di svegliarsi così presto.*

• Volontà

*Quel ragazzo va male a scuola perché non ha **voglia** di studiare.*

VOLARE [vo-là-re] *verbo*

• Spostarsi nell'aria per mezzo delle ali

*Gli uccelli migratori possono **volare** per migliaia di chilometri.*

• Spostarsi nell'aria o nello spazio

*Il nostro aereo **ha volato** da Milano a Parigi in due ore.*

• Muoversi nell'aria portato dal vento

*Nelle giornate ventose d'autunno si vedono **volare** le foglie cadute.*

• Passare in fretta

*Quando si sta facendo qualcosa di divertente, il tempo **vola**.*

VOLERE [vo-lé-re] *verbo*

• Avere la volontà, l'intenzione di fare qualcosa

***Voglio** partire senz'altro domani.*

• Desiderare

*Ippopò **voleva** tanto fare un bagno, ma si era dimenticato che l'acqua era ghiacciata.*

• Pretendere, esigere

*Ha detto che **vuole** essere pagato immediatamente.*

VOLPE [vól-pe] *nome*
- Mammifero selvatico con pelo rossastro, muso aguzzo e coda lunga e folta

*La **volpe** è considerata un animale molto astuto.*

VOLTARE [vol-tà-re] *verbo*
- Girare dal lato opposto

*Per sapere come va a finire la storia, **voltate** la pagina del libro.*

- Girare, dirigere qualcosa in una direzione diversa

*Passa Teddy salutando e Giraffa e Franz **voltano** la testa verso di lui.*

- Cambiare direzione

*Al prossimo incrocio **voltate** a destra.*

VOLUME [vo-lù-me] *nome*
- Lo spazio occupato da un oggetto e la misura di tale spazio

*Sapresti calcolare il **volume** di questo armadio?*

- Intensità di un suono

*Il **volume** della TV è troppo alto: abbassalo un po'!*

- Libro

*La biblioteca della nostra scuola contiene migliaia di **volumi**.*

VULCANO [vul-cà-no]

nome

- Montagna a forma di cono che termina con un'apertura dalla quale a volte escono con violenza lava, cenere e gas provenienti dal sottosuolo

*Leonstein era venuto a fare una gita su questo **vulcano**, perché gli avevano detto che era ormai spento.*

VUOTARE [vuo-tà-re]

verbo

- Rendere vuoto qualcosa togliendone il contenuto

*Teddy sta **vuotando** il vecchio baule che ha trovato in soffitta e che sembra pieno di molte cose interessanti.*

VUOTO [vuò-to]

aggettivo

- Che non contiene nulla, in cui non c'è nessuno

*Topo Bigio ha invitato Polipò al ristorante, ma dopo aver pagato il conto è rimasto con le tasche **vuote**.*

ZAINO [zài-no] *nome*

• Sacco di tessuto impermeabile che si porta appeso alle spalle con delle cinghie

*Franz, da buon alpinista, porta sempre con sé uno **zaino**.*

ZAMPA [zàm-pa] *nome*

• La parte delle gambe degli animali che tocca terra

*Il cane zoppica perché si è ferito a una **zampa**.*

ZANNA [zàn-na] *nome*

• Ciascuno dei due grossi e lunghi denti che sporgono dalla bocca di alcuni animali

*Tricheco è molto fiero delle sue **zanne**.*

ZANZARA [zan-zà-ra] *nome*

• Piccolo insetto la cui femmina punge l'uomo e gli animali per succhiarne il sangue

*Le **zanzare** si diffondo soprattutto con il caldo e con l'umidità.*

ZATTERA [zàt-te-ra] *nome*

- Imbarcazione piatta fatta con tronchi d'albero legati assieme

*Robinson si è costruito una **zattera** per lasciare l'isola deserta in cui era naufragato.*

ZEBRA [zè-bra] *nome*

- Mammifero africano simile al cavallo, con il mantello a strisce bianche e nere

*Le **zebre** vivono nella savana.*

ZIO [zì-o] *nome*

- Il fratello della madre o del padre

*Lo **zio** Enrico è il papà di mia cugina Marina.*

ZITTO [zìt-to] *aggettivo*

- Che non parla, che sta in silenzio

*Sapienza non ne può più di Toc Toc, perché non sta mai **zitto**.*

ZOCCOLO [zòc-co-lo] *nome*

- Calzatura aperta con suola di legno

*Gli **zoccoli** sono molto comodi d'estate sulle spiagge.*

- Grossa unghia dura e resistente dei cavalli, dei buoi, delle pecore e di altri mammiferi

*Quando il cavallo è nervoso, batte lo **zoccolo** sul terreno.*

ZONA [zò-na] *nome*

• Regione, territorio con particolari caratteristiche

*Il paese dove andiamo in vacanza si trova in una **zona** montagnosa.*

• Parte di una città, area urbana

*Prima abitavo in centro, ora sto in una **zona** di periferia.*

ZOPPICARE [zop-pi-cà-re] *verbo*

• Camminare in modo irregolare per qualche difetto o malattia delle gambe o dei piedi

*Porcelli sta **zoppicando** perché si è dato la zappa sui piedi.*

ZUCCA [zùc-ca] *nome*

• Pianta con rami che strisciano sul terreno e grandi foglie, che produce grossi frutti verdi, gialli o arancioni

*La **zucca** ha un sapore leggermente dolce che non piace a tutti.*

ZUFFA [zùf-fa] *nome*

• Litigio violento in cui si viene alle mani

*Hanno cominciato a litigare in due, poi ne è nata una **zuffa** generale.*

ZUPPA [zùp-pa] *nome*

• Minestra a base di brodo e ingredienti vari (verdure, pesce, carne)

*Ti piace di più la **zuppa** di fagioli o la **zuppa** di pesce?*